ÁLVARO D'ORS

Neue Einführung in das Studium des Rechts

Harald Seubert in
freundschaftlicher Ver-
bundenheit dediziert

von

Wolfgang H. Spindler OP
4. April 2022

ÁLVARO D'ORS

Neue Einführung in das Studium des Rechts

Herausgegeben und kommentiert von
Wolfgang Hariolf Spindler

Aus dem Spanischen ins Deutsche übertragen von
Dominika Geyder und Wolfgang Hariolf Spindler

Duncker & Humblot · Berlin

Bibliografische Information der Deutschen Nationalbibliothek

Die Deutsche Nationalbibliothek verzeichnet diese Publikation in
der Deutschen Nationalbibliografie; detaillierte bibliografische Daten
sind im Internet über http://dnb.d-nb.de abrufbar.

Alle Rechte vorbehalten
© 2022 Duncker & Humblot GmbH, Berlin
Satz: Textforma(r)t Daniela Weiland, Göttingen
Druck: CPI buchbücher.de gmbh, Birkach
Printed in Germany

ISBN 978-3-428-15081-6 (Print)
ISBN 978-3-428-55081-4 (E-Book)

Gedruckt auf alterungsbeständigem (säurefreiem) Papier
entsprechend ISO 9706 ∞

Internet: http://www.duncker-humblot.de

Vorbemerkung des Herausgebers

Die Situation des Erstsemesters der Rechtswissenschaft ist heute kaum anders als vor ein paar Jahrzehnten. Nur die äußeren Umstände haben sich geändert. Während ich mich schüchtern und voller Respekt vor dem jahrtausendealten Imperium rechtlichen Denkens in die Fachbuchhandlungen der altehrwürdigen Universitätsstadt Würzburg wagte, um nach einführenden Büchern zu suchen, machen sich heutige Studenten zunächst oder ausschließlich im Internet schlau. Eines der Geschäfte verließ ich damals mit dem teuersten Buch meines noch jungen Lebens: „Allgemeiner Teil des BGB: ein Lehrbuch" von Dieter Medicus. Zweifellos ein Klassiker. Und doch merkte ich bald, daß ich mit dieser Gründlichkeit nicht weiterstudieren konnte. Fundierte Kenntnisse in Fragen des Allgemeinen Teils (§§ 1–240) konnten zwar nicht schaden, aber solche in den viel umfangreicheren anderen Teilen (§§ 241–2385) nicht ersetzen. Und das bürgerliche Recht, keineswegs beschränkt auf die Regelungen des BGB, war ja nur eines von zwei oder, je nach Einteilung, drei großen Rechtsgebieten, ganz abgesehen von der verwickelten Rechtsgeschichte, der Rechtsphilosophie und -soziologie, dem Kirchenrecht oder etwa der Rechtstheorie. Was ich vermißte, war eine *allgemeine*, alle Fächer und Disziplinen überwölbende Einführung. Was überhaupt ist „das Recht"? Ist Recht, was recht ist? Oder, anders gefragt, in welchem Verhältnis steht es zur Ethik, zur Religion? Wie baue ich mein Studium, unabhängig von den verlangten Prüfungen und Scheinen, so auf, daß ich mich am Ende als rechtskundig, ja als Juristen betrachten kann? Aus dem humanistischen Gymnasium gespeist, kreisten meine Vorstellungen eher um Platon und die Sophisten als um geltendes Recht oder aktuelle Gerichtsentscheidungen. Erst später, im dritten, vierten Semester, inmitten des Erwerbs der sog. kleinen Scheine, entdeckte ich in der Bibliothek des Juristischen Seminars die eine oder andere *Einführung in die Rechtswissenschaft*. Doch diese Wälzer erschienen mir entweder überaltert (z. B. Bernhard Erwin Grueber, Justus W. Hedemann, Josef Kohler), teils auch ideologisch kontaminiert (z. B. Richard Schmidt, 3. Aufl. 1934), in der philosophischen Ausrichtung zu speziell (z. B. Theodor Sternberg) oder zu technizistisch und auf Deutschland zentriert (z. B. Jürgen Baumann). Erst Jahre nach dem Referendarexamen geriet ich an eine Einführung, die meine früheren Wünsche erfüllte: *Una Introducción al Estudio del Derecho* von Álvaro d'Ors (1915–2004).[1] Zuerst 1963 erschienen, erlebte das Buch acht Auflagen; die letzte

---

[1] Zur Biographie vgl. zuletzt *Wolfgang Hariolf Spindler*, Naturrecht und privatrechtlicher Anti-Etatismus im Werk von Álvaro d'Ors, in: *Álvaro d'Ors*, Gemeinwohl und Öffentlicher Feind. Hrsg. und mit einer Einführung versehen von Wolfgang Hariolf Spindler, Wien/Leipzig 2015, S. 7–29; *Gabriel Pérez Gómez*, Álvaro d'Ors. Sinfonía de una vida, Madrid 2020.

erschien 1989. Zehn Jahre später, 1999, erschien die *Nueva Introducción al Estudio del Derecho*, deren Text hier erstmals auf deutsch vorgelegt wird.

Genannter Erstsemester[2] wird sich fragen, warum er die Einführung eines Spaniers, noch dazu eines verstorbenen, lesen soll. Betrifft sie nicht einen ganz anderen Rechtskreis? In der Tat unterscheidet sich das spanische Recht vom deutschen, österreichischen, schweizerischen und so weiter. Doch zumal über das römische Recht, das fast alle europäischen Rechtsordnungen prägt und mit dem das spanische auch sprachlich eng verwandt ist, bestehen Übereinstimmungen, außerdem über die Rechtsvereinheitlichung im Zuge der EU. Erst dadurch, daß rechtliche Ordnungen und Regelungen voneinander abweichen, werden sie vergleichbar. Gleiches, erst recht Identisches ist nicht vergleichbar. Unterscheidung heißt aber nicht Geschiedenheit. Im Gegenteil, das Wahrnehmen von Unterschieden bewahrt angehende Juristen vor der irrigen Vorstellung, eine bestimmte Regelung, etwa ihres eigenen Landes, sei gleich den *Res Gestae Divi Augusti* in Stein gemeißelt. Die Rechtsvergleichung – übrigens ein weiteres juristisches Spezialfach – gibt Aufschluß über gemeinsame Quellen, verschiedene Weisen der allen Rechtssystemen aufgegebenen Problem- und Konfliktlösung und damit über Wesen und Funktion von Recht überhaupt. D'Ors' *Nueva Introducción* richtet sich zwar ursprünglich an spanische Leser, sprengt aber über die Verbindungslinien etwa zu dem römischen, dem „gemeinen", dem öffentlichen, auch dem kirchlichen Recht die nationalen Grenzen. Dem Studenten der Rechtswissenschaft bietet sie den Vorteil, nicht nur das heimische Recht (besser) verstehen zu lernen, sondern zugleich das Recht eines anderen bedeutenden europäischen Landes, jedenfalls was dessen Grundzüge und -begriffe angeht. Auch der fertige Jurist, der Routinier, wird von ihr profitieren, weil sie ihm die tragenden Säulen und die feinen Verstrebungen europäischer Rechtsschöpfung noch bewußter machen kann. Um der Eindeutigkeit willen sind in dieser Ausgabe etliche spanischsprachige Rechtsbegriffe *kursiv* geschrieben und, jedenfalls im Fließtext, in eckige Klammern [ ] gesetzt. Wer nicht weiter an ihnen interessiert ist, kann sie einfach überlesen. Der Kommentar im Anmerkungsapparat verweist zudem, wenn auch nur komprimiert und nicht in jedem Fall, auf geltende Vorschriften des deutschen, des österreichischen und des schweizerischen Rechts. Studenten sollten ihm also Beachtung schenken. Schließlich werden so Gemeinsamkeiten und Unterschiede nicht nur zum spanischen Recht deutlich, sondern auch unter den Ländern Deutschland, Österreich und Schweiz.

Einführungen wie die von d'Ors sind notwendig knappgehalten. Sie wollen zu eigenständiger, vertiefter Lektüre anregen. Auch dafür will der Anmerkungsapparat Hilfestellung bieten, wenngleich die dort angegebene Sekundärliteratur unvermeidlich subjektiv ausgewählt ist. Wem sich nicht jeder Gedankengang des

---

[2] Übrigens ein *generisches*, kein spezifisches, biologisches *Maskulinum*. Da es sich wie das generische Femininum und das generische Neutrum sowohl auf Männer als auch auf Frauen beziehen kann, ist es hervorragend geeignet, geschlechtliche Diskriminierung auch sprachlich zu vermeiden. Deshalb wird es in diesem Buch verwendet.

Autors erschließt, möge sich gedulden. Vieles lernt der Jurist erst durch Erfahrung und jahre-, wenn nicht jahrzehntelanges Überdenken. Er sollte auch bereit sein, scheinbar unumstößliche, dogmatisch gewordene moderne Rechtsfiguren wie die des „subjektiven Rechts" oder gar des „Rechtsstaats" auf den Prüfstand zu stellen. D'Ors, der Romanist und Seismograph rechtlicher Traditionsbrüche, tut dies jedenfalls. Als dieses Buch entsteht, am Ende eines langen Wirkens als Ordinarius für römisches Recht, scheint d'Ors sicherer denn je zu sein, daß gerade der deutsche Einfluß auf das Recht Fragen aufwirft.

Thomas von Aquin, der wohl bedeutendste Theologe und Philosoph des Mittelalters, wenn nicht der Geschichte, hat seine berühmte *Summe der Theologie* auch erst gegen Ende seines Lebens geschrieben. Es war ihm nicht vergönnt, sie abzuschließen. Wandte sie sich an die Anfänger der Theologie, „so beschämt doch sein Begriff von Anfang auch graue Köpfe unter den Philosophiebeflissenen dieser Zeit"[3]. Ebenso mag es dem gestandenen Juristen ergehen, der die historisch-systematische Zusammenschau der d'Orsschen *Nueva Introducción* liest. Stille Beschämung zeugt jedoch von Demut vor geistiger Größe. Während das lärmige Bemäkeln von vermißtem Präsentismus eher auf Kleingeisterei schließen läßt.[4] Álvaro d'Ors – davon zeugt dieser juridische *tour d'horizont* – gehört jedenfalls zu den großen europäischen Rechtsdenkern des 20. Jahrhunderts, mag auch mancher meinen, wir seien inzwischen fortgeschritten. Die Weite seines Blicks macht Anfänger wie Profis gleichmaßen zu Schülern des immerwährenden Studiums des Rechts.

Dankzusagen ist den Rechtsanwälten Dr. iur. Gabor Mues M.Jur. (Oxon), München, und Dr. iur. Wolfgang Kropf-Atlendorf MBL, Wien, für wertvolle Hinweise, dem Geschäftsführer des Verlags, Dr. iur. Florian R. Simon (LL.M.), für die bereitwillige Aufnahme des Werkes in das Verlagsprogramm von Duncker & Humblot, der Stiftung Prof. Dr. Arthur F. Utz für ihren Zuschuß.

Wolfgang Hariolf Spindler

---

[3] *Joseph Bernhart*, Einleitung, in: *Thomas von Aquino*, Summe der Theologie. Zusammengestellt, eingeleitet und erläutert von Joseph Bernhart, 3., durchgesehene und verbesserte Aufl., Bd. 1, Stuttgart 1985, S. XXXIII–LXXXIII, LIII.
[4] Mustergültig insofern *Michael Pawlik*, Schießbefehl auf Katholisch, F.A.Z. vom 2. Februar 2016.

Inhaltsverzeichnis

Vorbemerkung des Herausgebers 5

Abkürzungsverzeichnis 15

Vorwort 19

Erstes Kapitel

Allgemeine Begriffe   21

I.   Das Studium des Rechts 21

     1. Recht und *ius* 21

     2. Geisteswissenschaftliches und nicht sozialwissenschaftliches Studium 21

II.   Sachen und Personen 23

     3. Vermögen 23

     4. Gerichtlicher Zuständigkeitsbereich 24

     5. Menschen und Personen 25

     6. Rechtsfähigkeit von Personen 26

III.   Stellvertretung 27

     7. Stellvertreter und Rechtsnachfolger 27

     8. Rechtspersönlichkeit 27

IV.   Objekte und Subjekte 28

     9. Personen und Subjekte 28

     10. Sogenannte subjektive Rechte 29

     11. Menschenrechte 29

     12. Rechtliche Vorteile und (Dienst-)Leistungen 30

V.   Positives Recht und Naturrecht 31

     13. Gesunder Menschenverstand 31

     14. Göttliches Urteil 32

     15. Scheinbare Ausnahmen 33

VI.	Natur der Sachen	34
	16. Relativität	34
	17. Ökonomie	34
	18. Ökologie	34
VII.	Ursache	35
	19. Ursache/Grund (*causa*) und Zweck	35
	20. Fälle (Kasus)	35
	21. Persönliche Verantwortlichkeit	36
VIII.	Richterliche Autorität	37
	22. Prozeß	37
	23. Gewaltenteilung und Rechtsstaat	38
	24. Schiedsverfahren	40
IX.	Tatsachenevidenz	41
	25. Gerichtsbeweise	41
	26. Rechtsvermutungen	42
X.	Öffentliches Recht und Privatrecht	44
	27. Zivilprozesse, Verwaltungsstreitverfahren, Strafprozesse	44
	28. Rechtsposition: Status und Beziehungen	45
XI.	Fächer des Rechts	46
	29. Zivilrecht	46
	30. Kanonisches Recht	48
	31. Verfassungsrecht, politisches Recht, Verwaltungsrecht; Prozeßrecht	49
	32. Weitere Fächer des öffentlichen Rechts	50
XII.	Geschichte und Philosophie des Rechts	51
	33. Institutionelle Vorläufer	51
	34. Rechtsphilosophie	52
	35. Metageschichte des Rechts	54
	36. Rechtsvergleichung und Rechtsvereinheitlichung	54
XIII.	Rechtsquellen	55
	37. Gesetz und Staat	55
	38. Positivität und Geltung des Rechts	56

	39. Eigenrechte	57
	40. Rechtsprechung der Gerichtshöfe	57
XIV.	Rechtsbücher	58
	41. Textsammlungen	58
	42. Codices	59
	43. Unterteilung der Gesetzestexte	60
	44. Privilegien	60
	45. Veränderlichkeit des Gesetzes	60
	46. Verfall der Gesetzesform	61
XV.	Sollenscharakter des Gesetzes	62
	47. Bürgerliche Freiheit	62
	48. Anwendung von Rechtsvorschriften	62
	49. Norm und Regel	63
XVI.	Moralische Verbindlichkeit des Gesetzes	63
	50. Unkenntnis des Rechts	63
	51. Unklugheit der Zuwiderhandlung	64
XVII.	Recht, Ethik und Moral	65
	52. Ethische Pflichten und moralische Pflichten	65
	53. Gerechtigkeit	67
	54. Klugheit des Rechts	68
	55. Rechtssicherheit	69
	56. Rechtsmittel	70
XVIII.	Billigkeit, Auslegung, guter Glaube	71
	57. Gesetz und Billigkeit	71
	58. Auslegung	71
	59. Treu und Glauben	72
XIX.	Untreue und Unerlaubtheit	73
	60. Gerichtsdialektik	73
	61. Unerlaubte Handlung und Delikt	75
XX.	Definition des Rechts	76
	62. Definition des Rechts	76

Zweites Kapitel

Das Recht im eigentlichen Sinne 78

XXI. Private Rechtshandlungen 78

63. Recht im eigentlichen Sinne 78

64. Personen, Sachen, Klagen 78

65. Persönliche Rechtshandlung 79

XXII. Persönliche Rechtsfähigkeit 80

66. Mangelnde Rechtsfähigkeit und Feststellung der Rechtsunfähigkeit 80

67. Menschliche Gleichheit und Ungleichheit 81

68. Familie: Schutzraum natürlicher Ungleichheit 83

XXIII. Rechtshandlungen 84

69. Rechtliche Erklärungen 84

70. Ursachen und Grade der Ungültigkeit 85

71. Widerruf und Auflösung 86

72. Fristen und Bedingungen 87

XXIV. Dinglich wirksame Handlungen 89

73. Dinglich-rechtliche Vorteile 89

74. Besitz 91

75. Besitzursachen 92

XXV. Schuldrechtlich verpflichtende Handlungen 94

76. Persönliche rechtliche Vorteile 94

77. Geben und tun: Teilbarkeit und Unteilbarkeit der Verpflichtung 95

78. Verpflichtungsursachen 97

XXVI. Verträge 97

79. Synallagma 97

80. Vertragsarchetypen 99

81. Gesellschaftsvertrag 100

82. Güteraustausch 102

XXVII. Arbeitsleistung 103

83. Arbeitsvertrag 103

84. Arbeit als (Dienst-)Leistung schlechthin 104

	Inhaltsverzeichnis	13
XXVIII.	Nichtvertragliche Verpflichtungen	105
	85. Leihe	105
	86. Zins	107
	87. Stipulationen	108
XXIX.	Schuldrechtliche Mischformen	110
	88. Gemischte Handlungen im Schuldrecht	110
	89. Alternative Gestaltungen	111
XXX.	Sacharten	112
	90. Gebrauch und Verbrauch von Sachen	112
	91. Gattungen und Arten	113
XXXI.	Der Grund	114
	92. Land und Raum	114
	93. Aneignung von Grund und öffentliches Obereigentum	115
	94. Akzessorische Güter	116
XXXII.	Geld	117
	95. Nominalwert	117
	96. Investition im marktwirtschaftlichen Unternehmen	119
XXXIII.	Unkörperliche Sachen	120
	97. Wertgüter	120
	98. Immaterielle rechtliche Vorteile	121

Drittes Kapitel

Die Gesellschaftsordnung 123

XXXIV.	Staat und Politik	123
	99. Politische Klugheit	123
	100. Historische Zufälligkeit des Staates	124
	101. Staatsbegriff	125
XXXV.	Ordnung der gesellschaftlichen Gruppen	127
	102. Krise des Staates	127
	103. Natürliche Bildung gesellschaftlicher Gruppen	128
	104. Subsidiaritätsprinzip	129

XXXVI.	Familie	130
	105. Familiengemeinschaft: die erste gesellschaftliche Gruppe	130
	106. Ehe: interfamiliale Verbindung	133
	107. Familiale Legitimität	133
	108. Elterliche Gewalt	134
	109. Fehlende Rechtspersönlichkeit	136
XXXVII.	Überfamiliale Gruppen	136
	110. Kleinere Territorien	136
	111. Regionen und Nationen	137
	112. Nationale Verfassung	138
XXXVIII.	Die nationale Regierung	140
	113. Traditionelle Klassifizierung der Regierungsformen	140
	114. Niedergang der Aristokratie	142
	115. Demokratie	143
	116. Politische Parteien	144
XXXIX.	Soziale Verteidigung	145
	117. Notwehr	145
	118. Krieg	147
	119. Krise des zwischenstaatlichen Krieges	149
	120. Todesstrafe	150
	121. Viktimologie	153
XL.	Überstaatliche Ordnung	155
	122. Überstaatlicher Universalismus	155
	123. Europäische Union	157
	124. Vereinheitlichung des Privatrechts	157
	125. Großräume	158
	126. Ethik des Großraumes	159

Namen- und Sachregister 161

Abkürzungsverzeichnis

Abgesehen von den gängigen Abkürzungen, wie sie beispielsweise im „Duden" zu finden sind, wird wie folgt abgekürzt. Amtliche oder übliche Abkürzungen, etwa von Gesetzeswerken (z. B. StGB), denen kein Länderkürzel wie z. B. StGB(Ö) zur besseren Unterscheidung angehängt ist, repräsentieren Namen und Titel der Bundesrepublik Deutschland. Bei Gesetzen und Institutionen werden anstelle der Langtitel (z. B. Gesetz über die Aufgaben und Befugnisse der Bayerischen Staatlichen Polizei) meist nur die Kurztitel genannt (z. B. Bayerisches Polizeiaufgabengesetz).

1 Kor	Erster Korinther-Brief
a. E.	am Ende
a. F.	alter (vormals geltender) Fassung
AAS	Acta Apostolicae Sedis
ABGB	österr. Allgemeines bürgerliches Gesetzbuch
AHDE	Anuario de Historia del Derecho Español
AHG	österr. Amtshaftungsgesetz
Anm.	Anmerkung
AO	dt. Abgabenordnung
APuZ	Aus Politik und Zeitgeschichte
Art.	Artikel
ASS	Acta Sanctae Sedis
AÜHFD	Ankara Üniversitesi Hukuk Fakültesi Dergisi
AVG	österr. Allgemeines Verwaltungsverfahrensgesetz
Az.	Aktenzeichen
BayPAG	Bayerisches Polizeiaufgabengesetz
BayVfGHG	Bayerisches Verfassungsgerichtshofgesetz
BeurkG	dt. Beurkundungsgesetz
BGH	dt. Bundesgerichtshof
BGHZ	Entscheidungen des BGH in Zivilsachen
BJagdG	dt. Bundesjagdgesetz
BV	Bayerische Verfassung
BV(S)	schweiz. Bundesverfassung
BVerfG	dt. Bundesverfassungsgericht
BVerfGE	Entscheidungen des BVerfG
BVerfGG	dt. Bundesverfassungsgerichtsgesetz
B-VG	österr. Bundes-Verfassungsgesetz
BW Verf.	Verfassung des Landes Baden-Württemberg
BWahlG	dt. Bundeswahlgesetz
c.	Canon
cc.	Canones
CC	Código Civil de España
CCEO	Codex Canonum Ecclesiarium Orientialium
CE	Constitución Española

CIC	Codex Iuris Canonici
col.	colección
DBG	schweiz. Bundesgesetz über die direkte Bundessteuer
dt.	deutsch, -e, es
Dtn	Deuteronomium (5. Buch Mose)
ebd.	ebenda
EGBGB	dt. Einführungsgesetz zum Bürgerlichen Gesetzbuche
EGStGB	dt. Einführungsgesetz zum Strafgesetzbuch
EheG	dt. Ehegesetz (aufgehoben)
EMRK	Konvention [des Europarates] zum Schutze der Menschenrechte und Grundfreiheiten
engl.	englisch, -e, -es
Enz.	Enzyklika
epist.	Epistulae morales ad Lucilium
EU	Europäische Union
EuGH	Europäischer Gerichtshof
EUV	Vertrag von Lissabon zur Änderung des Vertrags über die Europäische Union und des Vertrags zur Gründung der Europäischen Gemeinschaft
Ex	Exodus (2. Buch Mose)
Ez	Buch Ezechiel
f.	diese/r und die/der nächste Seite/Paragraph
F. A.Z.	Frankfurter Allgemeine Zeitung
FamFG	dt. Gesetz über das Verfahren in Familiensachen und in den Angelegenheiten der freiwilligen Gerichtsbarkeit
FDP	Freie Demokratische Partei
ff.	diese und die nächsten beiden Seiten/diese und die nachfolgenden Paragraphen
FGO	dt. Finanzgerichtsordnung
FinStrG	österr. Finanzstrafgesetz
FKTh	Forum Katholische Theologie
franz.	französisch, -e, -es
FS	Festschrift für
Fundamina	Fundamina. A Journal of Legal History
GBG	österr. Allgemeines Grundbuchgesetz
GBO	dt. Grundbuchordnung
GG	Grundgesetz der Bundesrepublik Deutschland
ggf.	gegebenenfalls
GmbHG	dt. Gesetz betreffend die Gesellschaften mit beschränkter Haftung
GrCh	Charta der Grundrechte der Europäischen Union
GVG	dt. Gerichtsverfassungsgesetz
hær.	adversus hæreses
HDG	österr. Heeresdisziplinargesetz
Hisp	Hispania. Revista Española de Historia
i. V. m.	in Verbindung mit
IPR	Internationales Privatrecht
IPRG	schweiz./österr. Bundesgesetz über das Internationale Privatrecht
Jg.	Jahrgang
Joh	Johannes-Evangelium

JZ	JuristenZeitung
Kap.	Kapitel
KKK	Katechismus der Katholischen Kirche
KKKK	Kompendium des KKK
lat.	lateinisch, -e, -es
LEC	Ley de Enjuiciamiento Civil de España
LECrim	Ley de Enjuiciamiento Criminal en España
Lev	Levitikus (3. Buch Mose)
Lk	Lukas-Evangelium
LPartG	dt. Gesetz über die Eingetragene Lebenspartnerschaft
LRJAP-PAC	Ley de régimen jurídico de las administraciones públicas y procedimiento administrativo común
LRJPAC	Ley de Régimen Jurídico de las Administraciones Públicas y del Procedimiento Administrativo Común
MarkenG	dt. Markengesetz
Met.	Metaphysik
Mk	Markus-Evangelium
Mt	Matthäus-Evangelium
N.C.	Numerus Clausus
NF	Neue Folge
NOrd	Die Neue Ordnung
Offb	Offenbarung (Apokalypse) des Johannes
OP	(Mitglied des) Ordo Fratrum Praedicatorum – „Dominikaner"
OR	schweiz. Obligationenrecht (= fünfter Teil des ZGB)
OR(D)	Osservatore Romano, deutschsprachige Ausgabe
österr.	österreichisch, -e, -es
OWiG	dt. Gesetz über Ordnungswidrigkeiten
PartFörG	österr. Parteienförderungsgesetz
PartG	dt. Parteiengesetz
PartG(Ö)	österr. Parteiengesetz
PatG	dt. Patentgesetz
Phys.	Physik
PSG	österr. Privatstiftungsgesetz
PStG	dt. Personenstandsgesetz
PStG(Ö)	österr. Personenstandsgesetz
RChD	Revista Chilena de Diseño
röm.	römisch, -e, -es
ScG	Summa contra gentiles
schweiz.	schweizerisch, -e, -es
SDHI	Studia et Documenta Historiae et Iuris
span.	spanisch, -e, -es
StGB	dt. Strafgesetzbuch
StGB(Ö)	österr. Strafgesetzbuch
StGB(S)	schweiz. Strafgesetzbuch
STh	Summa Theologiae
StPO	dt. Strafprozeßordnung
StPO(Ö)	österr. Strafprozeßordnung
TRG	Tijdschrift voor Rechtsgeschiedenis

TRLCAP	Texto Refundido de la Ley de Contratos de las Administraciones Públicas aprobado por el Real Decreto Legislativo 2/2000, de 16 de junio
u. ö.	und öfter
UAbs.	Unterabsatz
ÜG 1920	österr. Übergangsgesetz 1920
UGB	österr. Unternehmensgesetzbuch
Val. U. L. Rev.	Valparaiso University Law Review
Verf.	Verfasser
VerschG	dt. Verschollenheitsgesetz
VfGH	österr. Verfassungsgerichtshof
VG	schweiz. Verantwortlichkeitsgesetz
VStG	österr. Verwaltungsstrafgesetz
VwGO	dt. Verwaltungsgerichtsordnung
VwVfG	dt. Verwaltungsverfahrensgesetz
WpHG	dt. Wertpapierhandelsgesetz
WuchG	österr. Wuchergesetz
ZfL	Zeitschrift für Lebensrecht
ZGB	schweiz. Zivilgesetzbuch
ZJS	Zeitschrift für das Juristische Studium
ZPO	dt. Zivilprozeßordnung

Vorwort

Am Ende eines dem Denken gewidmeten Lebens scheint es zwingend notwendig zu sein, das eigene Werk zu rekapitulieren. Das ist der Grund, warum dieses Buch nicht als *Neuauflage* erscheint, sondern als eine *neue Einführung*. Obwohl diese nach allgemeinem Aufbau und Umfang den früheren Auflagen in etwa entspricht, wurde sie völlig neu ausgearbeitet, denn ich habe versucht, meine Schlußfolgerungen für das Studium des Rechts den tiefgreifenden Veränderungen unseres Zeitalters anzupassen, ohne die Hauptprinzipien zu verändern, die ich beibehalten, aber klarer, gründlicher und stimmiger formuliert habe, um den jungen Lesern, von denen ich mir eine dem Konzept der *politischen Korrektheit*, welches das Ende des 20. Jahrhunderts, nicht aber mich beherrscht hat, weniger anhängliche Einstellung erhoffe, das Verständnis und die Kritik zu erleichtern.

Ich möchte es nicht versäumen, Ana María Alvarado (Monterrey), Jesús Burillo (Murcia) und Rafael Domingo (Pamplona) für die nützlichen Hinweise zu danken, die sie nach aufmerksamer Lektüre dieses neuen Textes gaben, ebenso den *Civitas Ediciones* für diese neuerliche Annahme eines Werkes aus meiner Feder.

Álvaro d'Ors

Erstes Kapitel

Allgemeine Begriffe

I. Das Studium des Rechts

1. Das Wort *Recht* [*derecho*] bedeutet das, was *recht* (lat. *directum*), *nicht krumm* ist, und es sind die Richter, deren Entscheidungskriterium wir mit gewisser Wahrscheinlichkeit gedanklich vorwegnehmen können und die mit gesellschaftlicher Wirkung darüber entscheiden, was recht ist oder nicht. Der entsprechende lateinische Ausdruck ist *ius*, der *das Ge-rechte* bei der Lösung eines Streitfalls bedeutet. Davon leitet sich heute das Adjektiv *juristisch* ab, um alles zu bezeichnen, was das Recht betrifft, ebenso wie sich *forensisch* (von *forum*, dem Ort, wo die Richter auftreten) auf alles bezieht, was in Zusammenhang mit der Tätigkeit steht, Urteile zu fällen.

> Im Lateinischen bezeichnet *iuridicus* den, „der das Recht erklärt oder lehrt". Das können wir auch auf den Richter anwenden, der nach dem Recht urteilt. Die moderne Sprache hat die Konkretheit dieses alten lateinischen Adjektivs aufgeweicht; weniger akzeptabel ist indessen die Aufweichung im modernen Latein durch die Verunreinigung der Landessprachen.

Was dem *ius* entspricht, wird *iustum*[5] genannt, und das dem *ius* Entgegengesetzte ist die *in-iuria*, wovon sich *Injurie*, das heißt das dem Recht entgegengesetzte Verhalten, ableitet. Im römischen Recht wurde das Wort *iniuria* auf die Beschreibung des Deliktes der Körper- wie der Ehrverletzung beschränkt, im modernen Recht auf das letztere.[6]

2. Das Studium des Rechts ist ein Bücherstudium, nicht ein Studium der Dinge, der Phänomene oder der Zahlen; es erfordert weder mechanische Instrumente noch Laboratorien. In diesem Sinne ist es ein *Literatur*studium im Bereich der *Geisteswissenschaften* [*Humanidades*], die sich alle auf Texte beziehen, nicht auf Realien; auf *verba*, nicht auf *facta*.

> Die wissenschaftlichen Disziplinen – *Wissenschaft* verstanden als jede rationale systematische Erkenntnis – werden in drei große Gruppen unterteilt: eine humanistische, eine naturwissenschaftliche und eine geonomische. Die *humanistischen* Wissenschaften befassen sich mit den schriftlichen Zeugnissen des personalen Bewußtseins, die Naturwissenschaften mit der Wirklichkeit der physischen Phänomene, die geonomischen Wissenschaften mit der

---

[5] Lat. für „ordentlich, gerecht, das Gerechte".
[6] Tatsächlich sprechen wir auch im Deutschen von „Verbalinjurien", wenn wir (straf-)rechtlich relevante Ehrkränkungen meinen.

Beziehung zwischen menschlicher Gesellschaft und natürlichem Lebensraum.[7] Sowohl die Natur- als auch die geonomischen Wissenschaften greifen auf die unmittelbare Erkenntnis der Realien zurück, die *Erfahrung* genannt werden kann. In den geonomischen Wissenschaften ist die Erfahrung passiv und besteht in der Wahrnehmung des in der Wirklichkeit Vorfindbaren; in den Naturwissenschaften kann sie auch aktiv sein, nämlich durch das Experimentieren mit Phänomenen, die vom Beobachter hervorgerufen werden. Immer handelt es sich um die Erfahrung der materiellen Wirklichkeit. Die formalen Wissenschaften, die von der Materie absehen, wie die Logik und auch die Mathematik, die eine Logik der Zeichen und nicht der Wörter ist, beruhen stets auf Texten und sind daher humanistische Wissenschaften, wenngleich die Mathematik der Physik, die eine Naturwissenschaft ist, der Ökonomie und anderen geonomischen Wissenschaften als formales Instrument dient.

Die Rechtswissenschaft ist keine *Sozial*wissenschaft. Alles Menschliche ist von Natur aus sozial, weil der Mensch nur in Beziehung mit anderen denkbar ist. Das Recht aber untersucht nicht diese natürliche Verbindung, sondern das, was das menschliche Bewußtsein über gewisse zwischenmenschliche Aspekte gedacht hat und was davon schriftlich festgehalten worden ist.

Die Sozialwissenschaften bilden einen Teilbereich der Geonomie, zusammen mit den anderen beiden Teilbereichen der Raum- und der Wirtschaftswissenschaften. *Raumwissenschaften* sind die Geographie, die Geodiärese und die Urbanistik; die Geodiärese[8] handelt von der Raumaufteilung im Unterschied zur Geopolitik, die auf die politische Theorie der staatlichen Strategie eingeht.

Das Studium des Rechts unterscheidet sich also von der Ökonomie und der Soziologie, die soziale Wissenschaften aus der Gruppe der Geonomie sind, ebenso wie von der politischen Theorie, wiewohl auch diese eine Vernunftdisziplin innerhalb der Geisteswissenschaften ist. Allerdings sind die interdisziplinären Verknüpfungen des Rechts mit diesen anderen Sachgebieten sowohl wegen der Gemeinsamkeit der Universitätsausbildung als auch wegen seines eigenen Inhalts mannigfaltig und bedeutend.

So hängt zum Beispiel die für das Recht charakteristische richterliche Funktion von der politischen Theorie dieser Funktion ab; das zinstragende Darlehen hängt von einem bestimmten Wirtschaftssystem ab; die Erbfolge von einer bestimmten soziologischen Form und so weiter. Trotz der möglichen Verbindungen mit der *Soziologie* bleibt die Erfahrung der rechtlichen Tatsachen als sozialer Wirklichkeit außerhalb des Bereichs der Rechtswissenschaft, deren Methode hermeneutisch ist, das heißt auf Textinterpretation beruht, und nicht auf der Interpretation von Tatsachenerfahrung. Obwohl heute die Betrachtung des Rechts als einer „sozialen Tatsache", als Studienobjekt der Soziologie verbreitet ist, kann diese Ver-

---

[7] Der in unseren Breitengraden unübliche Begriff Geonomie – wir würden heute am ehesten von angewandter (Human-)Ökologie sprechen – geht auf den rumänischen Naturwissenschaftler und Geographen *Grigore Antipa* (1867–1944) zurück, einen Schüler *Ernst Haeckels* (1834–1919). Geonomie ist eine Hybridwissenschaft aus Geologie, Geographie, Klimatologie, Raumorganisation, Stadtplanung, Soziologie und Ökonomie.
[8] Vgl. dazu *Spindler*, Naturrecht und privatrechtlicher Anti-Etatismus (s. Anm. 1), S. 7–29 (18); *d'Ors*, Gemeinwohl und Öffentlicher Feind (s. Anm. 1), S. 71 mit Anm. 33.

wirrung aufgrund der Unkenntnis des kultivierten Rechts nur zum Verlust der spezifischen Rechtsbegriffe und zum Absturz in das Phänomen der rechtlichen *Vulgarität* führen. Dazu trägt die etwaige Eingliederung des Rechtsstudiums in Fakultäten der Soziologie bei, deren Absolventen eher *Verwalter* als *Gelehrte* im traditionellen Sinne sind.

Die Rechtsbücher enthalten gewisse Kriterien zur Lösung von Streitfällen, die Sachinteressen von Personen betreffen; auch wurden diese Kriterien, die als *Vorschriften* für geradliniges juristisches Verhalten formuliert sind, von Personen in Worte gefaßt. Auch wenn wiederholt wird, daß sie sich als gesellschaftsnotwendig etablieren, hört ihre Formulierung deshalb nicht auf, ein persönlicher Akt eines Richters, eines Gesetzgebers oder eines Autors zu sein, dessen Wissenschaft anerkannt ist; mag der Autor nicht bekannt sein, als individuelle Person hat dieser aber immer existiert.

Obwohl also das Recht in einem sozialen Kontext steht und auf diesen Konnex ständig zu verweisen ist, hat es nicht das Phänomen dieses Konnexes zum Gegenstand, sondern Texte über zwischenmenschliche Streitfälle hinsichtlich der Nutzung von Sachen.

II. Sachen und Personen

3. Das ganze Recht bezieht sich auf *Sachen* und *Personen*.

Die Sachen, die das Recht interessieren, sind jene, die für die Personen nützlich sind. Deshalb werden sie *Güter* genannt; der Vorteil, die Güter zu nutzen, wird *Interesse* genannt.

Von dem lateinischen Wort *res*, Sache, leitet sich das Adjektiv *real* [span. für „dinglich"] ab, das nicht zu verwechseln ist mit dem [gleichlautenden] Adjektiv, das sich von *rex* [lat.], König [span. *rey*], ableitet (Nr. 113). Die Nutzung der Sachen ist veränderlich (Nr. 90). *Interesse* bedeutet im Lateinischen „unterschiedlich sein";[9] im rechtlichen Sinne bezieht es sich auf den Unterschied, der für eine Person darin besteht, ein bestimmtes Gut nutzen zu können oder nicht, in einem konkreteren Sinne auf das Interesse dessen, der die Verfügbarkeit einer Geldsumme vorübergehend einbüßt (Nr. 86). Das ganze Recht bezieht sich also auf das persönliche Interesse an Sachen.

Die Gesamtheit der Güter, an der eine Person in aktiver oder passiver Weise Interesse hat, wird *Vermögen* [*patrimonio*] genannt. Das Recht im eigentlichen Sinne ist vermögensrechtlicher Art, obwohl einige maßgebende persönliche Aspekte hineinspielen. So gibt es in der Ehe einen vermögensrechtlichen Aspekt, der für das Rechtsverfahren hauptsächlich von Interesse ist. Aber die persönliche Berücksichtigung der Eheleute und ihrer Nachkommenschaft ist in ethischer Hinsicht das Wichtigste und von genannten vermögensrechtlichen Auswirkungen bedingt.

---

[9] Vgl. ebd., S. 48.

Die persönliche Verwaltung der Güter ist das *patrimonium*, das Amt (*munus*) des Familienoberhauptes (*pater*); und das *matrimonium* ist das Amt der *mater*, so wie das *testimonium* das des Zeugen, das *vadimonium* das der römischen Bürgen, die *vades* hießen, und das *castimonium* das der keuschen Vestalinnen ist.

Das persönliche Vermögen vertritt im Recht in gewisser Weise die Person, der es gehört, denn diese haftet gewöhnlich für ihre rechtlichen Pflichten mit ihrem Vermögen und nur ausnahmsweise, aufgrund irgendwelcher Delikte, mit ihrem eigenen Körper, das heißt mit ihrer Bewegungsfreiheit oder sogar mit ihrem Leben. Diese vermögensrechtliche Haftung wird *Solvenz* genannt. In einem engeren Sinne versteht man unter Solvenz die Liquidität eines Vermögens, das heißt die augenblickliche Möglichkeit, Geld zu geben.

4. Der vermögensrechtliche Charakter des Rechts im eigentlichen Sinne schließt aus dessen Geltungsbereich einige Streitfälle aus, die diesen Charakter nicht aufweisen, vor allem, wenn berücksichtigt wird, daß das vermögensrechtliche Interesse privater Art ist. Er bleibt bestehen, wenn es auf ein öffentliches vermögensrechtliches Interesse trifft, wie es in Streitfällen mit der öffentlichen Verwaltung geschieht. Doch greifen die Richter manchmal in die Lösung von Streitfällen ein, in denen es ein nicht notwendigerweise vermögensrechtliches öffentliches Interesse ohne Zusammenhang mit einem anderen Privatvermögen gibt, wie es im Strafrecht vorkommt, wo das etwaige vermögensrechtliche Privatinteresse gegenüber dem überwiegenden öffentlichen nichtvermögensrechtlichen Interesse zurücktritt. Bei diesen Sachverhalten gibt es eine amtliche Repräsentanz, um gerichtlich eine Sanktion für unzulässige Handlungen zu verlangen, die ein oftmals nichtvermögensrechtliches öffentliches Interesse verletzen. So kann es bei Strafsachen ein Organ geben – zum Beispiel unseren *Staatsanwalt* –, der kraft Gesetzes die Vertretung der Gemeinschaft übernimmt, unbeschadet der regelmäßigen privaten Verteidigung eigener Interessen. Diese Art der privaten Vertretung öffentlicher Interessen wird im allgemeinen als *Popularklage* (Nr. 22) bezeichnet.[10]

---

[10] Der Gedankengang – hier vor allem die Formulierung „Diese Art ..." – ist etwas verwirrend und wird durch die von Land zu Land unterschiedlichen Regelungen, etwa der Zuständigkeiten im Ermittlungs- und Strafverfahren, und die unterschiedliche Terminologie erschwert. Nach span. Recht leitet der Untersuchungsrichter aufgrund polizeilicher Ermittlungen ein *sumario* genanntes Untersuchungsverfahren ein, Art. 282 LECrim. Nach justizpolizeilichen Voruntersuchungen wird entschieden, ob ein Hauptverfahren eingeleitet wird, oder nicht. Beglaubigte Beweisaufnahmen im Untersuchungsverfahren werden in der Hauptverhandlung normalerweise nicht wiederholt. Nach dt. Recht ist die Staatsanwaltschaft zur Ermittlung von Straftaten verpflichtet (Legalitätsprinzip). Grundsätzlich ist nur sie berechtigt, wegen einer möglichen Straftat Anklage zu erheben (Offizialprinzip). Von den ersten Ermittlungen bis zum Abschluß des Strafverfahrens bleibt sie „Herrin" des Verfahrens (vgl. auch § 152 Abs. 1 GVG). Das öffentliche Interesse an der Verfolgung von Straftaten überwiegt regelmäßig sowohl gegenüber dem privaten nichtvermögensrechtlichen Interesse, etwa an der Nichtverfolgung von Gesetzesübertretungen, an der allgemeinen Bewegungsfreiheit, als auch gegenüber dem privaten vermögensrechtlichen Interesse, etwa an der Bewahrung vor Geldstrafen. Der vom Verf. erwähnte Staatsanwalt vertritt – entgegen *d'Ors* – nicht sein „privates" (Verfolgungs-)Interesse, sondern

II. Sachen und Personen 25

Aufgrund der Privatisierung der Verteidigung öffentlicher Interessen nähert sich diese Konfliktordnung dem Recht im eigentlichen Sinne an. Aber die Unterschiede rechtfertigen es dennoch, diese Bereiche des Judiziellen nicht in die vorliegende Darstellung des Rechts im eigentlichen Sinne einzubeziehen, sondern im Kapitel über die Gesellschaftsordnung[11] zu behandeln.

5. Personen sind die menschlichen Wesen, die miteinander in Beziehung treten. Da diese Beziehungen unterschiedlich sind, hat jeder *Mensch* – Gattungsname des *menschlichen Wesens* des einen oder des anderen Geschlechts[12] – verschiedene *Personen*. Mensch ist er von Natur aus, die Person wird durch ihre Umstände konstituiert. Der Mensch wird erkannt durch das Gesicht oder Antlitz, das er „hat", die Person durch den Namen, den sie „bekommt" und der sie charakterisiert.[13]

---

das öffentliche Interesse des Staates. Ein Fall von privater Verfolgung öffentlicher Interessen (ohne Geltendmachung der Verletzung eigener Rechte) ist die *Popularklage*; in Deutschland ist sie nur ausnahmsweise zulässig, z. B. nach Art. 98 S. 4, 120 BV, Art. 55 BayVfGHG; §§ 22, 81 PatG; § 55 Abs. 2 Nr. 1 MarkenG. Von ihr wiederum zu unterscheiden ist die *Privatklage*, mit der bei einer begrenzten Anzahl von Straftaten (§ 374 Abs. 1 StPO) das private Interesse an der Strafverfolgung unabhängig vom öffentlichen Interesse gewahrt werden kann.

[11] Drittes Kapitel (Nrn. 99–126).
[12] Gemäß Beschluß des BVerfG vom 10. Oktober 2017 (Az. 1 BvR 2019/16) verletzte die frühere Regelung der §§ 21 Abs. 1 Nr. 3, 22 Abs. 3 PStG, daß im Geburtenregister ein Kind entweder dem weiblichen oder dem männlichen Geschlecht zuzuordnen ist, oder, wenn dies nicht möglich ist, das Geschlecht nicht eingetragen wird, intersexuelle Menschen in ihren Grundrechten nach Art. 2 Abs. 1, 1 Abs. 1 GG und Art. 3 Abs. 3 GG. Seit der Anpassung des Gesetzes zum 31. Dezember 2018 kann der Personenstandsfall auch ohne eine solche Angabe oder mit der Angabe „divers" in das Geburtenregister eingetragen werden, § 22 Abs. 3 PStG. Bei Vorliegen einer „Variante der Geschlechtsentwicklung" kann dies auch nachträglich und unter Änderung des Vornamens erfolgen, § 45 b Abs. 1 PStG. Laut letztinstanzlichem Beschluß des BGH vom 22. April 2020 (Az. XII ZB 383/19) gilt die Neuregelung des PStG nur für die – äußerst selten vorkommende – biologische, nicht hingegen für „gefühlte", selbstdefinierte Inter- oder Transsexualität. In Österreich, wo es am 15. Juni 2018 zu einem vergleichbaren Erkenntnis des VfGH (G77/2018-9) kam, kann im Falle augenscheinlicher Intersexualität die Eintragung des Geburtsgeschlechtes im Zentralen Personenstandsregister offengelassen werden, bis der/die Betreffende bzw. sein/ihr gesetzlicher Vertreter die Ergänzung der Eintragung entsprechend der medizinischen Entwicklung des Kindes vornimmt, §§ 40 Abs. 1, 41 Abs. 2 PStG(Ö). Die nachträgliche Änderung des Eintrags von „männlich" oder „weiblich", etwa in „divers", kann vom Betreffenden aufgrund eines qualifizierten medizinischen Gutachtens beantragt werden, § 41 Abs. 1 PStG(Ö). Die Schweiz kennt im Personenstandsregister keine „dritte Option". Erklärend ist hinzufügen, daß personenstandsrechtliche Eintragungen, die selbstredend frei von Diskriminierung vorzunehmen sind, am biologischen (chromosomalen, anatomischen und/oder hormonellen) Geschlecht eines Menschen nichts zu ändern vermögen, gleichgültig ob dieses typisch oder atypisch entwickelt ist. Der in den Deutschen Bundestag eingebrachte, jeder Ethik hohnsprechende Gesetzesvorschlag von FDP und „Grünen", Kindern ab 14 Jahren – auch gegen den Willen der Eltern – zu ermöglichen, das Geschlecht einmal im Jahr durch bloßen Sprechakt zu wechseln und diesen Wechsel auch hormonell oder operativ (durch Amputation von Penis bzw. weiblicher Brust) durchzusetzen, wurde am 19. Mai 2021 einstweilen abgelehnt.
[13] Zur Dogmengeschichte der Rechtsbegriffe Person, Rechtsfähigkeit, Subjekt vgl. etwa *Hellen Hetterich*, Mensch und „Person" – Probleme einer allgemeinen Rechtsfähigkeit. Eine rechtshistorisch-kritische Untersuchung zu § 1 BGB, Berlin 2016.

Die Personalität ist essentiell, insofern (neben der Beziehung zum Schöpfer) die Beziehung eines Menschen zu anderen Menschen aufgrund der gegebenen menschlichen Sozialnatur notwendig ist; sie ist akzidentiell, insofern sie sich entsprechend der konkreten Beziehung ändert, etwa als Sohn, Bürger, Gläubiger, Bürge, Erblasser und so weiter.[14]

> Jeder Mensch hat im Hinblick auf einen anderen eine bestimmte Persönlichkeit gemäß der Beziehung, die sie verbindet; der Steuermann „hat zwei Personen" (Seneca, *epist.* 85, 30). In diesem Sinne kann man sagen, daß jeder Mensch bezüglich eines anderen eine Person ist: *homo homini persona*.[15] Sehr klar drückt es ebenso der Kanon 96 des Codex des kanonischen Rechts[16] aus: Für die Kirche konstituiert sich der Mensch als Person durch die Taufe.

6. Die Personalität hängt also von der konkreten Beziehung ab, andererseits zieht die Rechtsordnung der allgemeinen rechtlichen Handlungsfähigkeit der Personen auch wieder gewisse Grenzen. Das sind sinnvolle Grenzen in Rücksicht auf das Alter, die geistige Gesundheit, die Straffähigkeit und so weiter. Dann ist die Rede von *Geschäftsunfähigkeit [incabacidad de obrar]* oder von *Unfähigkeit [inhabilitación]* zur Rechtsausübung (Nrn. 66–68).

> Die Unfähigkeit zur Ausübung der väterlichen Gewalt (Nr. 108)[17] beseitigt schließlich eine ordentliche persönliche Berechtigung;[18] in einigen Fällen kommt es vor, daß sie dem einzelnen nicht zusteht, etwa, wenn wegen Verschollenheit die *Vermutung des Todes* (Nr. 26) angeordnet wird.[19]

---

[14] Zur Unterscheidung von essentiell und akzidentiell vgl. grundlegend Aristoteles, Met. IV, 30, 1025 a 14; V, 2, 1026 b 35; X, 8, 1065 a 4; Phys. II, 4, 196 b 28; Thomas v. Aquin, STh I 29, 2 ad 3; 54, 3 ad 2; De ente et essentia c. 5.

[15] Vgl. bereits *Álvaro d'Ors*, Derecho y sentido común, Madrid, 1995, S. 112. Eine deutliche Distanzierung von *Thomas Hobbes'* homo-homini-lupus-Prinzip (vgl. *Hobbes*, De cive, praefatio, 1, 12; 5,12), dem Paradigma der Neuzeit, das bei *Plautus*, Asinaria 4.88 (*lupus est homo homini, non homo*), vorausgebildet ist. Vgl. hingegen *Seneca*, epist. 15. 95. 33: *homo sacra res homini*.

[16] Der CIC von 1983 ist das Gesetzbuch der Lat. (Teil-)Kirche, der CCEO von 1990 das der Ostkirchen der *einen* – oft fälschlicherweise „Römisch-Katholische" Kirche genannten – Katholischen Kirche (*una sancta catholica*), Neuerungen jeweils eingeschlossen.

[17] Heute spricht man etwa im dt. und im schweiz. Familienrecht nicht mehr von väterlicher oder elterlicher Gewalt, sondern von *elterlicher Sorge*, im österr. Kindschaftsrecht von *Obsorge*. Der Sorgerechtsentzug, der gegenüber einem Elternteil oder beiden Elternteilen ausgesprochen werden kann, muß vom Familiengericht genau begründet werden und ist wegen Art. 6 Abs. 2 S.1 und Abs. 3 GG nur dann gestattet, wenn auf andere Weise eine schwere Gefährdung des Kindeswohls nicht beseitigt werden kann (BVerfG, Beschluß v. 19.11.2014, 1 BvR 1178/14).

[18] Allerdings führt umgekehrt nach dt. Recht die (Teil-)Unfähigkeit, etwa zu Rechtsgeschäften, nicht zum Entzug der elterlichen Sorge, sondern lediglich zu deren Ruhen, § 1673 BGB. Ruht die elterliche Sorge aus tatsächlichen, vom Familiengericht festgestellten Gründen (§ 1674 BGB), kann sie, wiederum durch Feststellung des Gerichts, wiederaufleben (Abs. 2).

[19] Nach dt. Recht kann bei Verschollenheit (§ 1 Abs. 1 u. 2 VerschG) die gerichtliche Feststellung des vermuteten Todes und seines Zeitpunkts beantragt werden; die Todeserklärung beendet jedoch nicht die Rechtsfähigkeit, sie begründet lediglich eine widerlegbare Vermutung des Todeseintritts (§ 9 Abs. 1 VerschG). Mit der Todeserklärung entfällt auch die elterliche Sorge (s. Anm. 17 f.), § 1677 BGB.

III. Stellvertretung

7. Im Recht ist jeder Mensch durch eine bestimmte Personalität präsent, aber er kann seine Präsenz auch durch das Eingreifen einer anderen Person bekunden, die ihn „*re*-präsentiert" und seinen Willen anstelle der abwesenden Person äußert, die, obwohl sie nicht anwesend ist, in der Handlung des Stellvertreters fortbesteht. Durch dieses Fortbestehen des Vertretenen unterscheidet sich die Stellvertretung von der persönlichen *Rechtsnachfolge [sucesión]* (Nr. 75), denn dabei vertritt eine Person eine andere, die nicht mehr als diese Person existiert, zum Beispiel ein Erbe den Verstorbenen oder ein Funktionär den Vorgänger im selben Amt, der seine Personalität verloren hat, obwohl er weiterlebt. Auch Rechtsnachfolge ist ein charakteristischer Begriff des Rechts, ungeachtet der Tatsache, daß sie auf andere Sinngehalte von Stellvertretung angewandt wird, vor allem auf die Stellvertretung eines anderen während eines vorübergehenden Zeitraums.

Die *Stellvertretung [representación]* ist eine im Recht besonders wichtige Form der Anwesenheit, die unterschiedliche Modalitäten bieten kann. Der Gedanke, etwas Abwesendes, das nicht eine Person ist, zu vergegenwärtigen, findet auch auf anderen Feldern des Geistes Anwendung: in Kunst, Philosophie, Politik, Liturgie und so weiter.

Das Spezifische der rechtlichen Stellvertretung besteht darin, daß sie einer Willenserklärung dient. Die Willenserklärung des Stellvertreters vermag den Willen des Vertretenen genau abzubilden („imperatives Mandat"), zu konkretisieren oder zu ersetzen. Letztgenannte Interessenvertretung ist die einzig mögliche, wenn der Vertretene unfähig ist, seinen ureigenen Willen zu erklären.

8. Die Stellvertretung ist unentbehrlich, wenn ein kollektiver Wille zu konkretisieren ist. Zu diesem Zweck wird fingiert, daß die Personengruppe einen einzigen Willen hat, der von einem Stellvertreter erklärt werden kann. Um dieses Kollektiv von einem Menschen zu unterscheiden, dessen Personalität eine physische Entsprechung hat, spricht man dann von *moralischer* oder *juristischer Person*.

Gerade weil die juristischen Personen vertreten werden müssen, können sie selber nicht Stellvertreter anderer physischer oder juristischer Personen sein. Wenn eine Gruppe eine Gemeinschaft vertreten will, wie es manchmal im politischen Leben vorkommt, handelt es sich nicht um spezifische Stellvertretung, sondern um Ersetzung eines Ganzen durch einen ausgewählten Teil (*melior pars pro toto*). Der Vertreter dieser Teilgruppe vertritt nicht jene andere Gesamtheit; diese existiert juristisch nicht mehr, wenn sie durch ihre *melior pars* ersetzt wird (Nr. 115).

Der kollektive Wille wird sehr häufig dadurch konstruiert, daß diejenigen, welche die Gruppe bilden, abstimmen; diese Bestimmung des Willens durch Bevorzugung der (im Verhältnis mehr oder weniger großen) Mehrheit ist nur möglich, wenn die Gruppe eine juristische Person darstellt; wenn dies nicht der Fall ist, ist Einstimmigkeit erforderlich.

Auf dieses Erfordernis der Einstimmigkeit bezieht sich der alte Grundsatz des kanonischen Rechts „*Quod omnes tangit, debet ab omnibus approbari* – Was alle angeht, muß von allen gebilligt werden." Die Theorie der moralischen Person und die der Repräsentation sind Beiträge der Kirche zum gemeinen Recht. Es verdankte sich der Bedeutung der ständigen kollektiven und selbständigen Einrichtungen von Menschen in der Kirche, die diese damals bildeten oder leiteten und die vertreten werden mußten; deshalb sprach man von einem „fingierten und repräsentierten Körper" (*corpus fictum et repraesentatum*).[20]

Wenn es hingegen darum geht, die Interessen einer juristischen Person zu verteidigen, zum Beispiel eines Vermögens, das für einen Zweck bestimmt ist, welches wir *Stiftung* nennen[21], ersetzt der Repräsentant nicht den Willen des Vertretenen, der nicht existiert, sondern er handelt als Verteidiger objektiver Interessen, wie es auch bei der Stellvertretung geschäftsunfähiger Personen geschieht.

Die Vertretung juristischer Personen gibt es nur bei erlaubten Handlungen; für unerlaubte Handlungen ihrer Mitglieder sind sie [= die juristischen Personen; WHS] nicht verantwortlich, auch wenn sie eine subsidiäre Verantwortung tragen können, so wie der Staat bei Straftaten seiner Beamten in ihrem Amtsbereich verantwortlich ist.[22]

IV. Objekte und Subjekte

9. Die Gegenüberstellung von Sachen und Personen tritt auch in den Begriffen *Objekt* und *Subjekt* zutage, wobei das Recht als Regelung von Streitfällen zwischen bestimmten Subjekten hinsichtlich bestimmter Objekte verstanden wird.

Diese Unterscheidung zwischen *Objekt* und *Subjekt* ist sehr gewöhnlich, wenn auch ziemlich modern in der Rechtssprache. Etymologisch gesehen, verbindet beide Begriffe die gemeinsame Vorstellung von etwas *werfen*: *vor-werfen* beim Objekt und *unter-werfen* beim Subjekt.[23] Aber *Objekt* ist nicht nur die in der Frage vorliegende materielle Sache, sondern oftmals die von ihr abstrahierte Beziehung, etwa das Eigentum, und zugleich die im Eigentum stehende Sache. *Subjekt* seinerseits hat seit dem 19. Jahrhundert die Bedeutung von Person angenommen, vielleicht unter dem Einfluß der Grammatiker, die das Seiende, dem das Verbum in der Verbindung von Subjekt – Verb – Prädikat „hinzugefügt" [*sobrepone*] wird, so nannten, und durch die Verwendung im Sinne von *Untertan* [*súbdito*] in bezug auf den Herrscher. Im Vulgärspanischen haftet ihm – ebenso wie dem *Individuum* – im Gegensatz zu *Person* [*persona*] ein despektierlicher Unterton[24] an.

---

[20] *Panormitanus* (= *Nicolaus de Tudeschis*), c. 48, X 1, 6; c. 30, X 5, 3. Vgl. zum Ganzen *Ernst H. Kantorowicz*, Die zwei Körper des Königs. Eine Studie zur politischen Theologie des Mittelalters, engl. Original 1957, dt. Ausg. Stuttgart 1992; *José Pedro Galvão de Sousa*, La representación política, Madrid 2011.

[21] Zur echten, privatrechtlichen rechtsfähigen Stiftung vgl. §§ 80ff. BGB, Art. 80ff. ZGB. In Österreich gilt das PSG von 1993.

[22] Gemeint sind also nicht Straftaten im Amt, etwa §§ 331–358 StGB, sondern Amtshaftungsansprüche im Rahmen des Staatshaftungsrechts (in Deutschland gem. § 839 Abs. 1 i. V. m. Art. 34 GG, in Österreich gem. AHG, in der Schweiz – neben spezialgesetzlichen und kantonalen Amtshaftungstatbeständen – gem. BV(S) Art. 146, Art. 3ff., 13ff., 17f. VG).

[23] Von den lat. Verben *obicio, obieci, obiectus* und *subicio, subieci, subiectus*.

[24] Sogar im Deutschen gibt es diesen Unterton, zumal in Kombination mit dem Demonstrativpronomen: „dieses Subjekt".

IV. Objekte und Subjekte

10. Die Verwendung von *Subjekt* anstelle von *Person* hat dazu geführt, daß man von „subjektiven" Rechten spricht, wie wenn es Rechte gäbe, die nicht Personen zuzuschreiben wären; doch das geschieht, um zu unterscheiden zwischen dem *Objektiven Recht* als vorgegebenem Kriterium, Streitfälle zu beurteilen, und dem *subjektiven (kleingeschrieben!) Recht* als dem Mittel, das jenes objektive Kriterium einer bestimmten Person zuschreibt. Die Ersetzung des moralischen Begriffs *Person* durch das Abstraktum *Subjekt* gehorcht einer rationalistischen Tendenz.

Diese rationalistische Unterscheidung, die durch den Subjektivismus protestantischer Autoren begünstigt wird, ist nicht unbedingt nötig, um das Recht als Entscheidungskriterium für vermögensrechtliche Streitfälle zu begreifen, von dem sich die Konsequenzen für die daran beteiligten Personen nicht trennen lassen. Das Objektive ist gegenüber dem „Subjektiven", das ohne das objektive Kriterium nicht zu fassen ist, immer vorrangig. Es blieb deshalb nicht aus, daß, indem von der personalen Natur der „Subjekte" abgesehen wurde, diese schließlich auf einen rein rechtlichen Bezug reduziert wurden: als „Zurechnungspunkte", die durch das objektive Recht festgelegt sind.

11. Einen Höhepunkt erreichte der Subjektivismus mit der gegenwärtigen Lehre von den sogenannten *Menschenrechten*, die als individuelle Befugnisse oder „Freiheiten" aufgefaßt werden, die ohne Stütze durch ein natürliches oder positives objektives Kriterium den Gebrauch der gesellschaftlichen Macht[25] beschränken.

Eine groteske Form dieser Tendenz ist die des Projekts einer Erklärung von „Tierrechten", als wenn auch die Tiere „Subjekte des (subjektiven) Rechts" wären und nicht (lebende) Sachen, was sie in Wirklichkeit sind (Nr. 94). Die Ausklammerung der Tiere aus der Kategorie *Sachen* (wie es 1990 durch eine Modifizierung des deutschen Bürgerlichen Gesetzbuchs geschah)[26] führt zur Differenzierung von Personen, Tieren, Sachen, ohne zu unterscheiden, ob die Tiere für den Menschen Hilfsfunktion haben oder nicht. Hingegen wird die Gemeinschaft von Tieren mit Pflanzen, die ebenfalls empfindsame Wesen, aber nicht immer leicht von niederen Tieren zu unterscheiden sind, auseinandergerissen. Sinnvoller ist die antike, bei den Römern gängige Annäherung der *Zug- und Lasttiere* an den Bereich der *familia*, die hauptsächlich von den Sklaven gebildet wurde. Jene Ausschließung folgt einer gewissen Willfährigkeit gegenüber der heutigen ökologischen Mode (Nr. 18) und entbehrt jedes rechtlichen Sinnes.[27]

---

[25] Da (politische) Gemeinschaft nach *d'Ors* entsprechend der Kath. Soziallehre nicht auf den neuzeitlichen Staat beschränkt ist, spricht er von *potestad social* und nicht etwa von *potestad estadal*.

[26] Damals wurde § 90a BGB eingefügt, eine eher heuchlerische Vorschrift, die entgegen der lediglich privatrechtlichen und keineswegs ethisch abwertenden Qualifizierung a. F. etwas dekretiert (S. 1), das sie dann selbst (S. 3) nicht ernstnimmt: „Tiere sind keine Sachen. Sie werden durch die besonderen Gesetze geschützt. Auf sie sind die für die Sachen geltenden Vorschriften entsprechend anzuwenden, soweit nicht etwas anderes bestimmt ist."

[27] Nachdem im Oktober 1994 der „Schutz der natürlichen Lebensgrundlagen" im neugeschaffenen Art. 20a GG verankert war, wurde im August 2002 auch der Tierschutz aufgenommen, freilich nicht als subjektives „Tier(menschen)recht", das es mangels Personenstatus nicht geben kann – jedenfalls solange sich der ideologische Irrationalismus, der inzwischen sogar Pflanzen bzw. „der Natur" Grundrechte zusprechen will (z. B. *Jens Kersten*, Natur als Rechts-

Die angeblichen *Menschenrechte* sind in Wirklichkeit *persönliche Pflichten der Gesellschaftsordnung*. In keiner Weise kann eine internationale *Menschenrechts*erklärung die die moralischen Pflichten der Personen betreffende *Naturrechts*ordnung ersetzen. Das Naturrecht erlegt Pflichten auf, aus denen nur indirekt Befugnisse folgen, sie gesellschaftlich einzufordern.

12. Die angeblichen subjektiven Rechte können nicht als durch das Gesetz konstituierte persönliche Vollmachten aufgefaßt werden, denn sie implizieren immer Pflichten gegenüber anderen Personen. Wenn auch gewöhnlich zwischen gewissen Rechten an Sachen beziehungsweise *dinglichen [reales]* Rechten und schuldrechtlichen *[de obligación]* beziehungsweise *persönlichen [personales]* Rechten[28] unterschieden wird, handelt es sich bei allen um relative Vorteile *[preferencias relativas]*, die dazu dienen, von einem anderen ein bestimmtes Verhalten in Zusammenhang mit einer „interessierenden" Sache zu fordern. So setzt das Recht, wenn es diese Vorteile festlegt, immer eine mehr oder weniger bestimmte Verhaltenspflicht von Personen voraus; dieses geschuldete Verhalten kann *(Dienst-) Leistung [servicio]* genannt werden. Aber auch die Ausübung dieser Vorteile kann als *Leistung* gelten.[29]

Das Geltendmachen der geschuldeten Leistung kann als ein Dienst an der guten Gesellschaftsordnung betrachtet werden, vor allem wegen der Voraussetzung des Verzichts auf eine gewaltsame oder ungeordnete Beanspruchung, damit nicht das Recht in einem *Kampf* um die eigene Existenz bestehe, sondern gerade in der Akzeptanz der prozessualen Verfahren und im Verzicht auf *Selbstverteidigung*. Aber auch jene Rechte, die im Besitz und im Gebrauch bestimmter Sachen bestehen, implizieren die Leistung eines angemessenen Verhaltens, nämlich

---

subjekt. Für eine ökologische Revolution des Rechts, APuZ 11/2020, S. 27 ff.), im positiven Recht nicht noch weiter durchsetzt –, sondern als sog. Staatszielbestimmung: „Der Staat schützt auch in Verantwortung für die künftigen Generationen die natürlichen Lebensgrundlagen und die Tiere im Rahmen der verfassungsmäßigen Ordnung durch die Gesetzgebung und nach Maßgabe von Gesetz und Recht durch die vollziehende Gewalt und die Rechtsprechung." Vgl. dazu etwa *Dietrich Murswiek*, Umweltschutz als Staatszweck. Die ökologischen Legitimitätsgrundlagen des Staates (Studien zum Umweltstaat), Bonn 1995; *Karlheinz Rhode*, Rechtsbindung und Staatszielbestimmung. Zugleich ein Beitrag zum Wesen des Rechtssatzes (= Schriftenreihe Verfassungsrecht in Forschung und Praxis, Bd. 83), Hamburg 2010.

[28] Nach dt. Sprachgebrauch handelt es sich um Rechte kraft eines Schuldverhältnisses, das den Gläubiger berechtigt, von einem Schuldner die Erfüllung einer Forderung zu verlangen (§ 241 Abs. 1 BGB). Das Adjektiv „personal", mit dem *d'Ors* eine solche Rechtsbeziehung in der Tradition des röm. Rechts kennzeichnet, ist insofern einleuchtend, als es im Schuldrecht um *relative* Sonderbeziehungen zwischen natürlichen und/oder juristischen Personen geht. Freilich sind auch die Inhaber von dinglichen, grundsätzlich gegenüber jedermann geltenden *absoluten* Rechten Personen.

[29] Der für *d'Ors* so wichtige Terminus *preferencia (relativa)* hat im geltenden Recht – jedenfalls des dt. Sprachraums – keine Entsprechung. Er wird in dieser Einführung in der Regel mit „Vorteil" übersetzt, umfaßt aber auch den nach dem *d'Ors*schen Konzept „objektivrechtlich" gewollten, gesetzlichen, einklagbaren *Vorgang* der „Bevorteilung" oder Bevorzugung einer Person gegenüber einer anderen. Er kann daher nicht einfach mit „Anwartschaft" (vgl. dazu Nrn. 26, 107) oder subjektivrechtlichem „Anspruch" bzw. „Recht" wiedergegeben werden; vgl. ausführlich Nr. 52.

das Unterlassen von sich gegen das Gemeinwohl richtendem *Mißbrauch*, besonders von Mißbrauch, der in einer zwar legalen, aber ungerechten Ausübung des Rechts besteht (Nr. 52).[30]

Die ganze Ethik, auf der das Recht gründet, besteht aus Pflichten oder geschuldeten Leistungen; aber das Recht betreffen nur jene Pflichten oder Leistungen, die gesellschaftlich einklagbar sind – nämlich durch den Eingriff eines gesellschaftlich festgesetzten Verfahrens –, weil sie für das gedeihliche Zusammenleben als notwendig erachtet werden.

Da das Recht eines jeden als ein relativer Vorteil gilt, erweist es sich als wenig angebracht, von den „Rechten Gottes" zu sprechen, weil Gottes Macht über alle Sachen und Personen absolut und total ist und es deshalb unpassend ist, bei derartiger Macht gewisse relative Vorteile geringer Art zu unterscheiden. Ebensowenig ist es sinnvoll, von Rechten der Richter gegenüber den Prozeßparteien zu sprechen, auch nicht von Rechten von Gruppen ohne juristische Persönlichkeit (Nr. 8) wie die *Gesellschaft* [*Sociedad*] oder die Familie (Nrn. 105, 109).

V. Positives Recht und Naturrecht

13. Das Recht kann *positiv* oder *natürlich* sein. Positives Recht wird dasjenige Recht genannt, das durch den Willen dessen auferlegt wird, der die Gewalt innehat, ein gesellschaftliches Zusammenleben zu leiten, und das sich gewöhnlich in Gesetzesform oder ähnlicher Erklärung des Sollens ausdrückt. Es ist zu unterscheiden vom *geltenden* Recht, denn dieses ist das wirklich angewandte, was nicht immer für das offiziell von den Gesetzen auferlegte Recht zutrifft. Auch wenn diese Gesetze nicht förmlich abgeschafft sind, können die Handhabung durch die Justiz und sodann die allgemeine Gepflogenheit dazu führen, daß sie *ungebräuchlich* werden.

Natürlich dagegen ist dasjenige Recht, das die Menschen als Kriterium genuinen und beständigen Rechts anerkennen, welches für die unveränderliche menschliche Natur geeignet ist; diese Anerkennung entspringt dem *gesunden Menschenverstand*.

Der *gesunde Menschenverstand* ist der Verstand eines individuellen Gewissens, das freilich allen Menschen gemein ist, nicht der der kollektiven ethischen Konventionen, die manchmal von moralischem Verfall oder zufälligen Ideologien bestimmt sind (Nr. 34). Solche Verwirrungen des gesunden Menschenverstandes können eine gewisse Verbreitung und Beständigkeit erreichen, und deshalb beansprucht das sogenannte *Völker*recht, das „den Nationen Gemeine", sprich: allen Völkern „gemeinsam" zu sein. Weil es allen Völkern gemeinsam zu sein scheint, kann man sagen, daß es mit dem Naturrecht identifiziert wurde und daher als Internationales Öffentliches Recht galt. Aber das *Völkerrecht* weist im Laufe der Jahrhunderte in bezug auf das Naturrecht Fehlentwicklungen auf, zum Beispiel die Sklaverei, die Ehescheidung, die Straflosigkeit der Abtreibung und so weiter.

---

[30] Im dt. Recht sprechen wir von unzulässiger Rechtsausübung, wenn die Geltendmachung des Rechts gegen Treu und Glauben (§ 242 BGB) verstieße; *lex specialis* gegenüber dem Grundsatz von Treu und Glauben ist das Schikaneverbot (§ 226 BGB).

Bei der Eroberung Amerikas versuchten die Spanier auf die zu Untertanen gemachten Indios das Naturrecht anzuwenden, aber sie tolerierten weiterhin den Negersklavenhandel, der völkerrechtlich und nicht *natur*rechtlich begründet wurde.

Obwohl es für die Erschaffung der menschlichen Natur keine rationale Erklärung gibt, weil sie nur von dem unvorhersehbaren und unerklärlichen Willen Gottes abhängt, ist die Richtschnur für das natürliche Verhalten streng rational und als solche menschlich verständlich. Das Naturrecht schränkt, weil es unveränderlich ist, die menschliche Bestimmung des positiven Rechts ein; wenn dieses von jenem abrückt, wird es *illegitim*.

14. Da die Natur des Menschen wie jede geschaffene Natur Ausdruck des göttlichen Willens ist, ist auch das Naturrecht göttlich. Der Rechtscharakter kommt ihm zu, weil es als Kriterium für das Göttliche Gericht – das *besondere* im Augenblick des Todes eines jeden Menschen[31] wie das *allgemeine* am Ende der Welt[32] – über jedes menschliche Verhalten dient.

Eine formale Erklärung des Naturrechts ist im mosaischen Gesetz der *Zehn Gebote* (Dekalog) und im Neuen Gesetz des *Evangeliums* erfolgt. Es ist diese göttliche Erklärung des Naturrechts, welche die Theologen veranlaßte, von *positivem göttlichem Recht* als von Gott „erlassen" zu sprechen; aber die Rationalität des Naturrechts macht es auf alle Menschen anwendbar, selbst wenn sie solch ein *offenbartes Gesetz* nicht kennen. Es hängt also nicht davon ab, erlassen worden zu sein.

Die Rationalität des Naturrechts bewirkt, daß das *Gewissen* der Menschen bei mangelnder Kenntnis offenbarten Gesetzes für jeden Menschen *Gesetz* ist. Für den jedoch, der dieses göttliche Gesetz kennt, ist das Gewissen nur eine rationale Instanz, die dieses für jede menschliche Handlung konkretisiert. In diesem Sinne ist das göttliche Urteil für diejenigen, die das *offenbarte Gesetz* nicht kennen, weniger streng, jedoch immer innerhalb der Erfordernisse des unverdorbenen gesunden Menschenverstandes. Eine umfassendere Kenntnis des *göttlichen Gesetzes* gibt es nur in der katholischen Lehre, und dies gestattet, von „katholischem Naturrecht" zu sprechen, nicht wegen besonderer Eigenart des Inhalts, sondern wegen seiner größeren Gewißheit.

Gerade weil es nicht in einem erlassenen Gesetzestext besteht, ist dieses natürliche *Gesetz* selbst nicht interpretationsfähig[33], wenngleich dessen schriftliche Formulierung – in den Texten des Alten und des Neuen Testament – der Interpretation bedürfen, so wie jeder geschriebene Text, ohne daß diese Interpretation das göttliche Gebot selbst verändern könnte.

Wenn zum Beispiel der Dekalog von „nicht stehlen"[34] spricht, müssen diese Worte in ihrem wahren Sinne ausgelegt werden, das fremde Vermögen nicht zu schädigen, auch nicht durch das Nichtbegleichen von Schulden; und wenn im Evangelium steht, daß „der Mensch nicht

---

[31] Vgl. KKK Nr. 1051.
[32] Vgl. KKK Nrn. 1038–1040, 1059.
[33] Vgl. Nr. 112 mit Anm. 343.
[34] Ex 20,15/Dtn 5,19.

V. Positives Recht und Naturrecht 33

trennen" darf, „was Gott verbunden hat"[35], betrifft dies nicht die Trennung, bei der eine andere Verbindung zulässig ist.[36] So erweist sich die Interpretation des Textes als notwendig, um die wahre Tragweite des natürlichen göttlichen Gebotes zu verstehen.

15. Zudem kennt das natürliche *Gesetz* keine Ausnahmen, wie es bei menschlichen Gesetzen immer der Fall ist. Alle seine Gebote sind unveränderlich. Sie ändern sich weder aufgrund eines späteren Gesetzes gemäß dem bürgerlichen Rechtsgrundsatz „das spätere Gesetz hebt das frühere auf"[37] noch aufgrund eines spezifischeren Gesetzes, wie es bei den menschlichen Gesetzen gemäß dem weiteren Grundsatz „das speziellere Gesetz hebt das allgemeinere auf"[38] vorkommen kann.

Die scheinbaren Ausnahmen des natürlichen Gesetzes, die im Alten Testament vorkommen, sind nicht als akzidentielle Aufhebungen des göttlichen Gebotes zu erklären, sondern als substantielle Änderungen der Handlung selbst, auf die das scheinbar einschlägige Gesetz nicht anzuwenden ist. Die göttliche Allmacht verursacht nicht nur die Wirklichkeit in einem ersten Schöpfungsmoment, sondern kann sie in jedem beliebigen anderen Augenblick verwandeln, das heißt selbst wenn die menschliche Vernunft es nicht versteht[39], denn die Schöpfung ist nicht so rational, wie das natürliche Gesetz rational ist. Ebenso sind die Wunder eine Offenbarung der Schöpfungsmacht Gottes, der sich nicht der natürlichen Rationalität anpaßt. Selbst die rechtlichen Konventionen des Menschen können die Wirklichkeit verändern; beispielsweise ist eine durch den Gläubiger erlassene Schuld keine Schuld. Das ist nicht eine Ausnahme vom Gebot, die Schulden zu zahlen, vielmehr hat die Schuld aufgehört zu existieren. Um so mehr ist diese Macht Gott zuzugestehen, der die Sünden in der Weise vergibt, daß sie aufhören zu existieren, und er kann auf wunderbare Weise die Natur der Dinge verändern, denn seine Macht, sie zu verändern, ist nicht geringer als die, sie zu erschaffen.

Das Naturrecht wird gewöhnlich auf Personen bezogen verstanden, weil das *göttliche Gesetz* Gesetz des menschlichen Verhaltens ist; und daher ist im Gericht Gottes jedes menschliche Verhalten, jenseits der Erfordernisse des menschlichen Rechts, das nur ein Minimum sozialrelevanten Verhaltens beurteilt und fehlbar ist, Gegenstand der Billigung oder des Tadels.

Das menschliche Recht beruht auf einer gesellschaftlich anerkannten Ethik, doch die Individualmoral betrifft das ganze Verhalten des Menschen in Relation zur partikularen und relati-

---

[35] Mt 19,6.
[36] So besagt etwa das *Privilegium Paulinum* (vgl. 1 Kor 7,12–15), daß die gültige und vollzogene Ehe von Ungetauften zugunsten des Glaubens jenes Partners, der später die Taufe empfängt, gelöst werden kann (cc. 1143–1150 CIC; cc. 854–861 CCEO).
[37] *Lex posterior derogat priori*. Ähnlich: *Leges posteriores priores contrarias abrogant* bzw. allgemeiner *Ius posterius derogat priori*.
[38] *Lex specialis derogat legi generali*.
[39] Eine schöpfungstheologisch fragwürdige voluntaristische Argumentation, die eher an den Islam mit dessen absolut transzendenter Idee Gottes erinnert, dessen Wille von aller Vernunft entkoppelt ist. Vgl. *Théodore Khoury*, Manuel II Paléologue, Entretiens avec un Musulman. 7e Controverse (= Sources chrétiennes Nr. 115), Paris 1966, S. 144; *Hans-Peter Raddatz*, Von Gott zu Allah? Christentum und Islam in der liberalen Fortschrittsgesellschaft, München 2001, S. 68 f. Zur Synthese von christlichem Glauben und Vernunft vgl. grundlegend *Thomas von Aquin*, ScG I 7; 84 f., 95.

ven Pflicht eines jeden. Demgemäß kann die Moral manchmal dazu führen, Schulden zu erlassen. Die Ethik indes, auf der das Recht beruht, verzichtet nicht auf die Voraussetzung, daß Schulden zu bezahlen sind, obzwar sie auch mit dem freien Willen rechnet, sie zu erlassen.

VI. Natur der Sachen

16. Freilich muß das Recht auch mit der *Natur der Sachen* rechnen, die ihrer Nutzbarmachung als Güter eine gewisse Rationalität auferlegt. Im Recht bezieht sich „Sache" auf die Objekte oder die Güter, an deren Nutzung Interesse besteht, und im Hinblick auf diese kann von „Natur" gesprochen werden (Nr. 3).

Die Natur der Sachen ergänzt das Naturrecht der Personen, jedoch mit dem Unterschied, daß die menschliche Verfügbarkeit der Güter die Behandlung der Natur der Sachen durch Übereinkunft verändern kann, was sie bei der Moral, die selbst unveränderlich ist, nicht kann.

Die Klassifizierung der Sachen wird im zweiten Kapitel behandelt (Nrn. 90 ff.), aber schon hier kann veranschaulicht werden, wieso man bestimmte Mobilien als Immobilien oder von Natur aus übergeordnete Sachen als spezifische Sachen behandeln kann; es geht also nicht um eine substantielle Änderung wie die, die nur Gott durch seine Schöpfungsmacht vollbringen kann (Nr. 15), sondern um Übereinkünfte akzidentieller, praktischer Nützlichkeit.

17. Auf die Natur der Sachen bezieht sich die *Ökonomie* genannte geonomische Wissenschaft, die, wie das griechische Wort (von *oikos*, Haus) zeigt, die Ordnung der „häuslichen" Verwaltung darstellt, die dann auf die öffentliche, ja sogar auf die gesamte Verwaltung ausgeweitet wird.

Die moderne Marktwirtschaft hat die Ökonomie als Wissenschaft vom Reichtum aufgefaßt (Nr. 96), eigentlich eine *Nationalökonomie* im doppelten Sinne der Produktivität zugunsten der Gesellschaft und des Profits zugunsten der produzierenden Unternehmen. Zu diesem Zweck wird von der Idee ausgegangen, daß der Mensch nicht dazu bestimmt sei zu *dienen*, sondern zu *produzieren*; und die ganze menschliche Existenz wird als ein Konkurrenzkampf um diesen Erfolg aufgefaßt (Nr. 96). In Wahrheit muß sich die rechte Güterverwaltung auf Nutzung, Konsum, Bewahrung und erforderliche Mehrung der Güter richten; deshalb muß die Ökonomie eine Wissenschaft vom *Mangel* sein, und nicht vom *Überfluß*.

18. In diesem Sinne von Mangelverwaltung gehört zur recht verstandenen Ökonomie die *Ökologie*, die Wissenschaft von der Bewahrung der materiellen Natur. Sie gehört zum Naturrecht, und der vom Menschen bei der Nutzung der Schöpfungsgüter begangene Mißbrauch ist eine Form moralischer *Unanständigkeit*.

Es handelt sich um eine praktische Wissenschaft, um eine Wissenschaft der Verwaltungsordnung, eigentlich um einen Teil der Ökonomie. Gegenwärtig hat die Ökologie einen gewissen Reklamestatus erreicht, aber sie hat sich bereits von ihrem wahren Grund gelöst, die darin besteht, daß der Mensch die Schöpfungsgüter, als deren Verwalter er eingesetzt wurde, nicht mißbrauchen darf. Diese Abweichung tritt häufig tendenziös in Erscheinung, sei es zu rein ästhetischen oder auch politischen Zwecken, sei es zum Schutz bestimmter Fauna mit dem Wunsch, die Unterscheidung von Tier und Mensch zu verringern, ohne zu bedenken, daß auch die Pflanzen, die ebenfalls lebende Wesen sind, eine gewisse Empfindsamkeit haben und sich von etlichen Tieren wie zum Beispiel den Zoophyten nicht so sehr unterscheiden (Nr. 94). Wenn die Ökologen den Schutz der Tiere verteidigen, besonders den Schutz derer, die einer bestimmten Klasse angehören, scheint man zu vergessen, daß das, was das Naturrecht fordert, nicht die Tiere selbst begünstigt, sondern die künftigen Menschengenerationen, die weiterhin in vernünftigem Umfang jagen müssen. Etwas Ähnliches meint die Pflicht, das Wasser eines Flusses nicht zu verschmutzen, das den weiter flußabwärts Lebenden weiterhin von Nutzen sein muß. Im übrigen kann die übermäßige Vermehrung der Fauna den Personen oder ihren Gütern Schaden bringen, und wegen Notstands muß dann die Eliminierung der Fauna zugelassen werden (Nr. 117).

VII. Ursache

19. Das kastilische Wort *cosa* [dt. Sache] entstammt der lateinischen *causa*, die im Recht die persönliche Handlung bezeichnet, die eine zu billigende oder zu beanstandende Wirkung zeitigt. So ist das Begleichen einer Schuld Ursache der Tilgung derselben, oder das Begehen eines Deliktes ist Ursache der strafrechtlichen Sanktion.

Wie *cosa* (Nr. 64) hat *causa* sehr unterschiedliche Bedeutungen. Das liegt auch daran, daß damit die griechische *aitía* (wovon sich *Ätiologie*, die Wissenschaft der Ursachen, besonders von Krankheiten, ableitet) übersetzt wird. Sogar in der Rechtssprache wird *causa* in einem *finalen* und nicht eigentlich *kausalen* Sinne verstanden, um absichtlich oder zufällig das *Warum* der Ursache und das *Wozu* des Zwecks zu identifizieren: „Warum zahlst du?" – „Weil ich es schuldig bin"; aber: „Wozu zahlst du?" – „Um nichts (mehr) zu schulden".

Das ganze Recht ist ein Studium der Ursachen[40], und nicht der Zwecke, die Gegenstand der Ethik sind. Es geht um die Ursachen [*causas*] im Zusammenhang mit den Sachen [*cosas*] anläßlich [*con ocasión*] konkreter *Fälle* [*casos*] sowie um die persönliche Haftung (Nr. 21).

Rechtlich unterscheidet sich *causa* von der griechischen *aitía*, und die Tatsache, daß einige Rechtsakte der *causa* ermangeln (Nr. 65), bedeutet keinen Vorbehalt gegenüber dem Prinzip der *Kausalität*, das von den Philosophen diskutiert wird.

20. *Causa* wird auch der Anlaß selbst genannt, der ein entscheidendes Urteil zu einem Fall verlangt. In diesem Sinne besteht das ganze Recht aus Fällen, die dem Urteil eines Richters unterworfen sein können. Das Gesetz selbst, das sich als allgemeine Vorschrift darstellt, entspringt der Induktion vorweggenommener richterlicher Kriterien. Dadurch besteht das Recht nicht grundlegend aus Rechtssätzen, sondern aus justitiablen Fällen.[41]

---

[40] Grundlegend *Álvaro d'Ors*, Relectio de Causa, in: FS Carl Schmitt: zum 70. Geburtstag dargebracht von Freunden und Schülern, hrsg. v. Hans Barion/Ernst Forsthoff/Werner Weber, 1959, 3. Aufl., Berlin 1994, S. 145–157.

[41] So allgemein gilt die Feststellung höchstens noch für das span. Rechtsverständnis, nach dem es wesentlich zur theoretischen Ausbildung von zukünftigen Richtern gehört, neben unzähligen Vorschriften (v. a. Verfassung und Strafgesetzbuch) auch Fälle und ihre Lösungen gewissermaßen als „normfüllenden" Hintergrund auswendig zu beherrschen.

Der *Fall* bezieht sich auf das konkrete Eintreten eines Konfliktes, der nach Rechtskriterien zu beurteilen ist; er kommt der *causa* nahe, die den Gegenstand des entsprechenden Prozesses bildet. Aber der *Fall* [*caso*], der von dem Verb „caer" [lat. *cado*] abgeleitet wird, ist immer ein Tatbestand, der „zu-fällig" eintritt; von daher kommt es, daß das „Kasuale" beziehungsweise das, was „fortuito" (zufällig, von *fors/sors* [lat.] bzw. *suerte* [span.], Schicksal, Glücksfall) ist, dem „Willentlichen" entgegengesetzt ist, denn es hängt nicht vom Willen der Personen ab, die von dem Fall betroffen sind, der die *causa* auslöst. Das ist der „zufällige Kasus", der gewöhnlich mit der „höheren Gewalt" als Ursache eines unfreiwilligen Verhaltens assoziiert wird.

Der Kausalzusammenhang kann unmittelbar oder mittelbar sein: Die Ursache einer Handlung, die eine weitere verursacht, ist eine entfernte Ursache für diese zweite oder weitere Handlung. Aber das Recht kennt auch Handlungen, die, weil sie sich selbst rechtfertigen, der Ursache entbehren, Handlungen, hinsichtlich derer man nicht nach dem Warum fragen kann.

So ist etwa das Almosen, das einem Bettler gegeben wird, ein Schenkungsakt und entbehrt als solcher der Ursache. Die Beweggründe oder die Zwecke der Handlung sind psychologischer Art und können für das moralische Urteil, aber nicht für das Recht von Interesse sein. In diesem Sinne ist die *Freigebigkeit* nicht Ursache der Schenkung, selbst wenn diese ein „Akt der Freigebigkeit" genannt wird. Desgleichen ist der Akt des Jagens eine Art und Weise, sich die Habe des Gejagten anzueignen, aber er entbehrt des Rechtsgrunds, selbst wenn er Rechtswirkungen verursacht.

21. Die für das Recht charakteristische Diskursmethode ist ebenfalls kausaler Art in dem Sinne, daß jedes Verhalten für die handlungsauslösende Person Ursache von *Verantwortlichkeit* [*respondabilidad*] ist.

„Responder" [span. für einstehen, garantieren] kommt vom lateinischen Verb *spondere*, was „versprechen" bedeutet, aber das Präfix „*re-*" verweist auf ein *Zurückkehren*, sei es im Sinne von Wiederholung, sei es im Sinne von Reziprozität oder Rückerstattung; also heißt „re-spondieren" einem anderen versprechen, der die Antwort erwartet. Es unterscheidet sich also von „contestar" [span. für bestreiten] (der rechtslateinischen *contestatio*[42] oder dem Einspruch vor Zeugen), was eine solche Erwartung nicht voraussetzt. Man „kontestiert" also eine (explizite oder implizite) Zusicherung oder Weigerung, aber man „respondiert" auf eine Frage. In diesem Sinne bedeutet *Verantwortlichkeit*, jemandem ein ethisches Verhalten zuzumuten, mit dem auf eine andere Person zu reagieren ist.

Die Verantwortlichkeit von Personen setzt deren freien Willen voraus. Wenn dieser fehlt, gibt es keine Verantwortlichkeit. Die Freiheit ist eine Voraussetzung der Verantwortlichkeit, und nicht letztere eine Folge der Freiheit. Die Freiheit wäre ohne diese Folge denkbar, während die Verantwortlichkeit ohne die Freiheit nicht denkbar ist. Das Recht kann auch eine Verantwortlichkeit für Fremdverhalten festlegen, die sogenannte *objektive* Haftung, wenn der Verursacher der Handlung der verantwortlichen Person untergeordnet ist, etwa als Untergebener, als wegen Minderjährigkeit geschäftsunfähiges Kind oder aus einem anderen Grund. Es gibt auch

---

[42] Die *Litis contestatio* (= Streitbefestigung) war die (anspruchsbestreitende) Klageerwiderung, mit der nach röm. Recht der Prozeß *apud iudicem* eröffnet wurde.

die Verantwortlichkeit für eine geschuldete, aber nicht freiwillig übernommene Leistung, zum Beispiel jene, die hinsichtlich der Eltern oder in anderen persönlichen Situationen besteht, welche nicht durch eine eigene Handlung verursacht sind.

VIII. Richterliche Autorität

22. Die durch Gerichtsurteile gesellschaftlich kontrollierbare Verantwortlichkeit von Personen wird durch eine persönliche Handlung eingefordert, welche die Römer schlechthin *actio*, „Klage", nannten und deren Zweck darin bestand, das Urteil eines Richters zu veranlassen. Aufgrund des Einflusses des kanonischen Rechts wird diese gerichtliche Bearbeitung heute *Prozeß* genannt, und alles, was mit dem Prozeß in Zusammenhang steht, wird *prozessual* und die Bearbeitung selbst *Gerichtsverfahren [procedimiento]* genannt.

Die römische *actio* bestand hauptsächlich in einer persönlichen *Handlung* der Privatperson (*actor*), die etwas forderte. Heute beschränkt sich diese persönliche Handlung darauf, formell die Prozeßtätigkeit des amtlichen Richters hervorzurufen, der das Verfahren leitet, um sein Urteil zu sprechen, und der mit einer zusätzlichen *Vollstreckungs*befugnis ausgestattet ist, um es in Kraft treten zu lassen, wenn dies notwendig ist. Nicht mehr der *actor*, sondern der Richter ist heute der Protagonist des Prozesses.[43]

Das Gerichtsverfahren wird, wenn es sich um einen privaten Streitfall handelt, *(Zivil-)Rechtsstreit* [*litigio* von lat. *lis, litis*] genannt, und die Konfliktparteien – sowohl der Kläger als auch der Beklagte – werden *(Prozeß-)Parteien* [*litigantes*] genannt; bei Strafprozessen spricht man von *Anklägern* und *Angeklagten*.

Wie gesagt (Nr. 4), gibt es in den strafrechtlichen Prozessen neben dem möglichen privaten Eingreifen der in ihren Interessen geschädigten Personen ein öffentliches Interesse, mit dessen Verteidigung ein besonderes Organ, nämlich die *Staatsanwaltschaft*, betraut ist. Etwas Ähnliches geschieht mit den sogenannten *Popularklagen*, die zu betreiben sich eine Privatperson anbietet, etwa zur Verteidigung allgemeiner hygienischer oder ästhetischer Interessen oder zur Verteidigung des Gesetzes, wenn dessen Übertretung nicht zu einem ordentlichen Privatprozeß führt. Da die *Popularklage* dem Kläger keinen vermögensrechtlichen Vorteil

---

[43] Verf. meint damit das Prinzip der Unmittelbarkeit, nach dem sich im span. Zivilprozeß das gesamte Verfahren vor dem erkennenden Gericht stattfinden muß; ein Vorverfahren gibt es nicht. Der Sachvortrag des Klägers muß bereits in der Klageschrift erfolgen, alle Beweismittel, alle in Betracht kommenden Tatsachen müssen vorsorglich – *eventualiter* – genannt sein (Eventualmaxime) und können nicht, wie etwa in Deutschland, bis zur letzten mündlichen Tatsachenverhandlung vorgebracht werden. Immerhin sind nach der 2001 eingeführten neuen span. Zivilprozeßordnung (LEC) i. d. R. zwei mündliche Verhandlungen vorgesehen, so daß es der Richter nicht mehr nur mit schriftlichen Beweisen, Protokollen und beglaubigten Dokumenten, sondern auch mit „lebendigen" Parteien zu tun hat. Dem prozessualen Übergewicht der Rolle des Richters in Spanien steht seine mangelhafte praktische Ausbildung entgegen; einen staatlichen Vorbereitungsdienst gibt es nicht, die (dreistufige) Zulassungsprüfung zum Richteramt (*oposición*) verlangt fast nur theoretische, auswendiggelernte Rechtskenntnisse. Erst im zweiten Jahr der zweijährigen Ausbildung an der *Escuela de Práctica Judicial* dürfen die erfolgreichen Absolventen unter Anleitung eines Tutors als beigeordnete Richter an Untergerichten tätig werden. Vgl. auch Anm. 41.

bringt, besteht deren Strafzweck in der Auferlegung einer Buße [*multa*]; in diesem Sinne erfüllt sie die Funktion eines *Strafantrags* [*denuncia*] bei einer offenen Straftat oder die einer *Anzeige* [*delación*] bei einer verborgenen Straftat. Tatsächlich rührt diese Art von Klage von einer alten Rechtsordnung ohne hinreichende offizielle behördliche Repression her; aber die Verwechslung von Privat*klage* [*demanda privada*] und Straf*antrag* spiegelt das Übermaß an Legalität wider, an dem der *Rechtsstaat* (Nr. 23) leidet.

Kraft des Eingreifens der amtlichen Richter, die den Prozeß leiten, übernimmt der Staat (Nr.101) diese Funktion als einen Teil der öffentlichen Verwaltung, der sogenannten *Justizverwaltung*. Auf diese Weise ist die richterliche Aktivität, die *Rechtsprechung* [*judicación*], die sich darauf konzentriert zu erklären, was in einem jeden Streitfall gerecht ist und deshalb *Autorität* – das heißt gesellschaftlich anerkanntes Wissen – demonstriert, in die *Gewalt* [*potestad*] – das heißt gesellschaftlich anerkannte *Macht* [*poder*] – integriert[44]; und die Gewalt der Exekutivmacht verstärkt die Autoritätsbekundung des Richters, indem sie die Leitung des Prozesses und die Zwangsgewalt diesem übergibt, damit er seine autoritativen Urteile durch Mittel erledige, die von der Vermögenspfändung bis zur Inhaftierung von Personen reichen – was eine Territorialgewalt voraussetzt. Die *Rechtsprechung* der stillen Autorität wird dann zu einer solchen der Gewalt [*jurisdicción*].

> In der kanonistischen Tradition ist die *iurisdictio* die heilige Gewalt [*potestad sagrada*], die regiert und richtet, ohne exekutive Territorialherrschaft zu sein. Erst seit kurzem ist in der Kirche von *potestas regiminis* die Rede.[45]

23. Die Übertragung der für die Prozeßleitung und die Urteilsvollstreckung notwendigen Gewalt [*fuerza*] durch die Staatsgewalt an die Richter verwandelt diese nicht in eine staatliche Macht wie die Regierung und die Gesetzgebung, denn diese Gewalt ist nicht mehr als eine Ergänzung der wesentlichen *richtenden* Autorität, das heißt, sie erläßt ein *Rechts*urteil, und nicht eine Anordnung der Regierung.

Der Mythos von der *Gewaltenteilung* – Exekutive, Legislative und Jurisdiktion – erweist sich heute von dem Augenblick an als falsch, da, wenigstens *de facto*, der Regierende derselbe ist wie der Gesetzgebende, aber auch, wenn versucht wird, den Richtern eine Befugnis zuzuschreiben, genuin politische Handlungen zu judizieren. Wenn nämlich versucht wird, das Politische durch richterliche Eingriffe zu überwachen, läßt es sich nicht vermeiden, daß die Richter durch die politische Polemik rund um die Regierung belastet werden, von der die Vollstreckung der Urteile abhängt. Das kann nur vermieden werden, wenn solches richterliches Eingreifen – daher ja der Begriff des Rechts[46] – auf Urteile über private, nichtöffentliche Streitigkeiten beschränkt wird.

---

[44] Zur elementaren Unterscheidung von Autorität (*autoridad*) und Macht/Gewalt (*poder/potestad*) bei d'Ors vgl. *Spindler*, Naturrecht und privatrechtlicher Anti-Etatismus (s. Anm. 1), S. 21 f.

[45] Canones 129 § 1, 130, 131 § 2, 135 § 1, 144 § 1, 274 § 1, 357 § 2, 366 Nr. 1, 436 § 3, 438, 445, 596 § 2 CIC/1983. Davon abweichend wird in den cc. 305 § 1, 323 § 1, 352 § 1 CIC nach wie vor die *Auctoritas regiminis* angeführt.

[46] Nach *d'Ors* ist der Begriff des Rechts vom Richter und seinem Urteil bestimmt; vgl. Nr. 1 u. ö.

VIII. Richterliche Autorität

Öffentliche Streitigkeiten sind die politischen, die durch die Dialektik des Zugangs zur Macht gelöst werden müssen, beispielsweise durch die Besprechung in parlamentarischen Kommissionen, ebenso die militärischen Streitigkeiten (Nr. 118), die Niederwerfung des Terrorismus, die polizeilichen Streitigkeiten[47] sowie die des unmittelbaren Schutzes der öffentlichen Ordnung, ungeachtet dessen, daß die Schwerkriminalität, die gesetzlich unter Strafe steht, dem Urteil der Richter überlassen ist.[48] Im letzteren Fall, dem Fall des Eingreifens des Richters, der das Strafgesetz anwendet, übernimmt der öffentliche Ankläger, wie schon gesagt (Nr. 4), eine private Funktion.[49]

Die unvernünftige gesetzliche Ausweitung des richterlichen Eingriffs auf jede Aktivität des Staates ist das Fundament des sogenannten *Rechtsstaates*.

Es handelt sich im Grunde um die Illusion, die Regierung durch die Gesetze zu überwachen, ohne zu berücksichtigen, daß die Gesetze nichts vermögen, wenn die Richter sie nicht anwenden, und diese vermögen nichts, wenn die Regierung, die zu überwachen sie beabsichtigen, ihnen nicht die notwendige Exekutivkraft verschafft.

Andersgeartet als der *Rechtsstaat* ist die englische *rule of law*, die nicht das staatliche Gesetz voraussetzt, sondern die Regeln des Rechts (*law*), und keine *Gewaltenteilung* vorsieht.

Einer Notiz, die mir der Verfassungsrechtler und Kenner des englischen Rechts, A.C. Pereira-Menaut[50], zukommen ließ, entnehme ich folgende Unterscheidung, die er zwischen *rule of*

---

[47] Dazu gehört in Spanien auch die bisweilen komplizierte Abgrenzung der Zuständigkeiten von *Guardia Civil* und *Cuerpo Nacional de Policía*, neben denen es noch Polizeien der Autonomen Gemeinschaften sowie der Gemeinden und Städte gibt.
[48] Die Grenze zwischen polizeilich-präventiven (Gefahrenabwehr, span. *prevención*) und strafrechtlich-repressiven (Strafverfolgung, span. *represión*) Maßnahmen ist in Deutschland klarer gezogen als in Spanien, wo auch im Bereich der Verbrechensprävention die Abgrenzung „nicht nach dem Zweck der konkreten Maßnahme, sondern über die Einordnung der Maßnahmen in Tätigkeitsfelder" erfolgt, die entweder der *policía judicial* oder der *policía administrativa* zugeordnet werden. *Fabian Hinrichs*, Das Recht der spanischen Vollzugspolizei, Würzburg 2004, S. 75–83, 79 f. In Deutschland werden Polizisten nur dann repressiv tätig, wenn sie nach Bundesrecht (StPO) als Hilfsbeamte der Staatsanwaltschaft handeln; sonst gilt das (präventive) Polizeirecht der Länder.
[49] Vgl. jedoch Anm. 10.
[50] *Antonio-Carlos Pereira Menaut* (geb. 1948), Professor am *Departamento de Dereito Público e Teoría do Estado* der Universität von Santiago de Compostela (USC), Direktor des Jean-Monnet-Lehrstuhls für Verfassungsrecht der Europäischen Union, Gastprofessor an zahlreichen Universitäten in Nord-, Mittel- und Südamerika. Zu seinen wichtigsten Arbeiten auf dem Gebiet der Politischen Theorie, des vergleichenden Verfassungsrechts und des Verfassungsprozesses der EU zählen: Against positive Rights, Valparaiso University Law Review 22 (1988), S. 359–383; El ejemplo constitucional de Inglaterra, Madrid 1992; Invitación ó estudio da constitución da Alemania, Santiago de Compostela 1995; Rule of law o Estado de Derecho, Madrid 2003; Three Critiques of the European Constitution, in: The Federal Trust for Education and Research, 2004; En defensa de la Constitución. Con la colaboración de José Ignacio Martínez Estay (= Colección Jurídica Facultad de Derecho, Universidad de Piura), Lima 2011; [Zusammen mit *Celso Cancela Outeda*] Resetting the EU Constitutional Engine (= Entwicklungen im europäischen Recht, Bd. 2), Regensburg 2012.

law und *Rechtsstaat*[51] trifft: Ersteres System setzt einen personalistischen, pluralistischen und justizförmigen Begriff des dem Staat vorausgehenden Rechts voraus. Letzteres geht von einem Staat aus, dessen Recht auf das seine eigene Macht begrenzende Gesetz reduziert ist, das er selbst als Ausdruck seines politischen Willens erläßt, obwohl faktisch auch das Gesetz von seiner Anwendung durch die Gerichte abhängt. Da die *Europäische Union* keinen Staat darstellt, bedürfte sie eines Systems, das mehr wie die *rule of law* als wie der *Rechtsstaat* aussähe.

In Wirklichkeit kann die Kontrolle des Gebrauchs der Regierungsmacht nur in der Existenz von beratenden Organen ohne Macht bestehen, die aber mit der hinreichenden Autorität ausgestattet sind, um die ethische Anerkennung der Regierungsmacht durch die regierte Gesellschaft relativieren zu können.

24. Eine Form gerichtlichen Eingreifens von gediegener Autorität ist das *Schiedsverfahren* [*arbitraje*], das darin besteht, daß die an einem Streitfall beteiligten Personen diesen freiwillig[52] der Entscheidung eines von ihnen gewählten nichtoffiziellen Richters überlassen, einem *Schiedsrichter*, der die Streitfrage entscheidet, ohne über die zur Vollstreckung seines Urteils (oder *Schiedsspruchs* [*laudo*]) notwendige Zwangsgewalt zu verfügen. Deshalb muß diese einem amtlichen Richter übergeben werden, der die Vollstreckung übernimmt.

Das Schiedsverfahren ist eine überaus alte Einrichtung, um vor allem internationale Streitfälle zu lösen. Es dient aber auch unter Privatpersonen dazu, das Eingreifen staatlicher Richter zu umgehen, die häufig nicht das notwendige Vertrauen zu schaffen vermögen. Zudem ist es wegen des internationalen Charakters des modernen Vertragsschlusses wieder aktuell.[53]

Die Schiedsrichter müssen sich im Gegensatz zu den amtlichen Richtern nicht auf die gesetzlichen zwingenden Rechte einstellen, sondern sie können in völliger Unabhängigkeit die angemessenen Rechtskriterien anwenden.

---

[51] Dt. im Original.

[52] Gemeint ist das eigentliche, privatrechtliche Schiedsverfahren vor einem Schiedsgericht, das auf vertraglicher Vereinbarung der Parteien beruht und etwa in Deutschland im Zehnten Buch der ZPO (§§ 1025–1066) geregelt ist (dort freilich auch die Möglichkeit der Vollstreckbarerklärung). Davon zu unterscheiden sind teils vorgeschriebene Verfahren vor sog. Schiedspersonen (in Sachsen: „Friedensrichtern") oder öffentlichen Mediatoren; vgl. MediationsG = Art. 1 des Gesetzes zur Förderung der Mediation und anderer Verfahren der außergerichtlichen Konfliktbeilegung, 2012. Zur internationalen Schiedsgerichtsbarkeit vgl. *Reinhold Geimer*, Internationales Zivilprozessrecht, Köln 2020, S. 1349–1436; *Heinrich Nagel/Peter Gottwald*, Internationales Zivilprozessrecht, 7., neu bearbeitete Aufl., Köln 2013, § 18.

[53] Zur privatrechtlich motivierten Bevorzugung von Schiedsverfahren bei d'Ors vgl. *Spindler* (s. Anm. 1), S. 28 f.; *d'Ors*, Gemeinwohl und Öffentlicher Feind (s. ebd.), S. 71 f. Außer Betracht bleibt dabei die heute im *Private-Equity*-Segment um sich greifende Ausnutzung von Schiedsverfahren, um gesetzliche und teils verfassungsrechtliche Bestimmungen zu umgehen.

IX. Tatsachenevidenz

25. Das Naturrecht stützt sich auf die Wahrheit, aber das rein menschliche Recht geht – wie die Rechtswissenschaft – nicht über die *Wahrscheinlichkeit* hinaus, die sich auf die Wahrhaftigkeit gründet, die das Gegenteil der Lüge ist. Das tritt sehr offen in dem zentralen Moment des Rechtlichen zutage, dem Urteil der Richter. Für sie erweist sich die Wahrheit als unerreichbar, und sie müssen als Wirklichkeit annehmen, was sich aus den *Beweisen* ergibt. Fakten, die sich nicht beweisen lassen, existieren nicht für das Recht. Tatsächlich ist dem Richter die Objektivität der Fakten nur durch diese ersetzende Gerichtsbeweise zugänglich. Der Richter muß aufgrund seiner eigenen Ausbildung und Unterrichtung die Kriterien der juristischen Klugheit kennen, aber er muß sich an die Beweise halten, um die Umstände zu erfahren, die in dem Fall, über den zu urteilen ist, wichtig sind. Bei diesen Beweismitteln handelt es sich immer um mündliche Erklärungen wie die von Zeugen oder von in Konflikt geratenen Personen oder um schriftliche Erklärungen wie zum Beispiel Dokumente. Ausnahmsweise kann der Richter auf eine direkte persönliche Erhebung oder auf die Erklärungen von *Gutachtern* zurückgreifen, die Experten in der einschlägigen Materie sein müssen. Mit diesen Beweisen muß der Richter sich ein Bild von der Realität machen; und ohne Beweise kann er nicht gegen den aktuellen Stand der miteinander in Konflikt stehenden Personen entscheiden.

Für gewöhnlich läßt der Richter die Beweise zu, welche die betroffenen Parteien in dem Fall verlangen; das ist die sogenannte *Dispositionsmaxime* des gerichtlichen Beweises. Wenn die Rechtsordnung ihn ermächtigt, aus eigenem Antrieb andere Beweise zu untersuchen – das ist die *Inquisitionsmaxime*, nach welcher der Prozeß inquisitorisch genannt wird –, relativiert dies seine Befugnis, die Beweise *frei* zu bewerten (*Prinzip der freien Beweiswürdigung*[54]), die der *vom Gesetz* auferlegten Bewertung derselben unterworfen ist (*Prinzip des abgegrenzten Beweises*[55]). Es besteht also eine Komplementarität dieser Prinzipien, wie die Geschichte zeigt, und man kann das auch an der Struktur der gerichtlichen Funktion analysieren.

Einige Dokumente sind nicht einfache Gerichtsbeweise, sondern werden als *präkonstituierte Beweise* ausgefertigt, die in sich Rechte darstellen. Es handelt sich dabei um Dokumente, die nicht einfach Beweis-, sondern *konstitutiven* Charakter haben und die, Anfechtung wegen Unechtheit ausgenommen, nicht durch gegenteilige Beweise für nichtig erklärt werden können.[56]

---

[54] Grundsatz der freien Beweisführung (*Principio de libertad de los medios probatorios*); vgl. art. 218, 299–386 LEC, art. 80.1 LRJPAC. Daraus folgt der Grundsatz der freien Beweiswürdigung durch das Gericht (*principio de la libre valoración y apreciación de la prueba*), z. B. im Strafprozeß (art. 741 LECrim; vgl. § 261 StPO), aber auch im Verwaltungsrechtsprozeß.

[55] *Principio de prueba tasada*; vgl. art. 580 LEC a. F., art. 1.232, 1.238 CC a. F. (seit 7. Januar 2000 aufgehoben). Danach ist der Richter bei seiner Beweiswürdigung an eine abstrakt festgesetzte Bewertung gebunden (Effektivität der Beweismittel).

[56] Auch dies eine Besonderheit des span. Prozeßrechts. Es geht dabei um Beweise, die vor Eröffnung des Gerichtsverfahrens vorhanden sind und dem Richter in jedem Moment des Prozesses zur Verfügung stehen, etwa zu den Akten genommene öffentliche (art. 317, 319 LEC) oder private (art. 326 LEC) Dokumente, *Corpora delicti* usw.

Die gesetzliche Bevorzugung amtlicher Dokumente – „öffentliche" oder notariell beglaubigte Dokumente und so weiter – müssen die Richter ebenso respektieren wie die Relativität der Geständnisse von Angeklagten[57] vor Gericht. Dagegen gibt es bei den Zeugen gewöhnlich keine gesetzlichen Bevorzugungen, weder wegen ihres persönlichen Ranges noch wegen ihrer Anzahl.[58]

> Jahrhundertelang galt die Aussage eines einzigen Zeugen – wegen der Regel *unus testis, nullus testis*[59] – als wertlos, aber das kommt von der alten Vermengung der Funktionen des Anklägers, des Zeugen und auch des Richters im jüdischen Strafrecht, die durch das Erfordernis von *zwei oder drei Zeugen*[60] überwunden werden mußte. Ein Beispiel liegt uns im Fall der keuschen Susanna vor, die fälschlich durch das Zeugnis zweier Richter angeklagt wurde (Daniel 13). Auch heute ziemt es sich, das Zeugnis eines Sachverständigen, der unparteiisch sein muß, vom Gutachten eines von der Prozeßpartei gewählten Rechtsgelehrten zu unterscheiden.[61]

26. Eine Ergänzung des Gerichtsbeweises sind die *Präsumtionen (Rechtsvermutungen)*. Das sind nicht simple Verdachte oder Indizien der Faktenwirklichkeit, sondern, ausgehend von einem belegten Faktum, sinnvolle Schlüsse aus der Existenz eines anderen, unbelegten Faktums, das nach dem gesunden Menschenverstand von dem schon belegten abhängt.

> Wenn zum Beispiel bewiesen wird, daß etwas bezahlt wurde, das nicht geschuldet war, so wird vermutet, daß dies irrtümlich geschah; ist ein Kaufgeschäft bewiesen, so wird der gute Glaube vermutet, nicht etwas gekauft haben zu wollen, das einem Dritten gehört; ist eine lange Abwesenheit bewiesen, so wird der Tod vermutet[62], und so weiter.

Die Präsumtion ist ein gerichtlicher Vorgang, den nur das Gesetz dem Richter auferlegen kann. Es gibt zwei Stufen: die Vermutung, die durch Gegenbeweis entkräftet wird (*iuris-tantum*-Vermutung), und, viel ungewöhnlicher, die unwiderlegliche Vermutung (Vermutung *iuris et de iure*).

> Die Präsumtion, die notwendigerweise die Offenkundigkeit eines bereits belegten Faktums voraussetzt, ist nicht mit einer einfachen Annahme zu verwechseln. Also sind weder die Rede vom „mutmaßlichen Täter" eines Delikts, für das es noch keinen Beweis gibt, noch paradoxerweise die gegenteilige „Vermutung der Unschuld" desselben Angeklagten eigentliche Präsumtionen, womit freilich nicht gesagt sein soll, daß man nicht wegen eines Delikts Ablehnung empfinden kann, wenn es dafür keinen Beweis gibt. Ebensowenig kann man sagen, das Schweigen der Verwaltung gäbe Anlaß zu der „Vermutung", daß die „Antwort" negativ ist (c. 57 CIC), denn es gab keine „Antwort", und das, wovon angenommen wird, es sei negativ, ist der Wille, nicht die Erklärung, die es nicht gibt.[63]

---

[57] Gemeint ist damit, daß Angeklagte mitunter etwas gestehen, was sie gar nicht getan haben.
[58] Span. Gerichte bevorzugen seit jeher Beweisdokumente, während sie gegenüber Zeugenaussagen eher mißtrauisch sind.
[59] Vgl. Dtn 19,5.
[60] Vgl. Mt 18,16; 18, 19 f.; Joh 20,12; Offb 11, 3–14.
[61] Vgl. im Grundsatz art. 348 LEC.
[62] Vgl. genauer Anm. 19.
[63] Der Zweck des c. 57 § 2 CIC liegt darin, auch bei Untätigkeit des Entscheidungsbefugten das Rekursrecht des Antragstellers zu sichern. Dennoch hat *d'Ors* mit seiner Kritik recht. Juristisch logischer wäre es, dem Antragsteller die Möglichkeit zu geben, innerhalb einer Frist ein Dekret zu verlangen, gegen das er dann ggf. in einem weiteren Schritt vorgehen kann.

IX. Tatsachenevidenz

Die starke Vermutung (*iuris et de iure*) ist nicht mit der *Fiktion* zu verwechseln, das heißt mit jenem richterlichen Vorgang, den allein das Gesetz dem Richter auferlegen kann, nämlich etwas Nichtexistierendes als gewiß oder, umgekehrt, eine sichere Tatsache als nichtexistierend auszugeben, immer mit dem Ziel, durch Beseitigung eines formal hinderlichen Datums zu einer gerechten Lösung zu gelangen. Die Fiktion ist keine Vermutung, weil sie nicht auf einer anderen bewiesenen Tatsache beruht.

Die Verwendung von juristischen *Fiktionen* kommt daher, daß die Römer die formalen Erfordernisse des alten Rechts durch die Gerichtspraxis der Prätoren überwinden mußten. Aber in einem Recht, das in verschwenderischer Weise Gesetze erläßt, wie es das moderne Recht tut, ist es nicht notwendig, auf das Mittel der Fiktionen zurückzugreifen. Im übrigen sind mit den Fiktionen, die dem Richter durch eine Machtinstanz auferlegt werden, nicht die Gleichsetzungen oder die von der juristischen Lehre aufgestellten Analogien zu verwechseln. Den Fötus etwa als schon geboren zu betrachten, um seine erbrechtlichen Anwartschaften zu schützen, ist nicht eine Fiktion, sondern eine lehrmäßige Regel praktischer Gleichsetzung.

Gegenwärtig wird davon gesprochen, die Vaterschaft dessen zu vermuten, der es ablehnt, sich dem biologischen Vaterschaftstest zu unterziehen. Doch die Vermutung der Vaterschaft – sowohl bei der ehelichen Verbindung als auch bei einer anderen – muß sich auf den Beweis des ehe(ähn)lichen Zusammenlebens mit der Mutter stützen, der durch die Tatsache der Niederkunft immer „sicher" ist. Und es ist der mutmaßliche Vater, der Beweise gegen diese Vermutung erbringen muß; wenn er will, sogar die biologischen, denen er sich aufgrund des natürlichen Rechts auf körperliche Integrität jederzeit widersetzen kann.

Aufgrund desselben natürlichen Rechts ist die *Folter* ausgeschlossen, die diese körperliche Integrität verletzt und die aktuell in der Inokulation von sogenannten Wahrheitsseren bestehen kann.

Tatsächlich tritt die Folter in der Geschichte als ein Ersatz für Beweise im Strafrechtsprozeß in Erscheinung. Sie wurde mit dem Ziel eingesetzt, das Geständnis des Angeklagten zu bewirken und die Verurteilung bloß aufgrund von Indizien oder Verdächtigungen zu vermeiden. Diese neuen Praktiken, um gegen den Willen des Angeklagten ein Geständnis zu erreichen, sind letztlich eine neue Form der antiken Folter und widersprechen dem Naturrecht, nach dem jeder Eingriff in den Körper gegen den Willen der Person, die ihn erleidet, unzulässig ist. Als allgemeines Prinzip gilt, daß niemand gezwungen werden darf, gegen sich selbst auszusagen. Die Folter als gerichtliche Methode, ein Geständnis zu erhalten, das aus gutem Grund gewissen Regeln unterliegt, muß von der Praxis regelloser Mißhandlung unterschieden werden, ebenso wie die Polizeipraktik der präventiven Körperzüchtigung zur Aufrechterhaltung der öffentlichen Ordnung.[64] Eine Modalität von Folter besteht dagegen fort, wenn die Richter ge-

---

[64] Der in Deutschland gebräuchliche gummiummantelte (Mehrzweck-)Schlagstock der Polizei ist lediglich zur Selbstverteidigung und als Zwangsmittel zur Durchsetzung polizeilicher Maßnahmen erlaubt (vgl. z. B. Art. 78 Abs. 4 BayPAG). Die Wahl der Mittel unterliegt stets dem Grundsatz der Verhältnismäßigkeit. Zwar fungiert die span. Polizei nicht mehr, wie unter *Franco*, als Repressionsinstrument (v. a. *Guardia Civil*), dennoch lassen sich bei ihr, etwa während strafrechtlicher Vorermittlungen (vgl. aber art. 295 LECrim), präventive und repressive Maßnahmen (*represión de infracciones penales*) nicht immer sauber unterscheiden.

ständige oder denunzierende Straftäter [nicht] aus der Untersuchungshaft [*prisión preventiva*] nehmen[65], denn der Freiheitsentzug widerspricht, wenn er gesetzlich nicht gerechtfertigt ist, ebenso dem Naturrecht wie ein erzwungener Eingriff in die körperliche Integrität.

Vermutungen und Fiktionen sind charakteristisch für Urteile über Streitfälle zwischen Privatpersonen, sie sind aber, wie gesagt, nicht zulässig bei strafrechtlichen Prozessen, in denen ein Straftäter nicht verurteilt werden kann, wenn sichere Beweise seiner Straftat fehlen.

Deshalb verzichtete König Salomo in dem berühmten Urteil über den Entzug eines fremden Kindes (1 Könige 3,18–28) wegen fehlender Beweise darauf, die Straftat abzuurteilen, wenngleich er, da es sich um eine Zivilsache handelte, die Mutterschaft einer der beiden Frauen, die sie beanspruchten, mittels Vermutung feststellte.

X. Öffentliches Recht und Privatrecht

27. Obwohl ihnen allen eine gleiche dialektische Struktur innewohnt, weisen die Prozesse als Hauptgegenstände des Rechts im eigentlichen Sinne einige Variationen auf, welche die Unterscheidung dreier Typen ermöglicht:

Der erste Prozeßtypus ist von einfacherer Art und dreht sich um einen Streitfall zwischen Privatpersonen, die als Kläger und Beklagter erscheinen. Gewöhnlich handelt es sich um gegensätzliche Vermögensinteressen; wie gesagt (Nr. 22), heißt der Typus eigentlich Zivilrechtstreit [*litigio*].

Beim zweiten geht es um Widersprüche von Privatpersonen gegen Akte der öffentlichen Verwaltung und wird *Verwaltungsstreitverfahren* [*contencioso-administrativo*] genannt[66], weil einer der Parteien öffentlich(rechtlich)er Charakter zukommt und diese deshalb eine vorherrschende Stellung gegenüber der gegnerischen Partei einnimmt.[67] Gerade deshalb kommt es nicht selten vor, daß die gegen die Verwaltung gefällten Urteile von Richtern zur Lösung von Streitfällen

---

[65] Im Original scheint ein „no" zu fehlen.

[66] Mit *Verwaltungsstreitverfahren* wird nach dt. Rechtsverständnis zunächst das Widerspruchsverfahren oder ein ähnliches gegen die Verwaltung geführtes Beschwerdeverfahren bezeichnet, deren Durchführung regelmäßig Voraussetzung des eigentlichen, vor Gericht auszufechtenden Verwaltungsprozesses ist (§§ 68 ff. VwGO). In Österreich gilt das AVG (1991), während strafbare Handlungen gegen spezielle Verwaltungsvorschriften nach dem VStG (1991) beurteilt werden.

[67] Es gibt verschiedene Theorien zur Bestimmung des öffentlich-rechtlichen („hoheitlichen") Charakters einer Streitigkeit und damit der gerichtlich-sachlichen Zuständigkeit. Sie werden in Fachbüchern über Allgemeines Verwaltungsrecht dargelegt. Eine span. Besonderheit ist die sog. Theorie der trennbaren Akte (*teoría de los actos separables*) bei Verwaltungsverträgen (*contratos administrativos*) nach art. 9.3.2 TRLAP: Wenn die öffentliche Verwaltung an solchen Verträgen beteiligt ist, wird ein öffentlich-rechtlicher Kern angenommen, der von im übrigen privatrechtlichen Teilen abstrahiert wird und daher allein dem Verwaltungsrecht(sgericht) unterliegt.

X. Öffentliches Recht und Privatrecht

dieser Art wegen des zwangsläufigen Zusammenhangs zwischen der vollstreckenden Gewalt und der Verwaltung nicht leicht zu vollstrecken sind.

Der dritte Typus ist die strafrechtliche Verfolgung von Verbrechen, bei der sich, wie gesagt (Nr. 22), ein offizieller Verteidiger des öffentlichen Interesses einschaltet.

Dieser Unterscheidung von drei Prozeßtypen entspricht die der betreffenden Rechtsordnungen, in denen die Kriterien festgehalten sind, welche die Richter befolgen müssen: das Zivil- oder Privatrecht, das Verwaltungsrecht und das Strafrecht. Die beiden letzteren müssen, weil in ihnen öffentliche Interessen zum Tragen kommen, als Bestandteile der Ordnung des sogenannten öffentlichen Rechts betrachtet werden.

So kommt die traditionelle Unterscheidung zwischen dem *Privatrecht* und dem *öffentlichen Recht* zustande: Jenes steht den Privatpersonen zur Verfügung, während das öffentliche Recht auf die Aufrechterhaltung der Gesellschaftsordnung ausgerichtet ist.

Die schon von den Römern getroffene Unterscheidung zwischen *ius publicum* und *ius privatum* ging von der Frage aus, ob die entsprechenden richterlichen Entscheidungskriterien öffentlich bekanntgemacht wurden oder nicht. In diesem Sinne ist das gesamte in Gesetzen enthaltene Recht *öffentlich* [*publicado*]. Heute geht man bei dieser Unterscheidung auf den Inhalt ein, nicht auf die Form der Kriterien, aber es steht nach wie vor fest, daß die Materien, mit denen die Gesetzgebung am meisten befaßt ist, in den Bereich des öffentlichen Rechts gehören. Daß dem so ist, erklärt sich daraus, daß die Zunahme der gesetzgeberischen Aufmerksamkeit das größere öffentliche Interesse beweist, das zu verteidigen dem öffentlichen Recht eben aufgetragen ist.

Der Gegensatz von gesellschaftlich und individuell ist so unvermeidlich, daß es in dem einem oder andern Sinne niemals möglich sein wird, auf die Unterscheidung zwischen öffentlichem und Privatrecht zu verzichten.

28. Wenn das gesamte Recht die relative *rechtliche Position* von Personen betrachtet, behandelt das öffentliche Recht den *Status*, in der sich diese hinsichtlich der öffentlichen Ordnung befinden, während das Privatrecht sich hauptsächlich mit dem *Verhältnis* zwischen den Personen befaßt, die an einem Fall beteiligt sind, sei dieser wirklich, sei er hypothetisch. Man kann also sagen, daß es beim öffentlichen Recht um *Status* [*situaciones*] geht, und beim Privatrecht um *Beziehungen* [*relaciones*].

Die privaten Rechtsbeziehungen sind nicht verborgen, denn sie müssen Gerichtsbeweisen zugänglich sein (Nr. 25). Die Intimsphäre der Personen geht über den Rechtsbereich hinaus und hat rein moralischen Charakter, selbst wenn sie manchmal eine rechtliche Beziehung voraussetzen kann. So gibt es eine eheliche Intimsphäre, die den Ehestand voraussetzt – eine rechtliche Gegebenheit, die man feststellen kann. Die persönliche Intimsphäre muß wegen ihres moralischen Charakters anderen Personen nicht bekanntgemacht werden; die Verletzung dieses moralischen Vorbehalts stellt ein Delikt gegen die von derartiger Publizität unfreiwillig betroffene Person dar. Die Intimsphäre der „Persönlichkeit des öffentlichen Lebens" – etwa des Politikers oder des Berufsschauspielers – ist nicht seine persönliche, sondern die Intimsphäre jener Personen, mit denen er durch die von der legitimen Ehe abhängenden Familienbande zulässigerweise verbunden ist (Nr. 106).

Da andererseits das öffentliche Recht von der gesellschaftlichen Struktur abhängt, zieht deren Studium zwangsläufig das des öffentlichen Rechtes nach sich, einschließlich all dessen, was wegen der Möglichkeit der gerichtlichen Überprüfung als *Recht* betrachtet werden kann. Wenn man von öffentlichem Recht spricht, versteht man folglich darunter auch alles, was mit gesellschaftlichen Strukturfragen in Zusammenhang steht, sogar jene Belange, die gerichtlich nicht überprüfbar sind. So ist es in den Studienplänen der rechtswissenschaftlichen Fakultäten vorgesehen.

XI. Fächer des Rechts

29. Das Recht stellt trotz der zwangsläufigen geschichtlichen Veränderungen eine in einzigartiger Weise beständige Wissenschaft dar, die durch immerwährende natürliche und logische Prinzipien des gesunden Menschenverstandes zusammengehalten wird. Deshalb erscheint das universitäre Rechtsstudium trotz der die Gesetzgebung betreffenden Neuerungsphasen, von denen es von Zeit zu Zeit traktiert wird, als bemerkenswert konservativ. Diese konservative Eigenart des Rechts kann nicht umhin, auf die persönliche Beschaffenheit der Juristen abzufärben. Aber die Studienpläne unterliegen immer der Gefahr unberechenbarer Änderungen, die, weil dem so ist, gewöhnlich wieder bald geändert werden, denn „die eine Änderung zieht die andere Änderung nach sich", wie „der eine Abgrund den anderen Abgrund nach sich zieht – *abyssus abyssum invocat*" (Psalm 42 [41],8); so geschieht es auch mit jeder Gesetzgebung. In der Tat, wenn sich ein Gesetzgeber zum ersten Mal in etwas einschaltet, kann man sicher sein, daß ein anderer es nicht unterlassen wird, seinem Beispiel zu folgen, falls nicht ersterer sich selbst umgestaltet.

> Obwohl das öffentliche Recht im wesentlichen Gesellschaftsordnung ist, hängt es, insofern es gewisse Kriterien und rechtliche Formen anwendet, unvermeidlich von der zivilrechtlichen Begriffstheorie ab, welche die eigentlich juridische ist. Nur so kann die legislatorische und administrative Aktivität eine rationale Ordnung haben, ohne von unkontrollierbaren politischen Launen abzuhängen.

Trotz aller Veränderungen bleibt im gesamten Recht immer ein unveränderlicher „bürgerlicher" Kern, in dem ein Jurist ausgebildet sein muß.

Tatsächlich ist das, was der Ausbildung eines Juristen dient, das Privatrecht – Recht im wahrsten Sinne des Wortes –, das vor allem im *Zivilrecht* besteht[68], welches das wesentlichste ist: *non est iurista qui non est civilista* („Wer kein Zivilrechtler ist, ist kein Jurist").[69]

---

[68] Das Zivilrecht als Teilbereich des (umfassenderen) Privatrechts zu verstehen ist umstritten. Meist werden beide Begriffe synonym verwendet.

[69] Den Aphorismus gibt es auch in einer abgeschwächten Form: *nullus bonus iurista nisi sit civilista* – „kein guter Jurist, wenn nicht Zivilrechtler".

Dieser Aphorismus besagte: „... nisi Bartolista sit"[70], denn Bartolo da Sassoferrato (1314–1357) ist der einflußreichste Jurist der Geschichte, und sein Name steht für das Inbild des perfekten Juristen. Es steht fest, daß das Recht, das er erklärte und praktizierte, das zu seiner Zeit, vom 12. Jahrhundert bis zu der Epoche der modernen Kodifizierungen, das gültige römische Recht war. Dieses *gemeine* Recht[71] Europas war in dem vom byzantinischen Kaiser Justinian kompilierten *Corpus Iuris Civilis* enthalten, dessen Hauptteil aus den *Pandekten* oder *Digesten* bestand, dem Schatz der römischen Jurisprudenz, die dem Ensemble die Bezeichnung *zivil* verlieh, obwohl darin auch ein wenig öffentliches Recht enthalten war, das für die spätere zivilrechtliche Tradition von geringer Bedeutung war. Das römische Strafrecht war sicherlich sehr unvollkommen, und das römische öffentliche Recht war im allgemeinen bald nutzlos. – Die europäische Rechtskultur, die sich dann auf andere Breitengrade ausbreitete, entstammt der mittelalterlichen *Rezeption* des *Corpus Iuris Civilis*. Das auch *common law* genannte englische Recht, das freilich dem europäischen *ius commune* vergleichbar ist, geht aus dem römischen Recht hervor und bewahrt seinen kasuistischen und nicht systematischen Charakter besser als die europäische Tradition, die später durch das deutsche *Pandektenrecht* reformiert wurde, dessen Hauptgestalt Savigny (1779–1861) einen entscheidenden Einfluß auf die moderne Systematik des Zivilrechts ausübte.

Ebenso wie *öffentlich* und *privat* als sich gegenüberstehend immer ihre Daseinsberechtigung haben, auch wenn deren genauer Sinn variieren kann, ist das Adjektiv „zivil", das von *civis* (Bürger) kommt, nur als geschichtliche Kontingenz zu erklären, ebenso die Gleichsetzung von *Zivil*- mit *Privat*recht. Trotz dieser häufigen Gleichsetzung wird *zivil* einmal *strafrechtlich* oder *kanonisch* gegenübergestellt, das andere Mal wird es zur Unterscheidung von *handelsrechtlich* [*merkantil*] oder anderen neuen Spezialgebieten verwendet.[72] Trotz allem nimmt das Studienfach *Zivilrecht* in der Studienordnung der rechtswissenschaftlichen Fakultäten nach der Einführung in das *römische Recht* und nach dem Höhepunkt des *Internationalen Privatrechts*, das den Gesetzeskonflikt aufgrund der Konkurrenz unterschiedlicher nationaler Rechtskriterien behandelt, einen herausragenden Platz ein.

In die gleiche Richtung wie der lateinische Begriff „zivil, bürgerlich" weist der griechische Begriff „politisch". Aber dieser leitet sich nicht von „Bürger" [*ciudadano*] ab, sondern von „Stadt" [*ciudad*] (*polis*), denn nach griechischer Auffassung geht die Stadt den Personen, die sie bilden, voraus, während es gemäß der römischen umgekehrt ist, denn die *civitas* ist vor allem der Zusammenschluß der Personen römischer Abstammung (*cives*). Im Gegensatz zu „natürlich" treten „bürgerlich" und „politisch" als auf etwas bezogen in Erscheinung, zum Beispiel in „Bürgerkrieg" (Nr. 118). Ein „politischer Sohn" ist ein Schwiegersohn, der also nicht Sohn von Natur aus ist, sondern durch Verwandtschaft (Nr. 106); ebenso werden „zivil" und „kanonisch" gegenübergestellt (Eheschließung) beziehungsweise „zivil" und „militärisch" (*Guardia Civil/Nacional*).

---

[70] „... wenn nicht *Bartolist*". Auch die im Oberdeutschen bekannte Drohung „... sonst zeige ich dir, wo (der) *Bartel* den Most holt" könnte auf den berühmten Juristen und sein Werk *Mos Italicus* zurückgehen. Die andere Ableitung, „Barthel" oder „Basel" sei das jiddische oder rotwelsche Wort für Brechstange, „Most" (eigentlich: „Moos") das für Geld, kann weniger überzeugen.
[71] Vgl. dazu *Friedrich Carl v. Savigny*, System des heutigen Römischen Rechts, Bd. 1, Berlin 1840, S. 4f.
[72] Vgl. jedoch Anm. 68.

Diese Weite des Begriffes *zivil* erleichtert die Wiedererlangung der Einheit der Rechtsordnung, die angesichts einseitig interessierter Gesellschaftsgruppen durch die Atomisierung der Einzelfächer verlorengegangen ist. Tatsächlich führte in der Weise, wie sich im Interesse der Staatsbeamten ein Verwaltungsrecht verselbständigte, das Interesse der Kaufleute zu einem Handelsrecht und das der Arbeiterschaft zum Arbeitsrecht, und dies unter widersprüchlichen Vorzeichen: jenes unter kapitalistischem und dieses unter sozialistischem; und heute zeichnet sich eine neue Abtrennung, des *Verbraucherrechts* gemäß den Interessen der Verbraucher, ab. Es scheint, als ob diese ganze von der Popularisierung des Rechts herrührende Unordnung in Zukunft durch die vereinheitlichende Anziehungskraft des Dienst(leistungs)verhältnisses (Nr. 84) überwunden werden müßte.

30. Trotz ihrer Partnerschaft an den mittelalterlichen Universitäten unterscheidet sich das Zivilrecht von dem *kanonischen*, der katholischen Kirche eigenen *Recht* substantiell, denn letzteres besteht im wesentlichen im Studium der kirchlichen Ämter, ihrer Zuständigkeitsbereiche und der Funktionen der moralischen Personen (Nr. 8) der Kirche. Deshalb steht es dem öffentlichen Recht näher als dem Privatrecht. Das Kirchenrecht zeichnet sich dadurch aus, daß es kein Vermögensrecht ist; ebensowenig ist es Territorialrecht[73], weil es keine durch eine Exekutivgewalt zu vollstreckenden Sanktionen gibt, zumal physische Gewalt ohne Kontrolle über einen konkreten physischen Raum nicht möglich ist.

Das neue „*Staatskirchenrecht*" [*Derecho Eclesiástico*[74]] genannte Studienfach war eine deutsche Erfindung, die, ausgehend von dem protestantischen Irrtum, daß die Kirche keine sichtbare Gemeinschaft sei und deshalb kein eigenes Recht haben könne, diesen Namen annahm, um von einem auf die verschiedenen christlichen Konfessionen bezogenen Staatsrecht zu sprechen, die verschiedene Kirchen ohne hierarchische Ordnung bilden. Doch heute handelt es sich um eine Ordnung öffentlichen Rechts für die religiösen Bekenntnisse jeder Art, die unterschiedslos „Kirchen" zu nennen sich als unangemessen erweist, denn viele von ihnen, wie das jüdische oder das islamische, beanspruchen nicht, solche zu sein.[75] Deshalb ist auch

---

[73] *Álvaro d'Ors*, Ordnung und Ortung im kanonischen Recht, in: FS Carl Schmitt zum 70. Geburtstag, hrsg. von Hans Barion/Ernst Forsthoff/Werner Weber, Berlin 1959, S. 1–34; *d'Ors*, Gemeinwohl und Öffentlicher Feind (s. Anm. 1), S. 116 f. Zur Kritik an *Barion* vgl. *Álvaro d'Ors*, El „correcto canonista" (A proposito de los „Escritos reunidos" de Hans Barion), Verbo Nr. 241–242 (1986), S. 223–233, auf dt. in: *Wolfgang Hariolf Spindler*, Der Kanonist Hans Barion im Urteil des Romanisten Álvaro d'Ors, NOrd 67 (2013), S. 431–455, 438–446 (438 f.).

[74] Genauer: *Derecho ecclesiástico del Estato*.

[75] Deshalb wird jetzt in Deutschland diskutiert, ob das Staatskirchenrecht begrifflich wie institutionell lediglich auf (staatlich anerkannte) Glaubensgemeinschaften angewendet werden kann, oder ob es im Hinblick auf neu angesiedelte andere Religionen und andere Gemeinschaften und Konfessionen zu einem – einseitig grundrechtebezogenen – Religionsverfassungsrecht auszuweiten ist. Vgl. dazu *Arnd Uhle*, Die Integration des Islam in das Staatskirchenrecht der Gegenwart, in: Hans Michael Heinig/Christian Walter (Hrsg.), Staatskirchenrecht oder Religionsverwaltungsrecht? Ein begriffspolitischer Grundsatzstreit, Tübingen 2007, S. 299–338, sowie die anderen Beiträge in diesem Band. Gegen die Rede von „den Kirchen" bereits *Hilaire Belloc*, Gegen Mächte und Gewalten. Die alten und neuen Feinde der katholischen Kirche, zuerst 1929, 2. Aufl. [der Neuausgabe], Leipzig 2021.

die Bezeichnung *Kirchen*recht unpassend. Das Hauptthema, auf das sich dieses neue Recht konzentriert, ist das der *religiösen Freiheit*, die mehr ein verfassungsrechtliches als ein genuin verwaltungsrechtliches Prinzip ist, wie es der Rest des Staatskirchenrechts darstellt. Ähnlicher, verfassungsmäßiger Rang kommt den mit dem Heiligen Stuhl geschlossenen Gesetzen, den Konkordaten, zu. Im übrigen bezieht sich ein wichtiger Teil des Staatskirchenrechts auf die Institution der Ehe, wie es schon beim traditionellen kanonischen Recht der Fall war.

Das öffentliche Recht setzt die Existenz des Staates voraus und verbindet das Organisatorische mit dem eigentlich Rechtlichen der gerichtlichen Überprüfung des Verwaltungshandelns. Im übrigen ist die Ausdehnung der gerichtlichen Überprüfung auf alle Regierungsakte eine Fehlentwicklung des sogenannten Rechtsstaates (Nr. 23).

31. Aus Sicht des Staates tritt das öffentliche Recht auf drei Ebenen in Erscheinung: auf der *verfassungsmäßigen* Ebene, auf der *Regierungs-* beziehungsweise *politischen* Ebene und auf der *Verwaltungs*ebene.[76] Doch aufgrund der größeren rechtlichen Relevanz kommen weitere Teilgebiete hinzu, etwa das Strafrecht und andere Fachgebiete, die eigentlich zum Zivilrecht gehören, aber wegen des überwiegend öffentlichen Interesses dem öffentlichen Recht zugerechnet werden. Das gilt auch für das Arbeits-, das Steuer- und sogar das Eherecht.[77] Die entsprechenden Lehrfächer öffentlichen Rechts werden im dritten Kapitel über *Die Gesellschaftsordnung* behandelt.

Der Gegensatz von öffentlichem Recht und Privatrecht spiegelt sich deutlich in dem Gegensatz, der im Verlauf der Geschichte zwischen den wirtschaftlichen Interessen der Gemeinschaft und jenen der Privatpersonen zu beobachten ist. Die Privatautonomie wird durch die Besteuerung fortwährend eingeschränkt, weshalb jene versucht, diese mit mehr oder weniger betrügerischen Praktiken[78] zu umgehen.

---

[76] Im dt. Rechtskreis würde man eher nach legislatorischen Gesichtspunkten unterscheiden: Verfassung(sgesetz), (einfaches) Gesetz, Rechtsverordnung.

[77] Das materielle Eherecht gehört etwa nach dt. Rechtsverständnis dem bürgerlichen Recht an (§§ 1297–1588 BGB), auch wenn Teile davon (Eheschließung, -scheidung, -aufhebung, Nichtigkeit) einige Jahrzehnte lang ausgegliedert waren (EheG, seit 1998 aufgehoben). Das Verwaltungsverfahren der Eheschließung vor dem Standesbeamten, die Prüfung der Ehevoraussetzungen, die Eintragung in das Eheregister, der Beweis des Eheschlusses (PStG) und ähnliche oder mit der Ehe zusammenhängende Materien (z. B. FamFG, 2009) sind öffentlich-rechtlich geregelt; außerdem ist die Ehe – auch als Institution – verfassungsrechtlich geschützt (Art. 6 GG). Daneben gibt es eine Vielzahl europarechtlicher, verfassungs- und menschenrechtlicher Bezüge.

[78] Freilich ist (straflose) Steuervermeidung nicht mit vorsätzlicher Steuerhinterziehung (§ 370 AO; vgl. aber § 371 Abs. 3 AO), diese wiederum nicht mit leichtfertiger Steuerverkürzung (§ 378 AO) gleichzusetzen. In Österreich spricht man von (Steuer-)Finanzvergehen (§ 1 Abs 1 FinStrG) und unterscheidet zwischen Abgabenhinterziehung (§ 33 FinStrG) und Abgabenbetrug (§ 39 FinStrG). Ähnlich unterscheidet die Schweiz zwischen vorsätzlicher oder fahrlässiger Steuerwiderhandlung (Art. 174 DBG), vorsätzlicher oder fahrlässiger Steuerhinterziehung (Art. 175 DBG) und vorsätzlichem oder fahrlässigem Steuerbetrug (Art. 186 Abs. 1 DBG; vgl. aber Abs. 3).

Tatsächlich ist das Recht in diesen Sachgebieten auf die gesetzliche Form des Ausdrucks reduziert, wiewohl innerhalb einer *Status*ordnung bestimmte persönliche *Beziehungen* integriert werden (Nr. 28). Während die rechtlichen Beziehungen des Privatrechts ohne Gesetz existieren und gelten könnten, würden jene anderen, an der Gesellschaftsordnung beteiligten Beziehungen nicht als Rechtsbeziehungen existieren, wenn nicht das Gesetz dafür die Basis gelegt hätte.

So existierten der Kaufvertrag oder das Erbrecht, auch wenn es kein Gesetz gäbe, das sie regelt, aber die Verhängung einer Strafe für das begangene Delikt, die Auferlegung einer Steuer, die Regelung der Kündigung eines Arbeiters, selbst die Unauflöslichkeit der Ehe – ungeachtet dessen, daß diese zum Naturrecht gehört – existierten in rechtlicher Hinsicht nicht ohne ein sie begründendes positives Gesetz.[79]

Das Prozeßrecht, das die Zivil-, Straf- und Verwaltungsrechtsverfahren regelt, ist als vom Staat geordnete *Justizverwaltung* im Grunde ein Teil des Verwaltungsrechts.

32. Die *Volkswirtschaftspolitik* [*Economía política*] zählt offensichtlich nicht zum Recht, nicht einmal zu den humanistischen Wissenschaften, denen das Recht zugerechnet wird, behauptet sich jedoch, obgleich wirtschaftswissenschaftliche und ähnliche Fakultäten existieren, als Unterrichtsfach des Rechtscurriculums, als – freilich unzureichendes – Ergänzungsstudium des *Steuerrechts*.

Das *Internationale öffentliche Recht* oder *Völkerrecht* [*Derecho Internacional Público*[80]] ist im dritten Kapitel als sehr bedeutender Teil des neuen öffentlichen Rechts zu behandeln. Es mit dem *Internationalen Privatrecht* in Zusammenhang zu bringen ist gekünstelt, weil dieses glasklar Zivilrecht ist.[81] Eine neue Verbindung wurde mit dem sogenannten *Europarecht* eingeführt, einem Fach, das sich durch die internationale politische Tatsache der Gründung der *Europäischen Union* aufdrängte, die ebenfalls im dritten Kapitel (Nr. 123) behandelt wird. Es ist verständlich, daß dieses neue Lehrfach mit dem Völkerrecht verbunden wurde, doch in Wirklichkeit umfaßt es sehr viel mehr als die Ordnungsaspekte dieses alten Faches wie die Sachgebiete des Verfassungs-, des Verwaltungs-, des Strafrechts und so weiter, so daß es praktisch unmöglich ist, Professoren zu finden, die es ganz überblicken, um einen angemessenen Lehrbetrieb gewährleisten zu können.

---

[79] Vgl. zur grundsätzlichen Unauflöslichkeit der Ehe § 1352 Abs. 1 BGB.
[80] Heutzutage span. meist nur *Derecho Internacional* oder bisweilen lat. *Ius gentium* genannt.
[81] Zwar geht es beim IPR als der Gesamtheit der Rechtssätze eines Staates, die durch Verweisung auf die inländische oder eine ausländische Privatrechtsordnung festlegen, welche von mehreren möglichen nationalen Privatrechtsordnungen im Kollisionsfall zur Anwendung kommt (in Deutschland v. a. nach Art. 3 ff. EGBGB, in Österreich und der Schweiz nach dem jeweiligen IPRG), um Recht, das private Beziehungen regelt. Daneben sind aber die vereinheitlichenden Rechtsakte in der EU sowie im internationalen Warenkauf völkerrechtliche, also öffentlich-rechtliche Regelungen wie z. B. das sog. Wiener Kaufrecht (United Nations Convention on Contracts for the International Sale of Goods, CISG) vom 11. April 1980 zu beachten.

Schließlich stehen im Lehrplan für das Fach *Recht* neben anderen neuartigen und weniger gefestigten Fachgebieten die Lehrfächer *Rechtsgeschichte* und *Rechtsphilosophie*.

Die Rechtswissenschaftliche, die Theologische und die Medizinische Fakultät sind die drei grundlegenden und traditionalen Fakultäten der Universität. Die anderen, spezielleren Fakultäten, Schulen oder Grade sind später entstanden. Die Geisteswissenschaftliche Fakultät, heute in getrennte Abteilungen geteilt, war anfänglich eine allgemeine, auf die Universität vorbereitende Abteilung, aber aufgrund der Entwicklung der Philosophie wurde sie in den Rang einer wissenschaftlichen Fakultät erhoben, von der sich dann die Naturwissenschaftliche Fakultät trennte.[82] Charakteristisch für die drei ersten und grundlegenden Fakultäten ist, daß sie, um einer bestimmten Berufsausbildung zu dienen, die Lehrfreiheit nicht zugestehen, die in der fehlenden Verpflichtung zur Wiederholung vollständiger Studienprogramme und zu „Lehrbüchern" besteht.[83]

Die Darstellung der Lehrfächer der Rechtswissenschaftlichen Fakultät hat sich durch die Unterscheidung von Spezialgebieten verkompliziert und ist weit entfernt von der Einheit, die im Mittelalter im *Corpus Iuris Civilis* zu erkennen war. Wir sind auch weit davon entfernt, zu einer neuen, nicht auszuschließenden Einheit gelangen zu können.

Die Ersetzung der *actiones* durch den Prozeß (Nr. 22) bedingte die Abtrennung des *Prozeßrechts* und – wegen des Unterschieds zwischen den betreffenden Prozessen – zugleich die des *Strafrechts*. Das Auftauchen des Staates verlieh dem „Politischen Recht" größere Bedeutung. Infolge der mitbeteiligten Berufsstände führten später gesellschaftliche Teilinteressen zu weiteren Fachgebieten (Nr. 29).

XII. Geschichte und Philosophie des Rechts

33. Die *Rechtsgeschichte* ist im wesentlichen die Geschichte der Rechtstexte und ihres diachronischen, das heißt chronologischen Zusammenhangs. Da die Daten in diesen Texten wichtig sind, handelt es sich um *Geschichte*, aber feststeht ebenso, daß bereits das ganze Recht, auch das gegenwärtig geltende, *historisch* ist, denn es besteht aus datierten Texten, deren chronologischer Zusammenhang für sein Verständnis wesentlich ist.

Vom Textstudium abstrahiert der Rechtshistoriker den Begriff der *Institution*, um sich auf bestimmte, im Laufe der Zeit konstant bleibende Wirklichkeiten zu beziehen, die man trotz der möglichen Veränderungen ausmachen kann. Und so spricht man von der „Krone", von der „Justizverwaltung", vom „Ehestand", von

---

[82] Die ursprüngliche Verbindung ist daran zu erkennen, daß alte Naturwissenschaftler zum Teil noch den akademischen Grad eines Dr. phil. führen.
[83] Von dieser auch in der Theologischen und der Rechtswissenschaftlichen Fakultät lange spürbaren akademischen Lehrfreiheit ist nach dem „Bologna-Prozeß" (1999/2001 ff.) der Ver(volks)schulung der Universitäten wenig übriggeblieben.

den „Gewährleistungsrechten" und so weiter als *Rechtsinstitutionen*. „Institution" bedeutet zunächst Anleitung, so wie „Instruktion", aber als Gegenstand eines beständigen Studiums werden auch Themen *Institutionen* genannt.

Die Kunst des Rechtshistorikers wie die eines jeden anderen Historikers besteht darin, sich darauf zu verstehen, selbst die unmerklichsten Daten mit der breiten Entwicklung der Überlieferungen und der Aufschwünge zusammenzubringen, also eine Mikroskopie der Texte mit der diachronen und synchronen Makroskopie der Institutionen zu verknüpfen.

Im übrigen kann der Historiker nicht über das hinausgehen, was die erhaltenen Texte zulassen, und er muß sich damit abfinden, sich in der *ars ignorandi* (*Kunst des Nichtwissens*) zu üben – im Unterschied zum Juristen, der für in den Texten des geltenden Rechts nicht vorgesehene Fälle passende Lösungen zimmern muß. Im Recht besteht die *Forschung* [*investigación*] im Finden neuer historischer Daten oder neuer, nicht vorgesehener Lösungen für rechtliche Streitfälle.

> Die reine Auslegung ist ebenso wie die Zusammenstellung von schon bekannten Daten und Lehrmeinungen sowie deren systematische Ordnung keine Forschung, ebensowenig der Vorschlag von Gesetzesreformen (*de iure condendo*[84]). Von der Forschung der Lehre unterscheidet sich die Nachforschung, welche die Richter mit Hilfe der Polizei für die Beweisführung betreiben können (Nr. 25).

So wie die Geschichte im allgemeinen vorgeht und beim Frühesten beginnt, um, analog zum Leben allgemein, in der Jetztzeit zu enden, ist es für den Juristen, der die Geschichte darstellen will, das Zweckmäßigste, der umgekehrten Methode zu folgen, das heißt vom gegenwärtigen Recht auszugehen und mittels der vorherigen Texte in retrospektiver Weise bis zu den Ursprüngen zu gelangen.

> In der Bibel verlaufen die Genealogien, denen große geschichtliche Bedeutung zukommt, gemeinhin in absteigender Linie, bisweilen (wie in Lk 3,23–38 in Umkehrung zu Mt 1,1–16) aber in aufsteigender. Für die Rechtsgeschichte ist die aufsteigende Ordnung die angemessenste, denn bei Lücken, welche die Textüberlieferung unterbrechen, gelingt es ihr besser, eine unrichtige institutionelle Kontinuität zu vermeiden. So ist es nicht ratsam, bei dem Versuch, die Institution eines geltenden Gesetzes geschichtlich darzustellen, mit den alten Zeiten zu beginnen, auch nicht mit dem römischen Recht, sondern vielmehr retrospektiv der Reihe der Textprovenienzen nachzuspüren und dabei die Veränderungen so weit aufzuzeigen, wie die institutionelle Kontinuität reicht.[85]

34. Während die Geschichte jeglicher Disziplin diese in Geschichte verwandelt, bleibt hingegen die Philosophie in dem Fach verwurzelt, auf das sie sich bezieht.

---

[84] Überlegungen zu den Auswirkungen und Erfolgsaussichten von Gesetzesänderungen im Unterschied zu bereits bestehendem Recht (*de iure condito*).

[85] Veränderungen können nur innerhalb und anhand eines Kontinuums festgestellt werden, wie umgekehrt ein Kontinuum nur unter der Voraussetzung behauptet werden kann, daß es Veränderungen gibt, die als nicht weiter relevant einzuschätzen sind. Um es mit dem Systemtheoretiker *Niklas Luhmann* zu sagen: „Wer Gleichheit sagt, sagt auch Ungleichheit." Die zu den „Ursprüngen" aufsteigende Retrospektion ist dabei die genauere Vorgehensweise.

XII. Geschichte und Philosophie des Rechts

So ist die *Rechtsphilosophie* weiterhin Recht, das in philosophischer Weise betrachtet wird.[86]

Die philosophische Betrachtung entsprießt mittels Deduktion aus ersten Prinzipien, um zum Partikularen hinabzusteigen. Im Recht sind die *ersten Prinzipien* die des Naturrechts. Deshalb besteht die *Rechtsphilosophie* vor allem im Studium des Naturrechts.

In Spanien trat das Fach *Rechtsphilosophie* aus gewissen ideologischen Gründen an die Stelle des Faches *Naturrecht*, und dieses wurde aus ähnlichen entgegengesetzten Gründen wiederhergestellt, ohne jenes andere zu beseitigen. Tatsächlich wurden die beiden Fächer in der Lehre verbunden, und der philosophischen Betrachtung des Naturrechts verdankt sich eine praktisch ausschließliche Beachtung der „Existenz" des Naturrechts, ohne zu dessen konkreten Institutionen hinabzusteigen. Die Fachphilosophen widmen sich mit methodischer Rationalität vor allem der Reflexion ihres eigenen Denkens, ohne sichere Daten vorauszusetzen, von denen aus deduktiv vorgegangen wird. Wie ihre Bezeichnung andeutet, ist die Philosophie ein Erschließen der Gewißheit des Wissens, und in diesem Sinne ist sie nicht nur in anthropozentrischer Weise subjektiv, sondern auch *skeptisch*, wie ihr Bekenntnis „Ich weiß nur, daß ich nichts weiß"[87] erklärt. Der Jurist dagegen kann nicht mit dem Zweifel beginnen, sondern er muß mit sicheren Daten beginnen, die ihm vom Naturrecht (Nr. 14) und von der realen Natur der Sachen (Nr. 16) gegeben sind. So kann er zum Beispiel – trotz der Feministinnen – weder daran zweifeln, daß die Geschlechter von Natur aus komplementär sind, noch – trotz der Moralisten – daran, daß nicht alles, was die Sachen hervorbringen, und erst recht nicht der Lohn eines Menschen Früchte sind (Nr. 94).

Dadurch daß das Naturrecht in der Theologie gründet, beziehen sich die ersten Prinzipien des Rechts auf Gott, und weil Gott *einer* ist, kann auf diesem Weg eine konzeptionelle Kohärenz erreicht werden, die sich als unmöglich erweist, wenn auf induktive Weise von der menschlichen Wirklichkeit ausgegangen wird, die immer sonderbar und widersprüchlich ist.

Der philosophische Standpunkt, den der Jurist einnimmt, kann entsprechend den verschiedenen philosophischen Denkweisen variieren, aber der betrachtete Inhalt ist immer der gleiche: die Wirklichkeit der Rechtstexte. Deshalb bleibt eine gewisse Koinzidenz unter den verschiedenen, auf das Recht projizierten Philosophien. So konnte etwa die strukturalistische Strömung keine großen rechtlichen Neuheiten beisteuern, obwohl der juristische Bereich durch seine synchrone Kohärenz der Strukturanalyse ein geeignetes Sachgebiet zu bieten schien. Letztendlich scheint die Geschichte der Rechtsphilosophie zu beweisen, daß die den Juristen eigentümlichste Philosophie die des *gesunden Menschenverstandes* ist, und zwar nicht verstanden als in einem bestimmten historischen Moment verallgemeinerte Meinung, sondern als Antwort eines durch Ideologien nicht verwirrten persönlichen Gewissens, das im Grunde *natürlich* ist (Nr. 13).

---

[86] Dies läßt sich freilich nur sagen, wenn unter Recht *richtiges*, d.h. vom Unrecht unterschiedenes *Recht* verstanden wird; jedenfalls ist die Rechtsphilosophie eine Unterdisziplin der Philosophie.

[87] Ungenaue, auf *Cicero* zurückgehende Wiedergabe des berühmten, freilich verkürzt zitierten sokratischen Satzes οἶδα οὐκ εἰδώς („Ich weiß nichtwissend") nach *Platon*, Apologie des Sokrates, 21d–22a.

35. Von der Rechtsphilosophie unterscheidet sich die Metageschichte des Rechts, verstanden als Studium der konzeptionellen Typen, denen wegen ihrer Ursprünglichkeit eine leitende und gegenüber ihren Abweichungen tatsächlich korrigierende Funktion in der Geschichte der Institutionen zukommt. Sie unterscheidet sich darin von der Philosophie, daß sie in induktiver Weise von den historischen Daten ausgeht und nicht in deduktiver Weise von den *ersten Prinzipien*, das heißt von der *Natur*, wie die Philosophie es tut. Sie versucht aber, die ursprüngliche Ratio, den *etymos nomos* der Institutionen zu finden. Wie die *Etymologie* die ursprüngliche Bedeutung der Wörter im Laufe der Geschichte bestimmt, so bestimmt die *Etymonomie* die Bedeutung der Institutionen. Zumal sie induktiv vorgeht, steht die Metageschichte des Rechts der Rechtsgeschichte näher als der Rechtsphilosophie.

36. Für die Metageschichte des Rechts sind die Studien der *Rechtsvergleichung* von Interesse. Denn sie ermöglichen es, von verschiedenen Kulturen gemeinsame Elemente abzuleiten, die Archetypen entstammen, welche aus der ursprünglichen geistigen Einheit der Menschen gebildet werden. Aber wie es bei anderen Aspekten der Kultur vorkommt, wird diese ursprüngliche Einheit von abweichenden und sogar entstellenden Tendenzen überlagert, die es erschweren, den gemeinsamen Archetyp zu erkennen. Um dies zuwege zu bringen, muß die Geschichte von diesen Irrwegen gereinigt und der Vergleich auf jene Kulturen beschränkt werden, die in gewisser Weise die Ursprungsidee bewahren.

In Analogie zu dem von Sprachwissenschaftlern verwendeten Fachausdruck kann man von heteroklitischen[88] Daten sprechen, die nicht in den Vergleich eingehen können, der zur Identifizierung des Archetyps führt. So besteht zum Beispiel Heteroklisie zwischen dem römischen Faktum der Verstoßung des Ehepartners, die aus einer Regelung der rechtlich nicht verbindlichen Ehe hervorgeht, und der modernen Scheidung, die aus einer Säkularisierung der kanonischen Ehe hervorgeht. Trotz gewisser soziologischer Ähnlichkeit handelt es sich um unterschiedliche „Deklinationen" ohne die für eine Konvergenz der juridischen Metageschichte notwendige Homogenität.

Die multikulturelle Koexistenz der Rechtsinstitutionen ist jedoch kein Argument für die *Vereinheitlichung* des Rechts. Vielmehr untersucht die Rechtsvergleichung die Abweichungen im Rahmen des Homogenen und versucht nicht, sie durch eine legislatorische Vereinheitlichung zu überwinden. In Wirklichkeit ist die Vereinheitlichung des Rechts ein Symptom der Unzulänglichkeit des Staates mit seiner ihm eigenen territorial begrenzten Rechtsordnung (Nr. 124).

---

[88] Unter Heteroklisie versteht man in der Sprachwissenschaft die Flexion eines Substantivs mit Hilfe verschiedener Wortstämme.

XIII. Rechtsquellen

37. Das gegenwärtige Dasein des Staates (Nrn. 100 ff.) bringt die Tendenz mit sich, das ganze Recht auf die erlassenen Gesetze zu reduzieren und deshalb das Privatrecht in das öffentliche Recht einzufügen.

Den totalitären Staaten ist es gelungen, den privaten Charakter aus dem Gesamtrecht auszumerzen. Aber auch die demokratischen Staaten reduzieren das Recht auf die erlassenen Gesetze[89], indem das Recht vom augenblicklichen formalen Willen des Volkes abhängig gemacht wird. Es ist den Demokratien aller Zeiten eigentümlich, die „Souveränität des Gesetzes" zu proklamieren und jede andere Form, Kriterien des Rechts zu schaffen, auszuschließen, vor allem die *Gewohnheit*, die dem Wesen nach volkstümlich *[popular]* ist. Auf diese Weise kommt der tiefgreifende Unterschied zwischen der römischen Tradition des *populus* und der griechischen Tradition des *demos* zum Ausdruck, so daß in diesem Sinne gesagt werden kann, daß die *Demo*-kratie nicht *volkstümlich* ist.

Theoretisch ist das Gesetz als Handlung der Gewalt *[potestad]* Ausdruck des Willens des Wahlvolkes. Diese Betrachtung seiner Ursache erhellen Rechtsformen, die unmittelbar von den Staatsbürgern erlassen werden: den Volksentscheid *[plebiscito]*, um etwas Neues zu entscheiden, und das Referendum *[referéndum]*[90], um ein ordentliches Gesetz zu bestätigen[91] oder zurückzunehmen[92].

Lex (Wortstamm *leg-*) war in Rom die Verfügung eines höheren Richters, welche die Volksversammlung zurückweisen konnte. Desgleichen waren die *legati* „abgesandte" *[mandados]* Botschafter, und die *legata* (Nr. 75) waren testamentarische Vermächtnisse *[manda]*. Vom Wortstamm *leg-* leiten sich wiederum „Elektion", „Lektion", „Selektion" und so weiter ab. Ein Gesetz, über das die Bürger direkt abgestimmt haben, ist ein *Volksentscheid*; eine Volksabstimmung, die dazu diente, ein weiteres Gesetz zu bestätigen, hat die Bezeichnung *Referendum*. In Rom hießen die nur von der *plebs* gefällten Entscheidungen, die den *leges* des ganzen Volkes gleichgestellt wurden, *plebis scita*; heute wird damit die direkte Volksbefragung bezeichnet.[93] *Referendum* ist ein moderner Terminus. Das Plebiszit diente manchmal dazu, außerordentlichen Mächten ein „demokratisches" Fundament zu verschaf-

---

[89] Gemeint sind Gesetze im materiellen Sinne, also auch Rechtsverordnungen und dergleichen.
[90] In vielen Ländern werden die Begriffe Plebiszit (Volksabstimmung) und Referendum, anders als in Spanien, synonym verwendet; so auch in Deutschland, wobei je nach Initiativrecht und Verpflichtungsgrad zwischen Volksbefragung, Volksinitiative, Volksbegehren und Volksentscheid differenziert wird.
[91] Das konfirmative Referendum bestätigt lediglich das von dem Parlament oder der Regierung vorgelegte Gesetz, während das konstitutive Referendum allein durch den – meist obligatorischen – Volksentscheid Rechtsverbindlichkeit schafft. Ein konstitutives Referendum ist in Deutschland und in Österreich nur als (Gesamt-)Verfassungsreferendum sowohl auf Bundesebene (Art. 46 GG; Art. 44 Abs. 3 B-VG) als auch teilweise auf Landesebene (z. B. Art. 23 Abs. 2 Salzburger Landes-Verfassungsgesetz) vorgesehen, während in der Schweiz alle Änderungen der Bundesverfassung obligatorisch Verfassungsreferenden nach sich ziehen.
[92] Ein abrogatives Referendum ist in Deutschland, in Österreich und in der Schweiz (dort mit der Ausnahme „dringlicher Bundesgesetze" BV(S) Art. 165) nicht vorgesehen.
[93] Zu den variierenden Bezeichnungen vgl. noch einmal Anm. 91 ff.

fen (Nr. 113). Wie das Referendum kann es ein früheres Gesetz zurücknehmen. Es gibt eine gewisse Verwirrung zwischen dem „Ja" und dem „Nein" des Votums, denn diese müssen sich auf die Frage des Referendums beziehen, nicht auf das betreffende Gesetz. Das „Ja" dient dann der Rücknahme des früheren Gesetzes, nicht dessen Bestätigung. Gelegentlich hat sich die politische Propaganda diese Verwirrung zunutze gemacht, um die Wahlberechtigten in die Irre zu führen; so geschah es in Italien bei dem Referendum über das Ehescheidungsgesetz.[94]

38. Das Gesetz ist eine wichtige *Rechtsquelle*, aber nicht unbedingt die einzige.

Im Recht stellt „Quelle" nicht einen aus der physischen Realität genommenen metaphorischen Ausdruck dar, sondern bezeichnet die Hervorbringungsweise der Erkenntnis von Rechtskriterien, sei es in schriftlicher Form, sei es durch die Wiederholungspraxis der Gewohnheit. So sprechen wir vom Gesetz als „Rechtsquelle", wenn der Gesetzestext uns ermöglicht, die von den Richtern anzuwendenden Kriterien zu erkennen. Aber auch die Gewohnheit bietet uns rechtliche Entscheidungskriterien.

Die Kriterien der Justiz sind immer eine Rechtslehre, die der Klugheit der Fachleute entspringt; als solche ist sie schon eine Quelle der Autorität, wenn deren Urheber gesellschaftliche Anerkennung genießen. Werden diese lehrmäßigen Kriterien in der Praxis wiederholt angewandt, schlagen sie sich als Gewohnheiten nieder; und wenn derjenige, der über die gesetzgebende Gewalt verfügt, sie in Gesetzesform festlegt, liegt ein *positives* Recht vor, das bereits wirksam ist. Der Ausdruck lehrmäßiger Autorität wird so zum Ausdruck von Gesetzesgewalt und zu *positivem* Recht.

Die Klugheit des Gesetzgebers ist bereits Klugheit der Regierung – und nicht der Autorität (Nr. 99). Deshalb setzt eine Gesetzesänderung nicht eine Veränderung des Wissens voraus – wie wenn das frühere Gesetz „falsch" oder irrig wäre –, sondern eine zweckmäßige Anpassung. So kann man vom Gesetzgeber nicht sagen, er sei „weise", vielmehr, er sei *zweckorientiert*. Die Weisheit ist die der Autorität der sachlichen Urheber des Gesetzes.

Die Positivität des Gesetzes kommt jedoch nicht der *Geltung* seines Rechts gleich, denn oft werden die Gesetze von den Richtern nicht in wirksamer Weise angewandt. Auch können autoritative Texte nicht von der augenblicklichen Praxis anerkannt sein; das Gleiche geschieht mit Büchern über das Gewohnheitsrecht, die durch eine neue Praxis, die „zur Gewohnheit wird", veraltet sein können.

---

[94] Italien hatte 1970 als eines der letzten Länder Europas ein Gesetz verabschiedet, das die Ehescheidung ermöglichte. Teile der Democrazia Cristiana (DC), des Movimento Sociale Italiano (MSI) und der Bürgerausschüsse waren – ebenso wie die katholischen Bischöfe – darüber wenig erfreut und erwirkten 1974 einen Volksentscheid. 87,7% der Stimmbürger nahmen an dem *referendum abrogativo* teil. Fast 60% votierten gegen die Abschaffung des Gesetzes und damit für die Aufrechterhaltung des neuen Rechts, eine Ehe aufzulösen. Doch nicht wenige hatten den Wortlaut der Fragestellung mißverstanden und geglaubt, gegen die Möglichkeit der Scheidung zu votieren, als sie mit Contra stimmten. Tatsächlich bedeutete eine Contra-Stimme die Ablehnung der Aufhebung des Gesetzes über die Ehescheidung.

XIII. Rechtsquellen 57

Das erweist sich als besonders bemerkenswert, wenn, wie es im Eigenrecht [*derecho foral*] von Navarra geschieht[95], zugelassen wird, daß ein Gesetz durch gewohnheitsmäßige Nichtanwendung außer Kraft gesetzt werden kann. So können die Gesetze, die alte Gewohnheiten enthalten, durch das Auftauchen entgegengesetzter Gewohnheiten ihre Geltung verlieren, auch durch die Anwendung nichtforaler staatlicher Gesetze.

Im Unterschied zum Gesetz, das der Richter kennen muß – gemäß der Rechtsformel *iura novit curia* – das Gericht kennt das Recht –, muß die Gewohnheit, insofern sie „gegeben" ist, von dem vorgetragen werden, der sie im Prozeß als Beweis beibringt. Dem ist die Tendenz zu verdanken, daß Gewohnheitsrecht in geschriebenes Gesetz umgewandelt wird.

39. Obwohl sie aus dem Gewohnheitsrecht stammen, wurden die *Eigenrechte* [*forales*] einiger Regionen Spaniens in das Gesetz aufgenommen. Insofern derartige Rechte als wirklich regionale Rechte vorher bestanden, brachte ihre Umwandlung in staatliche Gesetze ihre Anpassung an die allgemeine Regelung derartiger nichtforaler Gesetze mit sich; andernfalls wurde das Eigenrecht gesetzlich als Sonderrecht in das Staatsrecht eingefügt.

Die regionale Substantialität von Eigenrechten bleibt nur erhalten, wenn an ihrem Charakter festgehalten wird, der dem eines Paktes – zwischen der Regionalregierung und dem König oder, wenn dieser fehlt, mit dem Staatschef – gleichkommt. Das war ausschließlich der Fall beim *Neuen Gesetzbuch von Navarra* [*Fuero Nuevo de Navarro*], das durch diesen Pakt gebilligt und damit als vorkonstitutionell anerkannt wurde und sich nur durch einen neuen Pakt oder indirekt durch einen Delegationspakt in einem regionalen gesetzgebenden Organ ändern läßt. Die Dynastie der Bourbonen neigte dazu, die Eigenrechte sowenig wie möglich als königliche Privilegien beizubehalten, und die Demokratie, sie dem Verfassungsgesetz des Staates oder der überstaatlichen Vereinheitlichung unterzuordnen (Nr. 123).

40. Im übrigen enthält das Gesetz stets allgemeine Rechtskriterien, wie es auch bei der Gewohnheit und der Lehre vorkommen kann. Aber diesen Kriterien liegt immer die reale oder hypothetische Entscheidung in einem konkreten Fall, häufig ein Gerichtsurteil zugrunde.

Die Autorität der Gerichtsurteile ist die Rechtsquelle in der englischen Rechtstradition des *case law*, aber auch Gerichtsurteile – wie die *fazañas* in der mittelalterlichen spanischen Tradition[96] – pflegen aus Gewohnheiten und allemal aus jeder Lehre hervorzugehen. Deshalb

---

[95] Solche Foralrechte bestehen in gewissen autonomen Gebieten Spaniens und gehen auf sog. *Cartas Pueblas* („Völkerbriefe") oder *Cartas de Población* („Bevölkerungsbriefe") zurück, die vor der Vereinigung Spaniens von Königen und Fürsten ausgestellt wurden, um gewissen Volksgruppen eigene Rechte auf einem bestimmten Territorium zu gewähren; vgl. Nrn. 39 ff. Eine solche Koexistenz von gemeinem und lokalem Recht besteht u. a. in Navarra. Die Anwendung der jeweiligen Privatrechtsordnung richtet sich nach der den Verwaltungsbezirken entsprechenden bürgerlichen Nachbarschaft (art. 14 ff. CC); zur materiellrechtlichen Begrenzung vgl. art. 149.1. CE.
[96] Vgl. dazu *José Luis Bermejo Cabrero*, Fazañas e historiografía, Hispania. Revista española de historia 32 (1972), S. 61–76.

werden in Spanien die Urteile des Obersten Gerichtshofs als „gesetzliche Lehre" [*doctrina legal*] bezeichnet, das heißt als den erlassenen Gesetzen zum Zwecke der etwaigen Berufung gegen die Urteile untergeordneter Gerichte gleichgestellt.[97]

Man kann also sagen, daß die Rechtslehre die primäre Quelle jedes Rechts und das Gesetz die Quelle des positiven Rechts ist.

XIV. Rechtsbücher

41. Die Rechtsbücher, die verschiedene Rechtsvorschriften, Gewohnheiten oder Rechte mit lehrmäßiger Autorität enthalten, waren seit alters üblich. Sie dienten zur Unterrichtung der Richter, vor allem um einigen Bestimmungen offizielle Anerkennung zu verleihen und die Anwendung anderer auszuschließen. Aber diese Bücher sind nicht immer offizieller Art, das heißt von der öffentlichen Gewalt vorgelegt, von der die Richter abhängig sind, sondern sie waren manchmal auch privater Art, selbst wenn ihre Autorität faktisch öffentliche Anerkennung erlangte.

So wurde in Navarra die *Recopilación privada* (1967)[98] in die *Compilación* (1973)[99] umgewandelt. Diese fand (durch Gesetz des Staatschefs, das mit der Regionalregierung vereinbart wurde) als „Neues Gesetzbuch von Navarra" Anerkennung, war aber schon zuvor von den Richtern berücksichtigt worden.

Die Formen dieser Texte, die Rechtsvorschriften versammeln, sind sehr unterschiedlich. Es kann sich um einfache *Textreihen* [*cadenas de textos*] handeln, die, nach Inhalten oder Schlagwörtern zusammengestellt, in den Gerichtsprozessen verwendet werden können; zu diesem Typus gehören heute die Verzeichnisse gerichtlicher Präzedenzfälle, die für eine bestimmte Frage beachtenswert und in der prozessualen Praxis fortwährend in Gebrauch sind.

Bei der Anwendung der gegenwärtigen EDV-Mittel tragen diese „Argumentationsblöcke" heutzutage das Risiko eines wahllosen Gebrauchs in sich, nämlich durch die mechanische Übertragung, durch routinemäßiges Kopieren eines Modells in Texte – Schriftstücke von Anwälten, Urteile, selbst notarielle Dokumente und so weiter –, die andersgelagerte Fälle behandeln, zu denen die beigebrachten Texte nicht passen. Im übrigen vermißt man, da die gesetzliche Lehre (Nr. 40) weder stets eindeutig noch stets zweckmäßig ist, eine offizielle Auswahl der Urteile nach Art neuer Digesten (Nr. 42).

---

[97] Vgl. § 31 Abs. 1 BVerfGG.

[98] Genauer: *Recopilación Privada del Derecho Privado Foral de Navarra*. Vgl. dazu *Juan García Granero* [u. a.], Recopilación Privada del Derecho Privado Foral de Navarra, col. Diputación Foral de Navarra, Pamplona 1967; *Javier Nanclares Valle*, Derecho Foral de Navarra. Derecho Privado (Recopilación Privada), Biblioteca de Derecho Foral XV, Diputación Foral de Navarra, Pamplona 1971.

[99] Genauer: *Compilación del Derecho civil foral de Navarra*, kurz: *Lex Navarra* vom 7. März 1973, geändert durch Gesetz des navarrischen Parlaments vom 1. April 1987, in: http://www.lexnavarra.navarra.es/detalle.asp?r=1277 [gelesen 10.05.2021]. Vgl. *Roldán Jimeno Aranguren*, Derecho civil navarro y Codificación general española, AHDE LXXXII (2012), S. 267–311.

Andere Rechtssammlungen sind reine Ansammlungen von Gesetzen oder ähnlichen Texten. Die sogenannten Gesetzessammlungen [*recopilaciones*] werden *Kompilationen* genannt, wenn ihr Inhalt in einer gewissen Ordnung thematisch aufbereitet ist; sie können sich zu einem einzigen Gesetz weiterentwickeln.

42. Einen anderen Charakter weisen die *Codices* auf, die nicht Sammlungen alter Vorschriften sind, sondern von Grund auf systematische Gesetzeskorpora. Deren Kriterien können zwar alt sein, stellen aber zum Zeitpunkt ihrer Entstehung einen Komplex neuer Normen dar, die aus der Klugheit des anonymen Gesetzgebers hervorgegangen sind, der sie als ein einziges Gesetz *promulgiert*.

Codex ist ursprünglich die Form eines Heftblocks – im Gegensatz zum *volumen*, der Buchrolle mit Kolumnen (Spalten). Die größere Handlichkeit des *Codex* führte dazu, daß er von der Kirche seit dem Ende des ersten Jahrhunderts übernommen wurde, und seit der Mitte des dritten Jahrhunderts wird er zur Neuauflage von Rechtstexten verwendet. Der erste amtliche römische *Codex* war der von Theodosius II. (im fünften Jahrhundert), der von den Kaisern erlassene Gesetze enthielt. Ein Jahrhundert später erschien der diesem ähnliche *Codex* des Justinian, der ein Teil des *Corpus Iuris* ist. Die Lehre dagegen wurde in den Digesten, in Reihen thematisch geordneter Fragmente verschiedener Autoren, zusammengestellt.[100]

Der aufgeklärte Rationalismus verwendete für die von den historischen Texten bereits losgelösten neuen Gesetzeskorpora die Bezeichnung *Codex* – als rein rationales systematisches Produkt.

Die 1793 in Preußen entstandene Kodifikationsbewegung[101] verbreitete sich vor allem mit dem napoleonischen Codex von 1804. Während Österreich dem Beispiel 1811 folgte, widerstand Deutschland der Kodifikation (bis 1900) und blieb bei der herkömmlichen Geltung des als *Pandektenrecht* aktualisierten römischen Rechts. In Spanien verzögerte das Fortbestehen der Eigenrechte (*forales*) die Kodifikation des Zivilrechts bis 1889, obwohl im 13. Jahrhundert eine Sammlung des spanischen Eigenrechts, *La Ley de Partidas*[102], erstellt wurde, das sich vom europäischen *gemeinen* Recht unterschied.

---

[100] Vgl. dazu etwa *Wolfgang Kaiser*, Art. Digesten/Überlieferungsgeschichte, in: Manfred Landfester (Hrsg.): Der Neue Pauly: Enzyklopädie der Antike, Bd. 13, Stuttgart 1999, Sp. 845–852, zit. nach https://freidok.uni-freiburg.de/fedora/objects/freidok:3246/datastreams/FILE1/content [gelesen 06.07.2020].
[101] Vgl. dazu etwa *Sylvia Busch*, Die Entstehung der Allgemeinen Gerichtsordnung für die Preußischen Staaten von 1793/95. Ein Beitrag zur Geschichte der Kodifikationsbewegung und der Reform des Zivilprozesses in Preußen im 18. Jahrhundert (= Rechtshistorische Reihe 194), Frankfurt/M. u. a. 1999.
[102] Auch *Las Siete Partidas* („Sieben-Teile-Codex"): unter *Alfons X.* entstandenes kastilisches Gesetzbuch (ursprünglich altspan.: *Livro de las Legies*) zur Vereinheitlichung der im Reich geltenden Normen. Vgl. *John J. Nitti/Juan C. Temprano*, Text and concordance of „Las siete partidas" de Alfonso X based on the edition of the Real Academia de la Historia, 1807, prepared by Jerry R. Craddock/John J. Nitti/Juan C. Temprano [11 Microfiches + Begleitheft], Madison 1990; *Patricia T. Ramos Anderson*, Las síete partidas, Título II, „de los casamientos" de Alfonso X, el Sabio. Edición crítica y exposicion analítica, Lewiston u. a. 2009; *Maria Scheppach*, Las Siete Partidas: Entstehungs- und Wirkungsgeschichte (= Reihe Rechtswissenschaft 107), Pfaffenweiler 1991.

43. Die neuen Zivilcodices – und später andere Formen des geschriebenen Rechts – sind unterteilt in *Bücher, Titel* und *Artikel*. Auch die neuen Gesetze weisen eine ähnliche Einteilung auf.

Liber (Buch) ist im Lateinischen die formale Einheit eines *volumen* (Bandes) und demnach die Hauptunterteilung eines *codex. Titulus* (Titel) ist der Name, der die Teile eines Codex oder eines *Buches* voneinander unterscheidet, so wie *caput* (Kapitel) das Rubrum (Kopfzeile) der Kolumnen eines *volumen* oder eines Teiles eines Titels ist. Von der formalen Bedeutung des *Titels* leitet sich jene ab, die dieses Wort als Synonym zu *causa* hat – zur Kennzeichnung eines im Prozeß verwendbaren rechtsbegründenden Textes.[103] Der *Artikel* diente zunächst zur Kennzeichnung theologischer Aussagen (wie bei den *Glaubensartikeln*), wurde aber schließlich zur Kennzeichnung von Rechtsvorschriften eines Codex im modernen Sinne verwendet.

44. Wie alle anderen Gesetze haben die Codices allgemeinen Charakter[104] und werden mit Ewigkeitsanspruch promulgiert. Die nicht allgemeinen Gesetze sind *Privilegien*.

Das Privileg wird gewährt, um bestimmte Personen zu begünstigen. Von alters her wurde das *privilegium odiosum*, also jenes Privileg, dessen Verleihung sich gegen bestimmte Personen richtete, als unzulässig erachtet, obwohl es (auch in jüngster Zeit) nicht an Ausnahmen fehlte.[105]

Das Privileg begründet ein Sonderrecht, aber es unterscheidet sich dadurch vom *Einzel(fall)recht* [*derecho singular*], daß es nicht wie dieses einen Rechtsgrund liefert, der die analoge Ausweitung rechtfertigen und gestatten würde[106], sondern es ist ein Gnadenerweis, selbst wenn damit auch bestimmte persönliche Verdienste belohnt werden können. Davon zu unterscheiden ist das *Benefizium*, eine rechtliche Dispens, die jede Person begünstigt, die sie erbittet, wenn sie die gesetzlich vorgesehenen Voraussetzungen erfüllt.

45. Die *Promulgation* des Gesetzes kann mit dessen *Veröffentlichung* zusammenfallen, bezieht sich aber in besonderer Weise auf den formellen Akt der Zustimmung [*aprobación*] durch das zuständige gesetzgebende Organ. Diese formelle Approbation tritt auch als *Sanktion* des Gesetzes in Erscheinung, obwohl sich „Sanktion" im landläufigen Sinne auf die für den Tatbestand des Verstoßes gegen eine Rechtsvorschrift vorgesehenen Wirkungen bezieht.

---

[103] Der römische Anwalt stützte sich bei seiner Klage auf den *titulus* des Rechtsbuches, der damit normative Grundlage der *causa* wurde. Vgl. ausführlicher d'Ors, Relectio de Causa (s. Anm. 40), S. 145–157 (147).

[104] Vgl. dazu etwa *Gregor Kirchhof*, Die Allgemeinheit des Gesetzes. Über einen notwendigen Garanten der Freiheit, der Gleichheit und der Demokratie (= Jus publicum, Bd. 184), Tübingen 2009.

[105] In Deutschland sind z. B. die Amtsenthebung des Bundespräsidenten (Art. 61 GG) und des Richters (Art. 98 Abs. 2 u. 5 GG) als *privilegia odiosa* anzusehen.

[106] In der Tat der entscheidende Unterschied zum *ius singulare*, den *Friedrich Carl v. Savigny*, System des heutigen Römischen Rechts, Bd. 1, Berlin 1840, S. 61, übersehen hat.

Obwohl die Aufhebung eines Gesetzes *Derogation* genannt wird, trifft dieser Begriff von seinem Ursprung her besser die teilweise Änderung gewisser Bestimmungen, und der Begriff *Abrogation* die vollständige Aufhebung. Die *rogatio* war im antiken Rom der Akt, durch den die Obrigkeit ein Gesetz vorschrieb, und *abrogieren* ist der des Widerrufs durch ein anderes, neues Gesetz. Obwohl in der religiösen Sprache *rogare* der Bedeutung von *supplicare* (kniefällig bitten) entspricht, zeigt sich in dem Verb *irrogar* [span.] der ursprünglich zwingende Charakter im Sinne von „Schaden verursachen" und besonders im Sinne von „Buße auferlegen".

Naturgemäß läßt das menschliche Gesetz nicht nur Ausnahmen bei dessen Anwendung zu, sondern kann auch per Formalakt, ähnlich dem seiner Promulgation, durch ein anderes Gesetz ersetzt werden, abgesehen davon, daß es ungebräuchlich werden kann.

46. Aufgrund des Rationalitätsanspruchs der Gesetze pflegen diese sich in einem Vorspann – der vormaligen „Ansprache" [*arenga*], später der „Gesetzesbegründung" [*exposición de motivos*] – zu rechtfertigen. Doch infolge der Gesetzesinflation verwandelten sich die Gesetze in nützliche Hilfsmittel, die nicht der ausdrücklichen Rechtfertigung bedurften und sogar mit der Ankündigung einer möglichen, vielleicht baldigen Reform veröffentlicht wurden. Das beraubte die Gesetze der Feierlichkeit und führte zu einer gewissen Nichtunterscheidung zwischen ihnen und anderen amtlichen Verfügungen der Regierung wie Dekreten, Anordnungen, Ministerialerlassen, Geschäftsordnungen und so weiter. Damit wird der Unterschied zwischen dem Akt der gesetzgebenden Gewalt und dem normativen Akt der Exekutivgewalt verwischt, bis diese schließlich ineinander verlaufen (Nr. 23).

Andersgeartet als dieser fortschreitende Verfall des rechtlichen Ranges der Gesetze ist der Umstand, daß von alters her deren Veröffentlichung manchmal einem didaktischen Zweck oder dem der Regierungspropaganda, mitunter auch einem ornamentalen Zweck diente.

Bedeutende Gesetzesmonumente der Geschichte zielten nicht zuerst auf deren Anwendung in den Gerichtsprozessen, sondern auf die Ausbildung der Richter in der juristischen Klugkeit. In diesem Sinne sprach man von „unterrichtenden" Gesetzen [*leyes „didascálicas"*]. Manchmal hatten die Gesetze oder einige ihrer Bestimmungen moralischen Charakter, um zu rechtschaffenem Verhalten zu ermahnen, oder sogar einschüchternden Charakter, um von schlechtem Verhalten abzubringen. Ebensohäufig kommt es vor, daß die Gesetzesform zu Propagandazwecken verwendet wird, um allgemeine Prinzipien einer politischen Ideologie darzulegen, ohne daß eine praktische Konsequenz beansprucht würde. Schließlich diente in der Antike die Zurschaustellung von Gesetzen, unabhängig davon, ob sie angewendet wurden oder nicht, zum Schmücken der öffentlichen Plätze der Stadt, denn der zur Schau gestellte Text mußte sich für eine Bevölkerung, die zum größten Teil aus Analphabeten bestand, als unverständlich herausstellen, wie es auch heute wegen des Fachchinesischen der Gesetze der Fall ist.

XV. Sollenscharakter des Gesetzes

47. Die Rechtskriterien stellen für ihre direkten Adressaten, den Richter und den Verwaltungsbeamten, *Imperative* dar. Indirekt gilt das auch für all die Personen, die in Kenntnis dieser Kriterien in einem realen Konflikt von ihnen betroffen sind. Doch hat dieses Imperativische nicht immer die gleiche Reichweite und Intensität.

Vor allem ist zwischen dem spezifisch *zwingenden* und dem *dispositiven* Recht zu unterscheiden, denn letzteres gibt den Beteiligten die Möglichkeit, für die gerichtliche Entscheidung über ihre eigenen Handlungen ein anderweitiges Kriterium aufzustellen. Tatsächlich gibt es Fälle, in denen die anzuwendende schriftliche Bestimmung den Vorbehalt ihrer Anwendung enthält, der auf die eine oder andere Weise sagt: „es sei denn, daß etwas anderes verfügt wurde".

Die *bürgerliche Freiheit* fordert mit dem Minimum gesetzlicher Einschränkung, die zum Schutz des Gemeinwohls notwendig ist, den weitestgehenden Raum für die verantwortungsbewußte Autonomie der Personen zum Ordnen ihrer eigenen rechtlichen Beziehungen. Man spricht in diesem Zusammenhang von der *Autonomie des Willens*; nicht in dem Sinne, daß das ganze Recht vom Willen der Individuen abhinge, sondern im eigentlicheren, rechtlichen Sinne, daß die Ordnung des Zivilrechts mit der Verantwortlichkeit der Personen rechnet, die es fortschreiben.

48. Das ganze Recht ist geschichtlich in dem Sinne, daß es zu einer bestimmten *Zeit* existiert. Es kommt immer von einer früheren Situation her, aber es wird immer konzipiert, um in der Zukunft angewandt zu werden, selbst wenn es dazu dient, Fälle der Vergangenheit zu lösen. Wird es als unangemessen erachtet, diese einem späteren Recht zu unterwerfen, spricht man von *Nichtrückwirkung*.[107] Das geschieht vor allem mit den Gesetzen, die Strafen für Delikte auferlegen, die vor diesen Gesetzen nicht als solche typisiert und sanktioniert worden sind.[108]

Für die Regelung der Anwendung von Rechtskriterien gibt es drei Haupttypen: Es kann eine Reihe von Rechtsvorschriften festgelegt werden, welche die Richter präzise anwenden müssen – das ist die *gebundene* Regelung [*régimen reglado*]; oder sie müssen ihnen als Orientierung für die Richtigkeit ihrer Urteile dienen – das ist die *Ermessens*regelung [*régimen discrecional*]; schließlich kann es eine Regelung ohne Rechtsvorschriften geben, welche die Richter entsprechend ihrem

---

[107] Gemeint ist die Nichtrückwirkung der *Lex posterior*.
[108] Das strafrechtliche Rückwirkungsverbot (vgl. Art. 103 Abs. 2 GG) wurde, zumal im Zusammenhang mit den Verbrechen im „Dritten Reich" und in der „DDR", teilweise durchbrochen; vgl. dazu grundsätzlich *Volker Krey*, Keine Strafe ohne Gesetz. Einführung in die Dogmengeschichte des Satzes „nullum crimen, nulla poena sine lege", Berlin/New York 1983; *Gerhard Dannecker*, Das intertemporale Strafrecht, Tübingen 1993. Zur völkerrechtlichen Problematik vgl. *Carl Schmitt*, Das internationalrechtliche Verbrechen des Angriffskrieges und der Grundsatz „Nullum crimen, nulla poena sine lege". Hrsg., mit Anmerkungen und einem Nachwort versehen von Helmut Quaritsch, Berlin 1994.

Gewissen aus eigenem Ermessen urteilen läßt, das gewöhnlich auf lehrmäßigen Kriterien beruht – das ist die *arbiträre* Regelung [*régimen arbitrario*].[109]

Das Adjektiv „arbiträr" ist umgangssprachlich gleichbedeutend mit „willkürlich" und folglich mit „ungerecht". Wie aber im Zusammenhang mit dem Schiedsverfahren gesagt (Nr. 24), müssen die Schiedsrichter gerechte Urteile fällen, auch wenn sie nicht zwingend an positive Vorschriften gehalten sind.

49. In Zusammenhang mit dem Unterschied zwischen der *gebundenen* und der *Ermessens*regelung des Gerichtswesens gibt es eine weitere Unterscheidung hinsichtlich des Sinnes der dem Richter sich bietenden Vorschrift, nämlich die Unterscheidung zwischen *Norm* und *Regel*. Der zweite Begriff hat einen anderen Sinn als den, der mit dem Adjektiv „gebunden/geregelt" [*reglado*] impliziert wird, ja sogar einen ihm entgegengesetzten. Tatsächlich ist *norma* [lat.] die Bezeichnung für das Winkelmaß, das zum Zeichnen von rechten Winkeln verwendet wird. Dagegen dient die *regula* [lat. für Richtscheit, Leiste, Lineal], dazu, gerade Linien zu ziehen. Während sich die Regeln also darauf beschränken, eine Richtung der Geradheit anzugeben, umfaßt die Norm eine kohärente Gesamtheit von Vorschriften, die nicht als Richtlinie dienen, sondern als Rahmen für die richterliche Klugheit.

Die Verallgemeinerung des Wortes „Norm" ist neuzeitlich; sie wurde von der deutschen Lehre eingeführt und setzt eine systematische, geschlossene Rechtsordnung wie die der *Codices* voraus. Hingegen besteht das kanonische Recht, das zum Ermessenssystem gehört, aus „Regeln" – *canones* sind das Äquivalent griechischen Ursprungs – und nicht aus „Normen". Gleichwohl paßte sich das kanonische Recht der zivilen Form der *Codices* an und verwendet heute das Wort „Norm".

XVI. Moralische Verbindlichkeit des Gesetzes

50. Der Sollenscharakter eines Gesetzes verdankt sich seiner imperativen Verbalform. Eine andere Frage ist die der *moralischen Verbindlichkeit* der Gesetze. Die Ethik bejaht die persönliche moralische Pflicht, die Gesetze zu befolgen. Dieses Prinzip muß angemessen erklärt werden.

Die erste Frage, die uns hier interessiert, ist die, wie eine in Gesetzesform veröffentlichte Rechtsvorschrift verpflichten kann, wenn die Person, die in einem Gerichtsprozeß von ihr betroffen ist, diese Vorschrift nicht gekannt oder, was auf das Gleiche hinausläuft, nicht verstanden hat (Nr. 46). In diesem Zusammenhang pflegt man zu sagen: *ignorantia iuris non excusat* – „Unkenntnis des Rechts befreit nicht (von seiner Befolgung)".[110] Damit ist

---

[109] Der Unterschied zwischen den letzteren beiden Regelungen besteht in der Reichweite des Ermessens: Während das *régimen discrecional* Anhaltspunkte im Gesetz vorsieht, an die sich das Ermessen zu halten hat, ist der Schiedsspruch im *régimen arbitrario* im Rahmen allgemeingültiger Rechtsgrundsätze gänzlich frei.

[110] Bisweilen auch *ignorantia legis non excusat* zitiert. Dieser Rechtsgrundsatz des röm. Rechts, im Volksmund auch übersetzt mit „Dummheit schützt vor Strafe nicht", kann, zumal

nicht gemeint – das ist klar –, daß es eine moralische Pflicht gäbe, alle Rechtsvorschriften zu kennen und zu verstehen, nicht einmal die gesetzlichen, denn es wäre unmöglich, eine derartige Pflicht zu erfüllen; sondern einfach, daß das Recht angewendet wird, selbst wenn die betroffenen Personen es nicht kennen, wie es am häufigsten der Fall sein wird. Die Unkenntnis der Fakten kann in Fällen guten Glaubens (Nr. 59) in ein Urteil einfließen, nicht aber die Unkenntnis des Rechts, das zwingendes Recht ist, auch wenn man es nicht kennt.

51. Doch dies zeigt schon, daß die moralische Verbindlichkeit nicht vom Sollenscharakter des Gesetzes abhängt. Tatsächlich kann der Wille eines Gesetzgebers die individuellen Gewissen nicht moralisch verpflichten, diese kann nur die persönlich angenommene moralische Regel verpflichten. Folglich verpflichtet das Gesetz selbst nicht moralisch, wenn es auch unabhängig davon angewandt wird, ob es von dem Gewissen des davon Betroffenen angenommen wird, oder nicht.

Diese moralische Unverbindlichkeit des Gesetzes widerspricht nicht der moralischen Pflicht, die konstituierte Gewalt zu achten, denn diese Achtung schließt nicht die Pflicht mit ein, alles von dieser konstituierten Gewalt Verfügte zu erfüllen. Es ist eine Sache, anzuerkennen, daß solche Gewalt befugt und verpflichtet ist, das gesellschaftliche Zusammenleben zu ordnen, und eine andere Sache, alle ihre Vorschriften anzunehmen und bereitwillig zu befolgen.

Es gibt jedoch eine moralische Pflicht, zu der für den gesellschaftlichen Frieden notwendigen Ordnung beizutragen, und in diesem Sinne kann sich die Ablehnung von Rechtsvorschriften, auch wenn diese selbst moralisch nicht bindend sind, als unklug erweisen, wenn keine moralischen Beweggründe vorliegen, die für eine derartige persönliche Ablehnung hinreichend von Gewicht sind.

Die alte Lehre besagte, daß die *ungerechten Gesetze* keine *Gesetze* seien und deshalb nicht verpflichteten. Tatsächlich aber erweist es sich heute als sehr schwierig, immer zu wissen, ob ein Gesetz ungerecht ist oder nicht. Die zunehmende fachsprachliche Ausdrucksweise der Gesetze hält einen davon ab, von ihrer eventuellen Ungerechtigkeit zu sprechen. Ergänzt wird diese problematische Lehre durch das Zugeständnis, daß etliche Gesetze, die bestimmte, nicht in intrinsischer Weise ungerechte Handlungen mit einer Strafe sanktionieren, im Gewissen nicht bindend gewesen sind. Aber auch das erweist sich in der Anwendung als schwierig, vor allem wenn der mehr oder weniger imperative ausdrückliche Wille des Gesetzgebers berücksichtigt wird. In Wirklichkeit kann diese Unverbindlichkeit des „lediglich strafenden Gesetzes" von allen Gesetzen behauptet werden. Das heißt, daß die Rechtsvorschriften nur aus Gründen der persönlichen Klugheit moralisch einzuhalten sind, nicht wegen des reinen Sollenscharakters des Gesetzes. Im übrigen konnten diese „lediglich strafenden" Gesetze, die im Gewissen nicht verpflichteten, dennoch zwingend angewandt werden.

---

im modernen Strafrecht mit seiner verbesserten, aber keinesfalls einheitlich vorgenommenen Unterscheidung von Vorsatz, Unrechtsbewußtsein, Schuld und Strafe, nur differenziert angewendet werden. Nach dt. Recht ist vor allem zu fragen, ob sich die Nichtkenntnis auf gesetzliche Tatbestandsmerkmale (§ 16 StGB) oder auf das Verbotensein einer Handlung bezieht (vgl. § 9 StGB[Ö]); im letzteren Fall wird zwischen vermeidbarer (§§ 17 S. 2, 49 Abs. 1 StGB) und unvermeidbarer (§§ 17 S. 1 StGB) Unkenntnis unterschieden; vgl. Art. 13 StGB(S).

Tatsächlich bedeutet die persönliche Ablehnung eines Gesetzes nicht, von der zwingenden Bindung an dasselbe befreit zu sein. Es kann allerdings der Fall eintreten, daß die Ablehnung auch dieser zwingenden Bindung gilt, wie es bei der sogenannten *Wehrdienstverweigerung aus Gewissensgründen* geschieht. In diesen Fällen kann der Gesetzgeber Formen der Ersatzleistung vorsehen. Wenn dem aber nicht so ist, kommt eine solche Ablehnung einem Bruch mit der Gemeinschaft gleich, die das Gesetz, gegen das Einspruch erhoben wird, für notwendig hält, mit dem daraus folgenden Verlust der von den Mitgliedern dieser Gemeinschaft festgelegten Rechte oder wenigstens jener, die mit der abgelehnten Rechtsstellung zusammenhängen.

XVII. Recht, Ethik und Moral

52. So muß also das Recht, damit es eine nicht durch schiere Nötigung gesetzlicher Imperative erzwungene Wirksamkeit entfalte, mit den Imperativen einer Ethik übereinstimmen, die von der auf Ordnung bedachten Gesellschaft und in besonderer Weise auch vom Gewissen des einzelnen bejaht wird.

Ethik ist die in der Gesellschaft geltende Ordnung redlichen Verhaltens. Sie unterscheidet sich von der Moral dadurch, daß letztere sich auf die individuell betrachteten Menschen bezieht. Das ethische Sollen ist gesellschaftlicher Art, während das moralische Sollen individueller Art ist.[111] Beide erlegen dem Gewissen von Personen Pflichten auf; aber es kann zwischen der Ethik und der Moral manche Divergenz geben, wenn die Ordnung des persönlichen Gewissens von der gesellschaftlich akzeptierten Sittlichkeit abweicht, wie es im Falle der Wehrdienstverweigerung aus Gewissensgründen geschieht, worauf in Nr. 51 hingewiesen worden ist. Aber der wesentliche Unterschied besteht darin, daß die Ethik, insofern sie Grundlage der Rechtsordnung ist, zur Zwangsauferlegung einiger bestimmter Pflichten führt, das heißt zur gerichtlichen Überprüfung ihrer Zweckmäßigkeit, während die moralischen Gebote nicht über das Gewissen hinausgehen, das individueller Art ist.

Durch die Ethik wird die rechtliche Ordnung in die Sittlichkeit eingebunden, auch wenn sie immer auf das für das Gemeinwohl notwendige Mindestmaß reduziert ist.

Innerhalb dieses Bereiches kann die Rechtsordnung einige ethische Vorschriften von größerer Schwere als für das Zusammenleben der Gruppe unumgänglich hervorheben; dann spricht man in einem speziellen Sinne von *öffentlicher Ordnung*.

Diese Bedeutung von *öffentlicher Ordnung* im fundamentalethischen Sinne ist nicht zu verwechseln mit dem Frieden des öffentlichen Raumes, dessen Schutz der Politik anvertraut ist

---

[111] *D'Ors'* Unterscheidung ist freilich nicht allgemeingültig, auch nicht unter Vertretern des Naturrechts. Ebenso ist es möglich, zwischen Sozial- und Individualethik zu unterscheiden und das Verhältnis von Ethik und Moral als das von Theorie und Praxis zu beschreiben. Vgl. *Arthur F. Utz*, Sozialethik mit internationaler Bibliographie, I. Teil: Die Prinzipien der Gesellschaftslehre (= Sammlung Politeia, Bd. X/1), 2., unveränderte Aufl., Heidelberg/Löwen 1964, S. 86f.; III. Teil: Die soziale Ordnung (= Sammlung Politeia X/3), Bonn 1986, S. 14f.

(Nr. 120). Im technischen Sinne ist der *Vorbehalt des Ordre public* eine Einschränkung der Anwendung ausländischen Rechts gemäß den Regeln des Internationalen Privatrechts. So ist zum Beispiel in Spanien die Polygamie[112] trotz der gegenwärtigen Nichtkonfessionalität des Staates aufgrund dieser ethischen Ausnahme von den Richtern nicht zugelassen.[113]

Gerade durch diese juristische Einfügung der Ethik erlegen Rechtssätze immer Pflichten auf. Wir sprechen deshalb von „Rechten", weil wir die gesellschaftliche Beanspruchbarkeit derartiger Pflichten (Nr. 10) betonen. Die gesellschaftlich beanspruchbaren Pflichten, auf die sich die Rechtsordnung bezieht, bestehen in *Leistungen*, die jede Person anderen Personen gemäß den konkreten Beziehungen, die sie verbinden, erbringen muß (Nr. 12).

Die Lehre unterscheidet zwischen *dinglichen* Rechten an Sachen und *persönlichen* Rechten, bei denen es um Leistungen geht, die von der Person des Schuldners gefordert werden können.[114] Diese Unterscheidung entbehrt nicht einer gewissen systematischen Nützlichkeit und hat auch praktische Auswirkungen im Zusammenhang mit der Öffentlichkeit (Nr. 73). Aber man sollte nicht vergessen, daß letztlich die Person, gegen die eine dingliche Klage, zum Beispiel eine Eigentumsklage, betrieben wird, eine Person ist, die *verpflichtet* ist, die rechtliche Bevorzugung hinsichtlich einer Sache zu respektieren, die sie unrechtmäßigerweise zurückbehält oder deren rechtmäßige Zurückbehaltung sie stört. Die Sachen selbst können nicht als Konfliktparteien in die Prozesse eingreifen, sondern nur die Personen. In diesem Sinne sind die sogenannten *dinglichen* Rechte nicht mehr als Vorteile, die andere Personen respektieren müssen. Und so besteht letztlich jedes Recht in der Verpflichtung, sich richtig zu verhalten. Das ist es, was wir *Leistungen* nennen können, wobei zu beachten ist, daß die Inhaber dieser *dinglichen* Vorteile verpflichtet sind, dem Gemeinwohl mit der Nutzung der Sachen zu dienen, um die sich diese Vorteile drehen.[115] In diesem Sinne implizieren alle rechtlichen Vorteile oder *Rechte* ihrerseits eine Verpflichtung zum Dienst an anderen.

---

[112] Gemeint ist die nach nichteuropäischem Recht zulässige Vielehe, etwa in Form der Polygynie in allen islamischen Ländern außer Tunesien und der Türkei sowie (seit 2014) in Kenia; vgl. dazu etwa Julia Koch, Die Anwendung islamischen Scheidungs- und Scheidungsfolgenrechts im Internationalen Privatrecht der EU-Mitgliedstaaten. Eine rechtsvergleichende Analyse unter besonderer Berücksichtigung des nationalen und europäischen ordre public (= Berliner Schriften zum internationalen und ausländischen Privatrecht, Bd. 7), Frankfurt am Main [u. a.] 2012. Zum Ordre-public-Vorbehalt allgemein vgl. *Andreas Spickhoff*, Der Ordre public im internationalen Privatrecht: Entwicklung – Struktur – Konkretisierung (= Arbeiten zur Rechtsvergleichung, Bd. 143), Neuwied/Frankfurt am Main 1989; *Philia Georganti*, Die Zukunft des ordre-public-Vorbehalts im europäischen Zivilprozessrecht (= Münchner juristische Beiträge, Bd. 57), München 2006.

[113] Das Verbot der Polygamie gilt auch in Deutschland, wird aber durch eine fragwürdige Judikatur durchlöchert; vgl. *Wolfgang Hariolf Spindler*, Staat ohne Gott? Über die weltanschaulichen Voraussetzungen des „weltanschaulich neutralen" Staates, in: ZfL 28 (2019), S. 17–21 (19).

[114] Vgl. Anm. 28.

[115] Vgl. Art. 14 Abs. 2 GG: Eigentum verpflichtet. Sein Gebrauch soll zugleich dem Wohle der Allgemeinheit dienen.

Tatsächlich muß sich die Ausübung der rechtlichen Vorteile immer nach den Regeln der geltenden Ethik richten; deshalb kann sie sich als mißbräuchlich erweisen, wenn sie eine andere Person mehr benachteiligt, als sie diejenige begünstigt, der ein Vorteil zukommt. Man spricht dann von *Rechtsmißbrauch*, und die Richter können ihn beanstanden, womit dann der Vorteil aufhört, zulässig ausgeübt zu sein (Nr. 12).

Ein Rechtsmißbrauch liegt zum Beispiel bei einer Ausübung vor, der ein vernünftiges Interesse dessen, dem der rechtliche Vorteil zukommt, fehlt und die nur auf persönliche Berühmung[116] [*jactancia*] zurückzuführen ist; in diesen Fällen spricht man von „Akten der Rivalität [*emulación*][117]".

53. So kann also das aus *Leistungspflichten* bestehende Recht nicht von den *Tugenden*, dem Hauptinhalt nicht nur der Moral, sondern auch der Ethik, getrennt werden.

Der strikt personale und moralische Begriff „Tugend" wird heute häufig durch den Begriff des „Wertes" [*valor*][118] ersetzt, der, abgesehen von seiner Bedeutung als Synonym für die Tugend der Stärke (wie in dem Sprichwort: „der Soldat [ist] der Mut, den er haben soll [*el soldado el valor se le supone*]"), sich gewöhnlich auf den Preis bezieht, mit dem Sachen taxiert werden können. Es handelt sich also um eine Ersetzung der Moral durch die Ökonomie, der Stabilität der Moral durch die ständige Schwankung der Ökonomie (wie an der *Börse*). Der Ausdruck „moralische Werte", mit dem versucht wird, diese Vertauschung zu verbergen, ist in sich widersprüchlich und stiftet Verwirrung; und „Wertehierarchie" ist eine metaphorische Art und Weise, auf die *Tugenden* in der *Ordnung der Güter* anzuspielen.[119]

Die beiden Tugenden, die dem Recht eigentlich vorgehen, sind die Gerechtigkeit und die Klugheit; Tugenden, deren Tragweite über das Recht hinausgeht.

Die *Gerechtigkeit* ist eine Kardinaltugend, die definiert wird als „beständiger und dauernder Wille, jedem das Seine zukommen zu lassen": *beständig*, weil er sich in vergleichbaren Fällen übereinstimmend verhält, und *dauernd*, weil er sich im Laufe der Zeit nicht ändert; gleichwohl berücksichtigt er immer das, was vernünftigerweise ungleich ist.

Bei dem *Willen* handelt es sich um den Willen dessen, der – wie es in Gerichtsurteilen geschieht – über die Rechtsstreitigkeiten entscheidet: immer konkret über die *Fälle* des Rechts, aber auch darauf bedacht, daß jede Person ihre Pflichten korrekt erfüllt – das ist die *retributive* Gerechtigkeit – und daß die Pflichten

---

[116] Die Berühmung, sprich: die unberechtigte Behauptung, Inhaber eines bestimmten Rechts, etwa eines Patents oder Urheberrechts, zu sein, löst, auch wenn sie schuldlos erfolgt, regelmäßig einen Unterlassungsanspruch aus.
[117] Von lat. *aemulatio*: Streben, es einem anderen gleichzutun; Wetteifer; Eifersucht.
[118] Vom lat. *valor*: Wert, Geltung; ursprünglich: der Furchtlose, Tapfere.
[119] Zur Kritik von *Carl Schmitt* und *Hans Barion* an der ursprünglich neukantianischen, bis in die kirchliche Sozialverkündigung vorgedrungenen Wertphilosophie vgl. m. w. N. *Wolfgang Spindler*, „Humanistisches Appeasement"? Hans Barions Kritik an der Staats- und Sozialllehre des Zweiten Vatikanischen Konzils, Berlin 2011, S. 245 f.

zur Aufrechterhaltung und zum Schutz des *Gemeinwohls* korrekt verteilt sind – das ist die für den Gesetzgeber oder den Regierenden einschlägige *distributive* Gerechtigkeit.[120]

Gemeinwohl ist ein abstrakter und unbestimmter Begriff, der aber als Leitfaden und Maß für jede juristische oder soziale Aktivität dienen muß. Er darf nicht mit dem *öffentlichen Interesse* verwechselt werden, das dem *privaten Interesse* zuwiderlaufen kann, während das *Gemeinwohl* immer auch ein „privates" Gut ist, und umgekehrt.

In einem nichtjuridischen Sinne ist die Gerechtigkeit die Tugend des korrekten Willens, angefangen mit der Beziehung zu Gott; deshalb entspricht *iustitia* im biblischen Latein der *Heiligkeit*.

Iustitia kommt von *iustum* (wie *stultitia* von *stultus*[121]), fällt aber zusammen mit dem Kompositum *ius-(s)titium*, welches den „Rücktritt des *ius*" (an Tagen, an denen Prozesse eingestellt werden), das heißt Frieden bedeutet; in diesem Sinne ist die Gerechtigkeit die Tugend des Friedens.

54. Jedem das Seine zukommen zu lassen ist also nur möglich, wenn der Richter weiß, was in dem betreffenden Fall gerecht ist, und das hängt von seiner *Klugheit* [*prudencia*] ab. Im allgemeinen besteht diese Kardinaltugend darin zu wissen, was zu tun, was angemessen oder was unangemessen ist. Das Rechtsstudium richtet die persönliche Bildung auf die Klugheit des Rechts, die *iuris-prudentia*, aus, denn die Tugend der Gerechtigkeit kann nicht separat erlernt werden, sondern als Ergänzung der Klugheit. Die Gerechtigkeit ist eine Willenstugend, während die Klugheit auf den Intellekt ausgerichtet ist; und das Verstehen geht dem rationalen Streben voraus.

Da die Klugheit die Tugend ist zu wissen, was man tut oder nicht tut, ist es offensichtlich, daß sie sich immer auf wirklich konkrete Fälle bezieht oder zumindest auf Fälle, die durch ein Gesetz oder eine lehrhafte Regel typisiert sind. In diesem Sinne folgt auch das kasuistische Fundament des Rechts aus der Rechtsklugheit, das heißt aus der *Jurisprudenz*. Und obwohl dieser Begriff vorwiegend verwendet wird, um sich auf die Lehrmeinung der Obergerichte zu beziehen, muß jedes juristische Wissen als *Rechtsklugheit* gelten. Die Klugheit der Beurteilung, sei es des Richters, der das Urteil spricht, sei es irgendeines Juristen, der ein Gutachten erstellt, ist, anders als die Klugheit des Regierenden aufgrund seiner Gewalt, eine Klugheit aufgrund von Autorität. Die fehlende Unterscheidung der beiden Arten von Klugheit führt zu einer Verwechslung von Autorität und Macht (Nr. 99).

Eine kluge Lösung muß die logische Argumentation klarer rechtlicher Begriffe mit der Notwendigkeit kombinieren, eine praktische Lösung zu finden, die möglichst unkompliziert ist. Diese selektive konzeptuelle Nüchternheit mit praktischen Zwecken nennt man *juristische Eleganz* (*elegantia iuris*[122]).

---

[120] Von lat. *retribuo* (zurückgeben, erstatten, zuweisen) bzw. *distribuo* (verteilen, zuteilen).
[121] Lat. für Torheit bzw. töricht.
[122] Das auf *Celsus* und *Ulpian* zurückgehende Verständnis des Rechts als einer *ars boni et aequi* ist keineswegs ästhetischer Natur. Im Kern geht es darum, ein bestandsfähiges, weil fair zustande gekommenes, akkurates und ausgeglichenes Urteil zu fällen. Vgl. dazu *Luiz Fabiano*

55. Die Klugheit ist für die Gerechtigkeit auch deshalb unerläßlich, weil von der Klugheit die *Sicherheit* [*Seguridad*] abhängt, die das Recht verlangt.

Zuerst sorgt Rechtssicherheit schon für die *Form* vieler Verfahren, nicht nur des Rechtsgangs und des Verwaltungsverfahrens, sondern auch des die Rechtsbeziehungen begründenden privaten Willens.

Das Erfordernis bestimmter Formen ersetzt häufig die kausale Rationalität der Beziehungen, das heißt die *Ursache* derselben (Nr. 19). Es handelt sich nicht um einen archaischen und überwindbaren Formalismus, sondern um etwas für die Rechtssicherheit Notwendiges. Der persönliche Wille ist etwas Innerliches, das durch Erklärungen geäußert werden muß. Aber seine Gewißheit [*certeza*] wird besser durch die Konkretheit der angewandten Form sichergestellt. Daraus folgt, daß das Recht nicht auf Formen verzichten kann, von denen die Rechtssicherheit abhängt.

Andererseits verlangt die Sicherheit auch eine vorhersehbare *Gewißheit* bezüglich des Kriteriums und seiner Anwendung. Davon zu unterscheiden ist die Gewißheit des Gegenstands, der nicht der Unklarheit [*incertidumbre*], sondern der Unbestimmtheit [*indeterminación*] eines Rechtsinhalts entgegengesetzt ist. Tatsächlich fehlt es dem Recht an Wirksamkeit, wenn ihm die Gewißheit hinsichtlich seiner ordentlichen Durchsetzung fehlt, denn dann dient es nicht dazu, eine Ordnung friedlichen Zusammenlebens zu begründen. Deshalb gibt es bei der Durchsetzung des Rechts Momente, in denen von der blanken Offensichtlichkeit des Wirklichen abgesehen werden muß, um die Unsicherheit der Unklarheit zu vermeiden. So muß zum Beispiel der einfache *Besitz*, die tatsächliche Sachherrschaft (Nrn. 74f.), geschützt werden, solange nicht seine Unrechtmäßigkeit bewiesen ist, und das Ausbleiben einer Geltendmachung während einer gesetzlich festgelegten Zeit verhindert eine spätere Geltendmachung (Nr. 74).

Dieser gesetzliche Ausschluß eines Rechts, weil eine Frist abgelaufen ist, ohne daß es wahrgenommen wurde, wird *Verjährung* [*prescripción*] genannt. Um etwas Ähnliches handelt es sich bei der *Verwirkung* [*caducidad*] der nicht innerhalb einer bestimmten Frist eingereichten Klage. Der Unterschied besteht darin, daß die Frist der Verwirkung, die aus eigener Kraft (*ipso iure*) gilt, kurz ist und nur durch gerichtliche Geltendmachung unterbrochen werden kann, während die Verjährungsfrist, die eigens geltend gemacht sein muß (*ope exceptionis*), auf außergerichtlichem Weg unterbrochen werden kann (Nr. 74).[123] Die Unterscheidung rechtlicher Wirkungen *ipso iure* und *ope exceptionis* stammt aus der römischen Dualität

---

Corrêa, The elegant but indefinable legal art, in: Fundamina. A journal of legal history 19/2 (2013), S. 212–220, 212f.; *Hans Ankum*, Elegantia iuris, AÜHFD 28/1 (1971), S. 341–353.

[123] Von einzelnen prozessualen Unterschieden zum span. Recht abgesehen, berührt auch nach der Konzeption des dt. bürgerlichen Rechts die Einrede der Verjährung den anspruchsbegründenden Tatbestand und damit das Bestehen des Rechts des Gläubigers nicht. Ihr Eintritt verschafft dem Schuldner lediglich ein Gegenrecht, nämlich die Befugnis, die geschuldete Leistung zu verweigern (vgl. § 214 Abs. 1 BGB). Um diese Befugnis zu erhalten, muß der Schuldner die Einrede der Verjährung – in irgendeiner Form oder Ausdrucksweise (vgl. BGHZ 156, 269, 271) – auch tatsächlich erheben. Der Einwand der Verwirkung des Gläubigeranspruchs, die von Amts wegen zu prüfen ist, impliziert keineswegs schon die Verjährungseinrede.

von zivilem und prätorischem Recht;[124] die *exceptio*[125], welche die zivilrechtliche Wirkung veränderte, mußte von der daran interessierten Person vorgebracht werden.

Ebenso muß bei der Gerichtsentscheidung schon die unkluge Verzögerung als ungerecht betrachtet werden – trotz des möglichen Wunsches, das Nachdenken über die Argumente der Justiz bis zum Letzten auszuschöpfen. Mehr noch: Wie von den Verantwortlichen der gesellschaftlichen Regierung zuerst ihre Entscheidungsfähigkeit verlangt wird, so auch von den Richtern. Das Urteil ist ein Verstandesakt, aber es setzt den Willen zur Entscheidung voraus.

Andererseits hängt die Rechtssicherheit zum großen Teil von der Beständigkeit der rechtlichen Entscheidungskriterien ab. In diesem Sinne ist es offensichtlich, daß die Kriterien des öffentlichen Rechts, die für die Veränderungen der Ethik empfindlicher sind, sich als weniger beständig erweisen als die des Privatrechts. So kann ein Zivilgesetzbuch eine Geltungsdauer von vielen Jahren, ja von Jahrhunderten haben, während die Verfassungsgesetze sowie ihre Auslegung rasch aufeinanderfolgen (Nr. 112). Auch deshalb ist das öffentliche Recht weniger *Recht* als das Privatrecht.

56. Schließlich verlangt die Rechtssicherheit, daß die Gerichtsentscheidungen nur in definierter Weise revisionsfähig sind. Ein Gesetz ist immer widerrufbar, aber bei einem rechtskräftigen Urteil gilt dies nicht in undefinierter Weise. Es entspricht einem menschlichen Gefühl, sich nicht mit einer ersten ungünstigen Gerichtsentscheidung abzufinden. Daher gibt es im allgemeinen die Möglichkeit der *Berufung* an ein höheres Gericht, aber nicht über das höchste Gericht, den Obersten Gerichtshof, hinaus, dessen Urteile nicht mehr berufungsfähig sind. Falls es ein *Verfassungsgericht* gibt, an das man sich mit einer *Verfassungsbeschwerde* wenden kann, ist dies die letzte Instanz.

Obwohl ein *Verfassungsgericht* im Prinzip nur eingreifen sollte, um die Verfassungsmäßigkeit der von der *gesetzgebenden Gewalt* erlassenen Gesetze zu überprüfen, kann dieses Gericht, wenn es die *Verfassungsbeschwerde* zuläßt, die Urteile des Obersten Gerichtshofs aufheben. Ebenso kann es irgendeinen Rechtsakt der Verwaltung und der Exekutive für nichtig erklären.[126] Da aber die Richter des Verfassungsgerichts Repräsentanten der politischen Gruppie-

---

[124] Das in republikanischer Zeit entstandene prätorische Recht (*ius praetorium*), das auf den regelmäßigen Edikten (*edicta magistratuum*) der für das Gerichtswesen zuständigen Prätoren beruhte, betraf vor allem die (Handels-)Rechtsstreitigkeiten zwischen Römern und Nichtrömern, während das *ius civile* nur auf röm. Bürger Anwendung fand.
[125] Lat. für Ausnahme.
[126] Gemeint ist hier mit „Verfassungsbeschwerde" eine Klage vor dem Verfassungsgericht allgemein. Im spezifischen Sinne richten sich solche Klagen naturgemäß nach nationalem Recht. So kennt etwa das dt. Recht verschiedene Klagearten: neben der Verfassungsbeschwerde i. e. S. wegen individueller Verletzung von Grundrechten oder grundrechtsgleichen Rechten nach Art. 93 Abs. 1 Nr. 4a, 94 Abs. 2 S. 2 GG, aber teils auch auf Länderebene, v. a. das Organstreitverfahren (Art. 93 Abs. 1 Nr. 1 GG, §§ 13 Nr. 5, 63 ff. BVerfGG), die abstrakte Normenkontrolle (Art. 93 Abs. 1 Nr. 2 und 2a GG, §§ 76 ff. BVerfGG), die konkrete Normenkontrolle (Art. 100 Abs. 1 GG, §§ 80 ff. BVerfGG), den Bund-Länder-Streit (Art. 93 Abs. 1 Nr. 3 GG, §§ 68 ff. BVerfGG) und das Parteiverbotsverfahren (Art. 21 Abs. 2 GG, §§ 43 ff. BVerfGG).

rungen sind, wird der eigentlichen Unabhängigkeit der Richter eine letzte „politische" Instanz übergeordnet. Mit dieser Prolongierung der Gerichtsentscheidung entsteht eine gegenüber allen anderen Entscheidungsorganen des Staates „souveräne" Instanz; folglich wird durch die mögliche Abweichung ihrer Kriterien von denen der eigentlichen Richter die Rechtssicherheit in Mitleidenschaft gezogen.[127]

XVIII. Billigkeit, Auslegung, guter Glaube

57. Der Gerechtigkeit ähnlich ist die *Billigkeit* [*Equidad*], die in der klugen Durchsetzung der Gerechtigkeit durch das Überschreiten des Rigorismus positiven Rechts besteht.

Die bürgerlich-rechtliche Billigkeit steht dem Sinn und Zweck der Rechtssätze eigentlich nicht entgegen, sondern besteht in deren gut auf den konkreten Fall ausgerichteten Anwendung. Da das Gesetz allgemein formuliert ist, verlangt dessen Anwendung auf einen konkreten Fall eine Anpassung.

Zuweilen kann die Billigkeit darin bestehen, die rechtlichen Leerstellen, die sogenannten *Gesetzeslücken*, mittels *Analogie* zu schließen und die Entscheidung von Fällen logischer Perplexität nicht zu unterlassen (Nr. 54).

Durch die Billigkeit schafft der Richter ein dem Gesetzesrecht komplementäres, aber niemals entgegengesetztes Recht.

Für die Römer stimmen die *aequitas* und die *iustitia* darin überein, nicht gesatztes Recht zu sein. Tatsächlich erscheint das Adjektiv *aequum* in den römischen Rechtsbüchern anstelle von *iustum*, das sehr selten gebraucht wird. Es war die Kirche, die, da sie ein gesatztes Recht hat, den griechischen Begriff „Epikie" als Billigkeit verbreitete, welche die Gesetzesstrenge durchbricht, nämlich die *aequitas canonica*. Aufgrund dieses Kriteriums reicht das durch die Billigkeit eingeräumte Ermessen (Nr. 48) der kirchlichen Richter viel weiter als die Gerechtigkeit der weltlichen Richter. Die Billigkeit als Deckmantel heranzuziehen, um der geradlinigen Anwendung des Rechts auszuweichen, war jedoch ein jahrhundertealter Brauch der Anwaltsrhetorik.

58. Die richterliche Billigkeit in diesem Sinne der Überschreitung des Rechtssatzes, um so zu einer größeren Gerechtigkeit zu gelangen, darf nicht mit der Gesetzes*auslegung* verwechselt werden. Die *Auslegung* [*interpretación*] ist diejenige intellektuelle Tätigkeit, die eine rationale Äußerung durch Verständlichkeit ergänzt.

---

[127] Die Kritik an der „Politisierung" des Rechts durch Verfassungsgerichte, vor allem das BVerfG, teilt *d'Ors* mit *Schmitt*, *Forsthoff* und anderen; vgl. Briefwechsel Ernst Forsthoff/Carl Schmitt (1926–1974). Hrsg. von *Dorothee Mußgnug*, *Reinhard Mußgnug* und *Angela Reinthal* in Zusammenarbeit mit *Gerd Giesler* und *Jürgen Tröger*, Berlin 2007, Briefe Nrn. 98, 99, 100, 105, 113, 171 u. ö.; *Florian Meinel*, Der Jurist in der industriellen Gesellschaft. Ernst Forsthoff und seine Zeit, 2. Aufl., Berlin 2012, S. 370 ff. Ihr *fundamentum in re* findet sie in der regelmäßig nach Parteienproporz, weniger nach (verfassungs)rechtlicher Fachkompetenz und Erfahrung gerichteten Zusammensetzung der Verfassungsrichter. Das zeigt sich etwa in Deutschland daran, daß die Richter des BVerfG „je zur Hälfte vom Bundestage und vom Bundesrate gewählt" werden, Art. 94 Abs. 1 S. 2 GG; vgl. im einzelnen §§ 2–11 BVerfGG.

Das Gesetz muß, wie jeder Text, ausgelegt werden. Diese Auslegung kann wörtlich sein, das heißt unter Berücksichtigung der geläufigen Bedeutung der Wörter, oder sie kann versuchen, den Sinn des Willens des Erklärenden – des Gesetzgebers[128] oder des Verfassers eines Dokuments – zu erfassen, obgleich sie niemals von der wahren Bedeutung des Textes losgelöst werden kann. Dagegen versucht die Billigkeit, eine Lösung des Falles zu finden, wenn sich die Vorschrift wegen ihrer Allgemeinheit als unzureichend erweist.

Die Auslegung des Gesetzes ähnelt der des Testamentes oder anderer Erklärungen von verstorbenen Personen und erweist sich in diesen Fällen als notwendiger als bei anderen Erklärungen, weil der Verfasser der Erklärung sie nicht mehr selbst erläutern kann. Wenn jedoch nicht die Person, die den Text verfaßt hat, sondern das Organ, welches das Gesetz erlassen hat, eine Erläuterung desselben abgibt, spricht man von einer *authentischen* Auslegung. Die Identität des Verfassers ist dann nicht personengebunden, sondern die des Organs, welches das Gesetz erlassen hat.

59. Ebenso muß die Billigkeit vom *guten Glauben* unterschieden werden, denn dieser ist nicht eine Haltung des Richters, sondern der Personen, die an einer Rechtshandlung mitwirken.

> Von einem Richter „guten Glaubens" [*buena fe*] zu sprechen wäre ebensowenig sinnvoll wie die Rede von einem „gerechten" Vertragspartner; auch ist die Gerechtigkeit [*justicia*] des ersteren *gerichtlich* [*judicial*], die des letzteren hingegen *retributiv*[129].

Der *Glaube* (lat. *fides*) bezeichnet die Treue zwischen Personen, das heißt die Tugend, in einer konkreten persönlichen Beziehung verantwortlich zu sein.

> *Treue* [*lealtad*] ist nicht genau das Gleiche wie *Glaube* [*fidelidad*].[130] Dieser besteht in der Erfüllung einer (Dienst-)Leistung, die in verantwortungsvoller Weise dem versprochen wurde, der sie im Vertrauen auf das Wort dessen, der sie anbietet, empfängt. Von daher kommt die religiöse *fides* bezüglich des Wortes Gottes. Die *Treue* dagegen bezieht sich auf die Erfüllung des zwischen Personen Vereinbarten, die – als Gleichgestellte – ein „privates Gesetz" beschließen.[131]

Das Adjektiv „gut" scheint dieser Verantwortlichkeit aus Treue nichts hinzuzufügen. Aber im Recht spricht man immer vom „guten Glauben", denn es handelt sich um ein Modell klugen Gebarens – um einen rechtlichen „Standard" –, wie

---

[128] Wie sich kollektiv oder zumindest von einer Mehrheit geteilte Absichten den sog. Gesetzesmaterialien entnehmen lassen, stellt *Markus Sehl*, Was will der Gesetzgeber?, Baden-Baden 2019, dar. Allgemeiner zu den Auslegungsmethoden *Thomas Möllers*, Juristische Methodenlehre, München 2020.

[129] Vgl. Anm. 120.

[130] Im Deutschen können beide Begriffe mit *Treue* übersetzt werden. Feststehend ist das Begriffspaar *lealtad y buena fe*, das unserem Kompositum *Treu und Glauben* (§§ 242, 157 BGB, Art. 2 Abs. 1 ZGB) entspricht. Ähnlich spricht § 914 ABGB von der „Übung des redlichen Verkehrs".

[131] Folgt man dieser spitzfindigen, im Deutschen so nicht wiederzugebenden Unterscheidung, geht es bei der *lealtad* eher um „horizontale" Treue gegenüber der interpersonalen Vereinbarung, während die *fidelidad* die „vertikale" Bindung an das gegebene Wort, analog zum religiösen Glauben, betont.

auch „guter Mann" (lat. *bonus vir*) ein Modell ist: nicht des Gebarens wie jenes, aber eines der klugen Gerechtigkeit, wie es die eines Schiedsrichters sein muß.

Das Wort *Treue* bezieht sich auf das von den Vertragspartnern geschlossene Abkommen, so wie sich die *Legalität* auf das öffentliche Gesetz bezieht und die *Legitimität* auf das natürliche Gesetz.

Im Lateinischen wird nur *legitimus* verwendet, und zwar im modernen Sinn der Legalität. Wie *iustus* dem *ius* entspricht, so entspricht *legitimus* der *lex*. Die *fides* ihrerseits spielt eine Rolle als redliches Verhalten in vielen Rechtsbeziehungen, aber die *bona fides* nur bei wechselseitigen persönlichen Pflichten aus dem *contractus*. Alle vertraglichen oder vertragsähnlichen Pflichten bestehen „gutgläubig"; nur sie, nicht die einseitigen Pflichten. Heute ergehen jedoch alle Rechtshandlungen „gutgläubig".

Obwohl der *gute Glaube* mit dem Sinngehalt von Vertragstreue aufkam, so wie der Kaufvertrag als *causa* für den Erwerb oder die Ersitzung zu dienen pflegte (Nr. 55), wurde die *bona fides* für *gutgläubigen Besitz* erachtet, als Voraussetzung für so einen Erwerb. Daher kommt es, daß *guter Glaube* allgemein die Bedeutung von gutem Gewissen in der Hinsicht erlangte, daß ein fremder rechtlicher Vorteil, und zwar nicht nur der des Vertragspartners, nicht beeinträchtigt werde.

XIX. Untreue und Unerlaubtheit

60. Der Mangel an Treue ist bereits ein der *retributiven* Gerechtigkeit widersprechendes Verhalten. Die Ungerechtigkeit der *Untreue* [*deslealtad*] kann verschiedene Grade aufweisen: Sie kann in einer Täuschung bestehen – im Recht wird das als *Vorsatz* [*dolo*] bezeichnet (*dolus malus* bei den Römern[132]) –, im fahrlässigen Versäumen dessen, was größerer Obsorge bedarf (die *culpa*[133]), oder im Umgehen einer gesetzlichen oder vertraglichen Pflicht, ohne der Ordnung offen zuwiderzuhandeln, was als *Betrug* [*fraude*] gilt (*fraus* bei den Römern).

Wer es also ablehnt, die Schulden zu begleichen, oder sich absichtlich in die Lage versetzt, daß ihm dies unmöglich ist, handelt mit Vorsatz. Derjenige, der sich bei der Bezahlung verspätet, gerät in schuldhaften *Verzug*. Wer der Geltendmachung einer Schuld ausweicht, damit sie verfalle oder kraft Gesetzes wegen Zeitablaufs verjähre (Nr. 55), begeht *Betrug*.

Die deutlichste Form von Ungerechtigkeit mangels Treue ist die Lüge. Die Lüge besteht in fehlender *Wahrhaftigkeit* mit der Absicht, eine andere Person zu betrügen. Die Wahrhaftigkeitspflicht ist naturrechtlicher Art[134] – achtes

---

[132] Lat. für schlechter Vorsatz, d. h. Übervorteilung nicht nur durch bessere Geschäftstüchtigkeit, sondern durch Simulation (vgl. *Cicero*, De officiis III, 14,60: *aliud simulatum, aliud actum*) oder Hinterlist (*callidas*).

[133] Lat. für Verschulden. Nur im strafrechtlichen Zusammenhang spricht man von *Schuld*.

[134] Vgl. *Irenäus*, hær. 4,15,1: „Von Anfang an hatte Gott die natürlichen Gebote in die Herzen der Menschen gepflanzt. Er begnügte sich zunächst damit, an sie zu erinnern. Das war der Dekalog" (zit. nach KKK Nr. 2070).

Gebot[135] –, aber der Mensch vermag die Wahrheit nicht immer von selbst zu erfassen, und deshalb besteht seine Pflicht nicht darin, die Wahrheit zu sagen, sondern das, was er im Gewissen für die Wirklichkeit der Dinge und der Verhaltensweisen hält, und das ist die Objektivität. Es kommt häufig vor, daß die Zeugen, obwohl sie in aufrichtiger Weise wahrhaftig sind, in ihren Aussagen nicht übereinstimmen, während die Wahrheit immer einzig ist.

Die gerichtliche Dialektik besteht in der Widersprüchlichkeit der Argumente seitens der Konfliktparteien, die von den betreffenden Anwälten vorgebracht werden; diese sind nicht – wie die Prokuristen – Vertreter, sondern *Verteidiger*[136]. Ihre Berufspflicht besteht darin, alle Argumente, welche die Interessen der von ihnen verteidigten *Klienten* verfolgen, auszuschöpfen, auf daß der Richter angesichts dieser argumentativen Widersprüchlichkeit sein Urteil fällt. Der Anwalt muß nicht die unparteiliche Einstellung des Richters einnehmen, sondern die parteiliche, die ihm im dialektischen Spiel des Prozesses zukommt; nicht er, sondern der Richter muß die gerechte Lösung verkünden. Der Anwalt dagegen kann sie nur vorschlagen und er tut dies selbstverständlich in der für seinen Klienten vorteilhaftesten Weise.

Prinzipiell kann niemand gezwungen werden, Erklärungen zu seinem eigenen Schaden abzugeben (Nr. 26), und auch die Anwälte können die für ihre Sache unvorteilhaften Angaben verschweigen, ohne deshalb der Lüge zu verfallen.

> Die Erklärungen, die von Behörden verlangt werden, können, wenn sie den Interessen des Erklärenden entgegenstehen, als gegen das Naturrecht gerichtet betrachtet werden, selbst wenn ein derartiges Verlangen, vor allem seitens des Fiskus, häufig vorkommt. Dieser kann mit seinen eigenen Mitteln in Erfahrung bringen, in welchem Umfang er Steuern fordern muß, doch stellt es seinerseits einen Mißbrauch dar zu verlangen, daß die Steuerpflichtigen gegen ihr eigenes Interesse Auskünfte geben.[137]

---

[135] Nach augustinisch-kath. Tradition lautet das achte Gebot: „Du sollst nicht lügen." Ursprünglich richtet es sich gegen schädliche Falschaussagen vor Gericht: „Du sollst nicht falsch gegen deinen Nächsten aussagen." (Ex 20,16; Dtn 5,20). Doch schon im Judentum wurde es generell als Absage an die Lüge verstanden. Im KKK Nr. 2485 heißt es dazu: „Die Lüge ist ihrer Natur nach verwerflich. Sie ist eine Profanierung des Wortes, das dazu bestimmt ist, die Wahrheit, die man kennt, anderen mitzuteilen. Die bewußte Absicht, durch wahrheitswidrige Aussagen den Nächsten zu täuschen, verstößt gegen die Gerechtigkeit und die Liebe. Die Schuld ist noch größer, wenn Gefahr besteht, daß die Täuschungsabsicht für die Getäuschten schlimme Folgen hat."
[136] Im dt. Sprachraum spricht man von *Verteidigern* nur im Strafverfahren, obgleich der Anwalt auch im Zivilprozeß alle Rechte seines Mandanten zu „verteidigen" hat.
[137] Der Autor will damit nicht die Strafbarkeit oder den Strafgrund von Steuerdelikten (Hinterziehung, Verkürzung, Betrug usw.) leugnen, sondern die Pflicht, zum eigenen Nachteil im Rahmen des *Verwaltungs*verfahrens Erklärungen abzugeben; davon abzugrenzen sind Aussagepflichten im *Straf*prozeß. Im Bereich der Ermittlung und der Verfolgung von Steuerdelikten (Österreich: Steuer-Finanzvergehen) ist es in den letzten Jahren zu erheblichen, hochproblematischen Verschärfungen gekommen. Gegen diesen internationalen Trend richten sich, zumal in der Schweiz, Initiativen zum rechtsstaatlichen Schutz der Privatsphäre auch auf diesem Gebiet (sog. Steuergeheimnis). Wenigstens mittelbar sollte der steuerlichen Privatsphäre Verfassungsrang zukommen (vgl. Art. 2 Abs. 1 i. V. m. Art. 1 Abs. 1 GG; BVerfGE 90, 255; 101, 361), so daß § 30 AO als dessen einfachgesetzliche Ausformung anzusehen wäre.

XIX. Untreue und Unerlaubtheit

Das stellt sich als noch beachtenswerter heraus, wenn es um den Anwalt des Angeklagten in einem Strafprozeß geht. Er *muß* nicht nur die Argumente verschweigen, sondern auch die *Tatsachen* selbst, trotzdem er sie kennt, weil sein Klient sie ihm anvertraut hat. Wenn der Verteidiger des Angeklagten diese Tatsachen, die er kennt und die dem Angeklagten schaden können, nicht unterdrückte, wäre die Verteidigung von mutmaßlichen Kriminellen tatsächlich nicht möglich; und das Ergebnis wäre ungerechter, als zu ihrer Verteidigung das Unterdrücken dieser Tatsachen zu gestatten.

In Wirklichkeit muß der Verteidiger des Angeklagten die „Rolle" spielen, die ihm auf der „Bühne" der Gerichtsverhandlung zukommt; und er lügt nicht, wenn er ihm bekannte Daten unterdrückt, ebensowenig wie die Theaterschauspieler lügen. Denn er beabsichtigt nicht, den Richter zu täuschen, sondern die Unbescholtenheit seines Klienten zu schützen, der auf andere Weise nicht verteidigt werden könnte. In diesem Fall muß die moralische Pflicht der Wahrhaftigkeit der ethischen Notwendigkeit weichen, einen Angeklagten nicht ohne Verteidigung, aufgrund bloßer Anhaltspunkte oder aufgrund von Vermutungen (Nr. 26) zu verurteilen.

61. *Untreue* ist eine Form der Ungerechtigkeit, aber die Rechtsordnung pflegt einige in schwerwiegenderem Maße tadelnswerte persönliche Verhaltensweisen als *unerlaubte* Handlungen zu typisieren, die entweder durch die Entziehung von Rechtswirkungen oder durch Strafen sanktioniert werden. Erstere werden im zweiten Kapitel unter dem Begriff *Nichtigkeit* [nulidad] behandelt[138] und letztere im dritten Kapitel unter dem Begriff *Delikte*[139].

„Erlaubt" meint das durch das Recht nicht Verbotene und ethisch Statthafte; „unerlaubt" ist dann das vom Recht nicht Zugelassene. „Delikt" kommt vom Partizip des lateinischen Verbs *delinquere*, das „einen Fehler begehen" bedeutet, und ist das gerichtlich tadelnswerte Verhalten. Heute freilich nennen wir die weniger schwerwiegenden deliktischen Handlungen *Vergehen* [faltas] und die schwerwiegenden Delikte *Verbrechen* [crímines] – vom lateinischen *crimen*, dem „Gerichtsurteil in einer Strafsache". Im antiken Rom lösten die *delicta* private Strafklagen aus und die *crimina* öffentliche Prozesse wie heutzutage.

Obwohl der Gesetzgeber manchmal gewisse Delikte entkriminalisiert, bleiben diese, wenn es um in sich unerlaubte Handlungen geht, für das Privatrecht unzulässig.

Wenn zum Beispiel die Blasphemie von einem agnostischen Gesetzgeber entkriminalisiert wird, der sogar so weit gehen kann, sie zu subventionieren und eine Gruppe, die sich ihrer Ausbreitung widmet, als juristische Person anzuerkennen, hört die Blasphemie deshalb für das Zivilrecht, das sie weiterhin als unzulässige Ursache oder Bedingung einer privaten Handlung erachten wird, nicht auf, eine unerlaubte Handlung zu sein.[140] Darin zeigt sich, daß das Zivilrecht eine größere ethische Stabilität besitzt als das Strafrecht.

---

[138] Vgl. Nr. 70.
[139] Vgl. Nrn. 120 f.
[140] Einschränkend wird man sagen müssen, daß die Unerlaubtheit der Handlung, etwa nach §§ 823 ff. BGB, nicht schon aus der blasphemischen Äußerung oder Tathandlung als solcher hervorgeht, sondern daraus, daß dieses Verhalten ohne rechtfertigenden Grund in die Rechte eines anderen eingreift.

Die Unerlaubtheit impliziert einen ethischen Tadel der Rechtsordnung, der aber nicht immer die Nichtigkeit der Handlung oder eine strafrechtliche Sanktion nach sich zieht.

Das römische Recht unterscheidet zwischen „vollkommenen" Gesetzen, welche die Rechtshandlung aufheben, „unvollkommenen" Gesetzen, die diese Wirkung nicht zeitigen, und „minder vollkommenen" Gesetzen, welche die Handlung nur bestrafen, ohne deren Wirkungen aufzuheben. Das kanonische Recht kennzeichnet die einfache *Unerlaubtheit* als Wirkung der „unvollkommenen" Gesetze.[141]

XX. Definition des Rechts

62. Als Schlußfolgerung dieses ersten Kapitels über die *allgemeinen Begriffe* ergibt sich eine Definition dessen, was das Recht sein soll: „das, was die Richter als gesellschaftlich zumutbare persönliche (Dienst-)Leistungen anerkennen".[142]

Wir dürfen aber nicht vergessen, daß gewöhnlich, vor allem im scholastischen Gebrauch, gewisse Regelungen oder Fälle als „Recht" bezeichnet werden, bei denen das Eingreifen eines unabhängigen Richters fehlt, wie es in der hierarchischen und nach Ermessen handelnden Ordnung der Kirche der Fall ist, oder in Institutionen, wie es für den Großteil des öffentlichen Rechts zutrifft. Man kann dann von uneigentlichem Recht sprechen. Ihm ist das dritte Kapitel gewidmet, nachdem im zweiten das Recht im eigentlichen Sinne behandelt worden ist.

Richter können nicht nur solche der ordentlichen Gerichtsbarkeit sein, sondern auch solche der besonderen Gerichtsbarkeit wie der Ehrengerichte beruflicher Art, der Militärgerichte, der Jugendgerichte und so weiter. Vom *justitiellen* Recht unterscheidet sich das Recht, das *Disziplinarrecht* genannt werden kann; bei diesem entstammt die Maßregelung einer höheren Gewalt, wie es nicht nur beim Militärrecht, sondern auch beim kanonischen Recht der Fall ist, deren „Richter" jene sind, die die „heilige Gewalt" innehaben; deshalb ist da die *Jurisdiktion* gleichzusetzen mit der Leitung der Kirche, die den Bischöfen und, als höchster und unanfechtbarer Instanz, dem Papst obliegt.

---

[141] Nach Epitome *Ulpiani* 1 ordnen *leges perfectae* die Nichtigkeit einer verbotswidrigen Handlung an, *leges minus quam perfectae* lassen die Gültigkeit der Handlung bestehen, sehen aber eine Sanktion vor, *leges imperfectae* schließlich knüpfen keinerlei Rechtsfolge an die verbotswidrige Handlung. Da diese *Ulpian*-Stelle die einzige röm. Rechtsquelle zu dem Thema darstellt, wird man die Dreiteilung nicht zu einem allgemeingültigen röm. Rechtsprinzip erheben können.

[142] Wörtlich: *aquello que aprueban los jueces respecto a los servicios personales socialmente exigibles*. Vgl. auch *d'Ors*, Claves conceptuales, Verbo, Nrn. 345–346 (1996), S. 502–526 (512f.). Zu dieser streitbaren Definition vgl. *Teresa Giménez Candela*, El Servicio de Álvaro d'Ors a la ciencia jurídica, Diritto@Storia. Rivista internazionale di Science Giuridiche e Tradizione Romana 3 (2004), Quaderno 3 (Maggio), zit. nach http://www.dirittoestoria.it/3/In-Memoriam/Alvaro-dOrs/Gimenez-Candela-Alvaro-dOrs.htm [gelesen 10.05.2021]; *Juan Ramón Medina Cepero*, La trinomía anti-revolucionario de Álvaro d'Ors, Diss. phil. (Universität Ramon Llull), Catalunya 2013, S. 15ff.

XX. Definition des Rechts

Abseits des Justiz- und Disziplinarrechts verbleibt alles, was über einen Prozeß hinausgeht, weil es nicht eigentlich rechtlich ist; zum Glück ist nicht das ganze menschliche Tun rechtlicher Art.

Tatsächlich ist etwa ein aus Lebensmitteln bestehendes Almosen eine Spende, aber jemanden zum Essen einzuladen bleibt außerhalb des Rechtsbereichs, denn die Mahlzeit führt zu keinem Zeitpunkt dazu, das Vermögen des Eingeladenen zu vermehren.[143]

Insbesondere wurde nur durch den Fehler des „Rechtsstaats" angestrebt, Konflikte zu verrechtlichen, die nicht justitiabel sind, wie der Terrorismus, die politische Korruption und die Regellosigkeit [*desorden*], welche die Polizei unterdrücken muß (Nr. 23).[144]

Eine Definition des Rechts wie die hier vorgelegte taugt, mehr noch als zur Herausarbeitung des Begriffskerns, dazu, auszusondern, was außerhalb des Begriffs bleiben muß.

---

[143] Entscheidend dürfte sein, daß eine Einladung im rein gesellschaftlichen Bereich erfolgt und deshalb keine rechtlichen Ansprüche begründet. So ist auch eine im Schaufenster auliegende, mit einem Preisschild versehene Ware kein Vertragsangebot, sondern lediglich eine *invitatio ad offerendum*.

[144] Gemeint sind mit der Nichtjustitiabilität die genannten „Phänomene" als solche, nicht die in ihrem Zusammenhang vorkommenden Delikte.

Zweites Kapitel

Das Recht im eigentlichen Sinne

XXI. Private Rechtshandlungen

63. Recht im eigentlichen Sinne ist das Privatrecht inklusive jenes öffentlichen Rechts, das den (physischen oder juristischen) Privatpersonen mittels eines Streitverfahrens gewisse einklagbare Vorteile gegenüber der öffentlichen Verwaltung einräumen kann. So kann es, obwohl es sich im Prinzip um ein Recht von Beziehungen handelt, wegen dieser öffentlichen Dimension auch ein statusbezogenes Recht sein (Nr. 28).

> Der Prozeß betreffend Verwaltungsakte ist privater Art, wenn es um Belange von Privatpersonen geht[145], aber die Urteilsvollstreckung bleibt vom Willen der Exekutive abhängig, weshalb sie aufgrund des Interesses, ihre eigene Behörde zu verteidigen, auf den Widerstand dieser Gewalt stoßen kann. Daher kommt es, daß derartige Urteile manchmal nicht vollstreckt werden, vor allem jene, die unrechtmäßigerweise in das politische Leben eingreifen (Nr. 23).

Gekennzeichnet ist dieser Rechtsbereich von der Möglichkeit von Urteilen durch unparteiische Richter, denen die Personen, die an der Lösung des sie betreffenden Konflikts interessiert sind, nicht untergeordnet sind.

> Das soll nicht heißen, daß es bei einer andersartigen Entscheidung keine Gerechtigkeit geben könnte, etwa auf *hierarchischem* Weg (wie es im kanonischen Recht geschieht; Nr. 62). Doch nur wenn der Richter unparteiisch ist, behält seine Entscheidung den Charakter des auf Autorität und nicht auf Gewalt gründenden Aktes[146], und die Justiz mischt sich nicht in die Regierung ein.

Man kann ja nun zwischen einem *justitiellen* Recht, das im eigentlichen Sinne Recht ist, und dem *Disziplinarrecht* unterscheiden.

> Eine Disziplinarordnung kann es in sehr unterschiedlichen gesellschaftlichen Instanzen geben: nicht nur beim Militär (Nr. 118) und in der Kirche (Nr. 62), sondern auch in anderen Institutionen der Gesellschaftsordnung wie den Universitäten und ähnlichen Bildungszentren, den Berufskollegien, Sportvereinen, Gewerkschaften, politischen Parteien und so weiter. Ein besonderer Charakter kann den parlamentarischen Kommissionen zur Untersuchung politischer Korruption zukommen, deren Verfahren sich außerhalb der Zuständigkeit der ordentlichen Richter bewegt (Nr. 23).

64. Das Recht ist privater Art, wenn es sich auf Konflikte bezieht, die zwischen Personen hinsichtlich ihrer rechtlichen Vorteile rund um Sachen entstehen können (Nr. 12). Der Akt der Geltendmachung selbst kann, wenn er eine Gerichtsentschei-

---

[145] Diese Sichtweise wird jedenfalls im dt. Rechtskreis kaum mehr vertreten. Vgl. Anm. 66.
[146] Vgl. Nr. 54 sowie Anm. 44.

dung auslöst, mit dem alten römischen Begriff *actio*[147] benannt werden (Nr. 22). Mit diesem Begriff wird die Trias *Personen – Sachen – Klagen* gebildet, die von der römisch-rechtlichen Lehrtradition verbreitet wurde und sich sogar auf die Gestaltung der kanonischen Kodifikation des 20. Jahrhunderts niederschlug.

Der Umstand, daß die institutionelle Trias dem Lehrgebrauch diente, konnte dazu verleiten, diese Dreiteilung auf eine institutionelle Verteilung zu beziehen, als ob es sich um „Teile" des Rechtsstudiums handelte. Strenggenommen handelt es sich nicht um „Teile", sondern um verbundene und nur begrifflich isolierbare *Elemente*, denn das Recht besteht immer in möglichen Prozessen (*actiones*), in denen notwendigerweise *Sachen* und *Personen* eine Rolle spielen. Es sind also untrennbare Einrichtungen, und aus ihrer ständigen funktionalen Verbindung folgt, daß die natürlichen oder auf Konvention beruhenden Variationen eines jeden dieser Elemente in den anderen weitere wechselseitige Variationen bedingen. So bedingen zum Beispiel Güter, die dem zustehen können, dessen Geburt erwartet wird (*nasciturus*[148]), eine Sonderstellung dieser Güter und auch eine besondere Form, über sie im Interesse des Fötus zu streiten. Oder ob sich etwa der Anspruch als dinglicher oder als schuldrechtlicher Anspruch darstellt (Nr. 12), bestimmt nicht nur seine Konsequenzen für die Güter, sondern auch die persönliche Stellung dessen, der den rechtlichen Vorteil an ihnen beansprucht. Schließlich hängt von der Natur der Güter auch die Beschaffenheit des Vorteils und die Stellung jener ab, die ihn beanspruchen.

Während die *actiones* Gegenstand des *Prozeßrechts* sind, bezieht sich das *Zivilrecht* heute auf *Personen* und *Sachen*.

Es gibt noch ein weiteres Element – vom Standpunkt des Rechts aus in gewisser Weise das wichtigste –, nämlich das der *Handlung*. In der Wirklichkeit, an der das Recht interessiert ist – das sind die Rechts*tatsachen* –, sind *Handlungen* das, was die Personen tun.

65. Nachdem die Person als relationaler Ausdruck menschlicher Individualität (Nrn. 5 ff.) sowie die juristische beziehungsweise kollektive Persönlichkeit schon behandelt worden sind (Nr. 8), ist nun bei den rechtlichen Handlungen [*actos jurídicos*] zu verweilen, die an sich die gewöhnliche Manifestation der Persönlichkeit als rechtlicher Existenz darstellen. Letztendlich besteht das ganze Recht in rechtlichen Handlungen. Die *Klagen* (Nrn. 22 ff.) sind Rechtshandlungen sondergleichen, obwohl sie sich wegen ihres gerichtlichen Charakters von den im eigentlichen Sinne privaten Handlungen unterscheiden.

Auch wenn die Rechtshandlung im Mittelpunkt des Rechts steht, ist sie dennoch nicht das „Primäre", denn sie setzt die *Person* voraus, die der Manifestation ihrer Existenz vorausgeht; auch setzt die Schöpfung den Schöpfer voraus.

Hat die Gegenüberstellung von *Personen* und *Sachen* (Nrn. 3 ff.) zum Studium des Rechts im eigentlichen Sinne einmal stattgefunden, sind die beiden zu betrachtenden Begriffe die stets persönlichen Rechtsakte und die Sachen, die den Gegenstand dieser Rechtsakte bilden. Erstere werden zuerst behandelt (Nrn. 69 ff.), dann die letzteren (Nrn. 90 ff.).

---

[147] Lat. für Klage.
[148] Lat. für Leibesfrucht, ungeborene Person.

Akt kommt vom lateinischen *agere* und ist das, was der Mensch mit einem bestimmten Ziel tut. Wenn das Ziel darin besteht, etwas herzustellen, spricht man in konkreterer Weise von *facere*, spanisch *hacer*, „machen", das dem *agere* entspricht. Deshalb kann man in undifferenzierter Weise sagen, einen Tisch, ein Gedicht, ein Testament, eine Zahlung, eine Zusage und so weiter zu „machen".

Rechtsakte können erlaubt oder unerlaubt sein (Nr. 61). Sie können so gesetzt werden, daß sie nach dem Tod (*mortis causa*) oder zu Lebzeiten (*inter vivos*) wirksam werden. Sie können an einer wirtschaftlichen Ausgleichsleistung interessiert („entgeltlich") oder nicht interessiert („unentgeltlich") sein. Zu letzteren gehören die *lukrativen* Rechtshandlungen, die, wie die *Schenkung* [*donación*], eine einseitige Vermögensmehrung bewirken.

Aufgrund des deutschen Einflusses spricht man auch von „Rechtsgeschäften" [dt. im Original], im allgemeinen ohne sie in ausreichender Weise von den *Handlungen* zu unterscheiden, was das Rechtsvokabular eher verkompliziert, als es zu bereichern.

Die Rechtshandlungen sind *kausaler* Art, wenn es für sie eine *causa* gibt, von der Wirkungen abhängen. So hat zum Beispiel die Handlung des Bezahlens einer Schuld ihre Ursache in der Existenz dieser Schuld. Aber es gibt Handlungen, deren Wirkungen nicht von der Ursache der Handlung abhängen, sondern von der Handlung selbst. Beispielsweise hat das Geben eines Almosens seine Ursache in dem Willen, zu spenden beziehungsweise die Spende anzunehmen. Aber diesem konventionellen Akt, zu spenden und die Spende anzunehmen, fehlt der Rechtsgrund; er kann sich mehr oder weniger ehrenvollen psychologischen Motiven verdanken, aber nicht einem Rechtsgrund.

Andererseits gibt es Rechtshandlungen, die kausaler Art sind, deren Ursache aber eine mutmaßliche bleibt, und sie gelten unabhängig von der Ursache, die sie tatsächlich haben, aufgrund ihrer Form – obwohl ihre Wirkungen gewöhnlich ungültig bleiben, wenn die Nichtexistenz dieser vermuteten Ursache nach Maßgabe des Rechts bewiesen wird. Solche Handlungen nennt man „abstrakt"; es sind Akte, deren Ursache zu beweisen nicht notwendig ist.

XXII. Persönliche Rechtsfähigkeit

66. Die Rechtsbeziehung, die zwischen Personen eine Rolle spielen kann, ist veränderlich: sowohl aus rein individuellen Gründen wie der Rechtsfähigkeit oder -unfähigkeit (Nr. 6) als auch aufgrund der Art der Rechtshandlung, die diese Personen setzen.

Vom Standpunkt des Rechts aus interessiert das Thema der Fähigkeit oder Unfähigkeit gerade im Blick auf die Rechtshandlungen, welche die Personen setzen oder nicht setzen können: ob die Fähigkeit oder Unfähigkeit zu bestimmten rechtlichen Handlungen vorliegt.

XXII. Persönliche Rechtsfähigkeit

Bei der persönlichen *Fähigkeit* ist die allgemeine Möglichkeit, im Recht Person zu sein – die sogenannte *Rechtsfähigkeit* [*capacidad jurídica*] –, von der Fähigkeit, gültige Rechtshandlungen zu setzen – die sogenannte *Geschäftsfähigkeit* [*capacidad de obrar*] – zu unterscheiden. Erstere haben im Prinzip alle Menschen.

Wenn trotz dieser Allgemeinheit der Eignung, als Rechtsperson zu erscheinen, zwischen *Rechtsfähigkeit* und *Geschäftsfähigkeit* unterschieden wird, ist das auf die lehrmäßige Trägheit der römisch-rechtlichen Tradition zurückzuführen, die von den sozialen Gegebenheiten des antiken Roms ausging, wo es unfreie Menschen gab: die Sklaven. Obwohl ihre menschliche Natur in gewisser Hinsicht anerkannt wurde, gingen sie andererseits in das Vermögen als „Sachen" ein, die teilweise den Tieren mit Hilfsfunktion für den Menschen, den *Zug- und Lasttieren*, nahestanden. Obwohl die Sklaverei in der einen oder anderen Form nicht ganz verschwunden ist, sieht die moderne Mentalität im Prinzip von der Existenz versklavter Menschen ab. Trotz allem bleibt es denkbar, daß das positive Recht innerhalb einer bestimmten Gemeinschaft einen Teil der Menschen aufgrund von Nationalität, Rasse oder Strafvollzugsstatus von der *Rechtsfähigkeit* ausschließt. Es ist jedoch gewöhnlicher, daß diese Umstände den Ausschluß von der Teilhabe an konkreten, öffentlichen oder privaten Vorteilen auslösen, woraus sich so etwas wie eine spezifische Geschäftsunfähigkeit ergibt, etwa wenn Ausländer vom Immobilieneigentum oder inhaftiere Straftäter von der Berufsanstellung ausgeschlossen werden.[149]

Die Geschäftsunfähigkeit hängt von natürlichen Umständen wie Alter oder Geisteskrankheit ab, aber diese müssen wegen der erforderlichen Rechtssicherheit (Nr. 55) in rechtmäßiger und zuverlässiger Weise festgestellt werden.

Hinsichtlich der Geschäftsunfähigkeit aufgrund von Minderjährigkeit überschneiden sich das öffentliche Recht betreffende Erwägungen wie die Ehefähigkeit, das aktive Wahlrecht oder die Wehrpflicht und spezifisch zivilrechtliche Erwägungen der Verantwortlichkeit dafür, Rechtshandlungen setzen zu können. Die geschichtlichen Schwankungen bei der rechtlichen Festlegung[150] sind auf diese Vielfalt der Erwägungen zurückzuführen. So ist auch zu erklären, daß die Geschlechtsreife in gesetzlicher Hinsicht nicht mit der Reife zur Vermögensverwaltung oder zur Bekleidung öffentlicher Ämter zusammenfällt.

67. Die als Attribut der Persönlichkeit betrachtete *Rechts*fähigkeit setzt die Gleichheit aller Menschen voraus. Im Prinzip beruht das Recht heute auf dieser Gleichheit, aber das Thema der Gleichheit und Ungleichheit der Menschen ist komplex, denn bei diesem Gleichheitsprinzip spielen Ungleichheitserwägungen eine Rolle, die sowohl auf natürlichen als auch auf konventionalen Unterschieden beruhen.

Zunächst ist einzuräumen, daß jeder Mensch aufgrund seiner natürlichen Individualität – schon wegen des sogenannten *genetischen Codes* – unwiederholbar

---

[149] Die Formulierung der letzten beiden Sätze des Abschnitts zeigt deutlich, daß der gegenüber der Omnipotenz positiven Rechts skeptisch-reserviert eingestellte Autor solche „legalen" Exklusionspraktiken nicht befürwortet, sondern nur – realistisch – wahrnimmt. Nicht die Rechts-, sondern die Geschäftsfähigkeit ist demnach beschränkbar.

[150] Vgl. instruktiv *Andreas Wacke*, Zum Rechtsschutz Minderjähriger gegen geschäftliche Übervorteilung – besonders durch die *exceptio legis Plaetoriae*, TRG 48 (1980), S. 203–225.

ist, selbst wenn er durch die Zugehörigkeit zu einer bestimmten Menschengruppe gleichförmig gemacht wird. Doch innerhalb dieser Abgrenzung gibt es bleibende Unterschiede wie vor allem das Geschlecht[151], akzidentielle Unterschiede wie etwa die Demenz und andere hinderliche Erkrankungen, zum Beispiel die Taubstummheit oder die Blindheit, oder vorübergehende Unterschiede wie die Minderjährigkeit.

Diese natürlichen Ungleichheiten im gesellschaftlichen Leben werden von weiteren Ungleichheiten überlagert, nämlich von öffentlichen Stellungen wie der des Regierenden oder des Regierten oder aufgrund bestimmter öffentlicher Funktionen sowie von privaten Stellungen aus zwischenmenschlichen Beziehungen wie der des Eigentümers oder des Mieters, des Klägers und des Beklagten, des Gläubigers und des Schuldners und so weiter. Es ist die *(Rechts-)Persönlichkeit* (Nr. 5), welche die *Menschen* unterscheidet. Aber diese persönlichen Unterschiede sind mit einer gewissen konventionalen Gleichstellung wie der der sogenannten *Gleichheit vor dem Gesetz*, der Nichtunterscheidung für die Zwecke des Wahlrechts (Nr. 115) und so weiter vereinbar.

Obwohl das Gesetz dazu neigt, die Personen gleichzustellen, bleiben immer nicht auf eine absolute Gleichheit reduzierbare natürliche Unterschiede bestehen, und das Gesetz muß sie anerkennen, zum Beispiel Unterschiede aufgrund gewisser persönlicher Unfähigkeiten.

Der Geschlechtsunterschied[152] ist nicht Ursache von fehlender Rechtsfähigkeit, macht aber unfähig, in einigen öffentlichen Berufen tätig zu sein.[153] Im übrigen bleiben, auch wenn das

---

[151] Vgl. Anm. 12.

[152] Die für *d'Ors* noch unvorstellbare, heute vieldiskutierte Reduktion des geschlechtlichen Unterschieds von männlich/weiblich (*sex*) auf eine angeblich nur sozial konstruierte Rolle (*gender*) vermag trotz aller in der Natur vorkommenden Sexualdifferenzierungsstörungen (z. B. Intersexualität, Chromosomenanomalien) nichts daran zu ändern, daß es diesen Unterschied gibt. Jede phänotypische Abweichung oder Störung setzt, auch wenn sie nicht „pathologisiert" wird, notwendig eine biologisch-medizinische Typologie voraus, die statistisch leicht belegbar ist. So wird etwa die Häufigkeit von Intersexualität auf nur 1,7 % geschätzt.

[153] In Deutschland und in Österreich sind etwa Männer als Hebammen (in Deutschland „Entbindungspfleger" genannt) erst seit 1985 zugelassen, wenngleich laut dem dt. statistischen Bundesamt noch 2017 nur drei Männer auf ca. 23.000 Hebammen kamen; vgl. Hannoversche Allgemeine vom 29. April 2017, zit. nach http://www.haz.de/Hannover/Aus-der-Stadt/Uebersicht/Hannovers-erste-maennliche-Hebamme-arbeitet-im-Henriettstift [gelesen 10.05.2021]. Frauen dürfen „Dienst an der Waffe" in der Bundeswehr erst seit 2001 verrichten, nachdem am 11. Januar 2000 eine Entscheidung des EuGH ergangen war, die ein entsprechendes Verbot in Art. 12a GG a. F. („Sie [= Frauen; W. S.] dürfen auf keinen Fall Dienst mit der Waffe leisten") für mit europäischem Gemeinschaftsrecht unvereinbar erklärte; vgl. Pressemitteilung Nr. 1/2000, 11. Januar 2000, Urteil des Gerichtshofes in der Rechtssache C-285/98 *Tanja Kreil* gegen Bundesrepublik Deutschland, in: https://curia.europa.eu/de/actu/communiques/cp00/aff/cp0001de.htm [gelesen 10.05.2021]. Frauen sind bei den *Fuerzas Armadas Españolas* den Männern erst seit 1999 gleichgestellt. Geschlechtsspezifische Differenzierungen, etwa was geringere körperliche Leistungsanforderungen für Frauen bei den Aufnahmetests und der späteren Verwendung angeht, werden aber fast überall gemacht.

Gesetz gleichstellt, tatsächliche Unterschiede bestehen, die das Gesetz nicht ignorieren kann, etwa die Gewißheit der Mutterschaft gegenüber der nur vermeintlichen Vaterschaft (Nr. 26)[154] oder die schwerwiegenderen Folgen des Ehebruchs der Frau.[155]

Hinsichtlich der akzidentiellen Unfähigkeiten spricht man von *Geschäftsunfähigkeit*. Um diese Unfähigkeit zu heilen, muß das Recht für Institutionen wie die Vormundschaft sorgen, welche die Vormundfunktion begründen.[156] Sie konkurriert naturgemäß mit den Eltern, die freilich während der Zeit dieser Geschäftsunfähigkeit fehlen können.

Von der Geschäftsunfähigkeit, die auf persönlichen Mängeln beruht, unterscheidet sich die *Unfähigkeit*, die aus rechtlichen Gründen die Gültigkeit bestimmter Handlungen verhindern kann, etwa wenn ein Tatbestand rechtlicher Kongruenz verhindert, daß eine Person bestimmte Handlungen an Sachen vornehmen kann, obwohl ihr diese irgendwie gehören; zum Beispiel wenn sie daran gehindert wird, über Sachen zu verfügen, die bei ihr gepfändet worden sind.

68. Die Natürlichkeit der menschlichen Ungleichheit zeigt sich in besonderer Weise in der *familiären* Struktur (Nr. 107). Die Familie beruht ja auf der notwendigen natürlichen Ungleichheit des Geschlechts der Ehepartner.[157] Hinzu kommt die ebenfalls natürliche Ungleichheit zwischen Eltern und Kindern, zwischen den

---

[154] Auch hierzu gibt es bis heute gültige Sentenzen: *Mater semper certa est* – „die Mutter ist immer sicher (feststellbar)"; vgl. §§ 1591 BGB, 137b ABGB a. F. *Pater est, quem nuptiae demonstrant* – „Vater ist, wer durch die Tatsache der Verheiratung als solcher gilt"; vgl. § 1592 Nr. 1 BGB. Letzteres ist freilich nur eine rechtliche Vermutung, die durch eine Vaterschaftsanfechtungsklage (§§ 1598a BGB, 169 ff. FamFG) entkräftet werden kann.

[155] Gemeint sind die möglichen Folgen in Form der Schwangerschaft.

[156] Vgl. §§ 1773–1895 BGB; 178, 185 ABGB; Art. 327a-c ZGB. Vgl. dazu *Mirjam Heider*, Die Geschichte der Vormundschaft seit der Aufklärung, Baden-Baden 2011. Davon abzugrenzen sind Pflegschaft (§§ 1909 ff. BGB) und v. a. Betreuung (§§ 1896 ff. BGB), deren Entsprechungen in Österreich (§ 273 ABGB) Sachwalterschaft (seit 1. Juli 2018: Erwachsenenvertretung) und in der Schweiz Beistandschaft (Art. 16, 17, 360 ff. ZGB) heißen. Merke: Eine „Entmündigung" von Erwachsenen gibt es seit den Gesetzesnovellen der letzten Jahrzehnte – jedenfalls dem Begriff nach – nicht mehr.

[157] Das ist der Grund für die verfassungsrechtliche Privilegierung der Ehe nach Art. 6 Abs. 1 Alt. 1 GG, die *typischerweise* auf die gleich danach (Alt. 2) erwähnte Familie angelegt ist. Nicht Heterosexualität wird privilegiert (und dadurch Homosexualität „diskriminiert"), sondern die Ehe von Mann und Frau, weil nach Einschätzung und Erwartung des Verfassungsgesetzgebers aus ihr die Familien hervorgehen, von denen sich der Staat seine Fortexistenz in den Bürgern, das heißt als *Staatsvolk* (Art. 20 Abs. 2 S. 1 GG), erwartet. Die am 30. Juni 2017 erfolgte einfachgesetzliche Zustimmung des Deutschen Bundestages zum Gesetzentwurf des Bundesrates „zur Einführung des Rechts auf Eheschließung für Personen gleichen Geschlechts" vom 11. November 2015 (Drucksache 18/6665) ist zumindest materiell-rechtlich verfassungswidrig (vgl. auch BVerfGE 105, 313, 345, sowie Beschluß vom 19. Juni 2012 – 2 BvR 1397/09, wonach die Ehe ein „allein der Verbindung zwischen Mann und Frau vorbehaltenes Institut" ist). In Spanien hat das *Tribunal Constitucional* die 2005 beschlossene Anerkennung gleichgeschlechtlicher Verbindungen als „Ehe" für verfassungsmäßig erklärt. Art. 32.1 CE sieht freilich nur vor: „Mann und Frau haben das Recht, in voller Gleichberechtigung die Eheschließung zu begehen." Eine Art. 6 Abs. 1 GG ähnliche Bestimmung gibt es in der span. Verfassung nicht.

sich aufgrund von Blutsverwandtschaft, Adoption fremder Kinder oder Verwandtschaft mit den Angehörigen des Ehepartners mehr oder weniger nahestehenden Familienmitgliedern. Die gleiche Verwandtschaft, die eine *Großfamilie* bildet, besteht aus Ungleichen.

Um die Entfernung zwischen den Personen der gleichen Familie zu bestimmen, müssen die Verwandtschaftslinien und Verwandtschaftsgrade beachtet werden. Da gibt es die gerade Linie, welche die Vorfahren mit den Nachkommen verbindet (*aufsteigende* Linie), oder umgekehrt (*absteigende* Linie), und die *Nebenlinie*, welche die von einem gemeinsamen Vorfahren Abstammenden verbindet. Dabei bezieht sich „Stamm" auf die Vorfahren und „Nachkommenschaft" auf die Nachfahren. In jeder Linie werden die Grade nach Zeugungsfolgen, den *Generationen*, gezählt.

So besteht zwischen Eltern und Kindern ein Grad der geraden Linie und zwischen Urgroßvater und Urenkel drei Grade. Aber bei den Nebenlinien muß man zum gemeinsamen Vorfahren zurückgehen; und so befinden sich die Geschwister im zweiten Grad, Onkel und Neffe untereinander im dritten und die Cousins im vierten und so weiter.

Zudem gibt es in den Familien andere psychologische oder gesellschaftliche Ungleichheiten, welche die Unterschiede zwischen ihren Mitgliedern verschärfen können, wie den Zölibat, die Witwen- oder Witwerschaft, das Greisenalter, den Beruf oder das Vermögen.

XXIII. Rechtshandlungen

69. Die Ungleichheit, welche die Geschäftsunfähigkeit mit sich bringt, beruht auf der Erwägung, daß die Rechtshandlungen Offenbarungen des persönlichen Willens sind, weshalb bestimmte natürliche Beschränkungen desselben vom Recht als Ursachen von Geschäftsunfähigkeit betrachtet werden.

Da das ganze Recht auf der ethischen Gewißheit der *Verantwortlichkeit* der Personen beruht (Nr. 21) und diese die menschliche Willensfreiheit voraussetzt, geht die ganze Rechtsordnung aus den verschiedenen Formen der Willensäußerung hervor. Nicht nur die Festlegung der objektiven Ordnung des Zusammenlebens ist ein Willensprodukt des Gesetzgebers oder dessen, der eine Entscheidung trifft, die das gesellschaftliche Zusammenleben regulieren kann, sondern auch das Privatrecht besteht in der persönlichen Willensbetätigung; in diesem Sinne kann die *Autonomie des Willens* verstanden werden (Nr. 47).

Die Handlungen, auch die unerlaubten (Nr. 61), sind Willensmanifestationen, doch *Erklärungen* werden jene Handlungen genannt, die gerade darauf abzielen, einen Willen mit rechtlicher Wirkung zu äußern. So *manifestiert* die Handlung des Jagens den rechtlichen Willen des Jägers, während die Handlung des Veräußerns des Erjagten den Willen *erklärt*, einen Vertrag zu schließen.

Wenn die Erklärung durch mündlich oder schriftlich vermittelte Worte erfolgt, müssen diese, wenn sie nicht von selbst klar sind, ausgelegt werden, wie das auch bei den Gesetzen geschieht (Nr. 58). Insofern jedoch die Handlungen um der Rechtssicherheit (Nr. 55) willen mit einer für ihre Gültigkeit notwendigen Form versehen werden, wird zum Ausdruck gebracht, daß die Erklärenden diesen Formalakt samt seinen gewöhnlichen Wirkungen vollziehen wollten, und die Auslegung kann dann nur die nebensächlichen Elemente betreffen.

Jene Handlungen, die indirekt eine nicht mit Worten zum Ausdruck gebrachte Erklärung enthalten, nennt man *konkludente* Handlungen. Diejenige Handlung, die nichts erklärt, weder direkt noch indirekt – das *Schweigen* –, kann je nach Fall als zustimmende oder ablehnende Erklärung gelten; sie kann auch der möglichen Auslegung entbehren.

Bei einer Eheschließung gilt das Schweigen eines der Vertragschließenden als Weigerung. Wenn in einer Sitzung das Protokoll der vorherigen Sitzung vorgelesen wird, gilt das Schweigen in positivem Sinn als Zustimmung. Aber das Schweigen dessen, der nicht gefragt wurde, gilt nicht als Erklärung, weder als positive noch als negative. In der öffentlichen Verwaltung gibt das Schweigen von Amts wegen nach Ablauf einer gesetzlichen bestimmten Zeit Anlaß zur Präsumtion eines negativen Willens (Nr. 26).[158]

70. Die Geschäftsunfähigkeit bewirkt die Ungültigkeit der ohne die gesetzlichen subsidiären Voraussetzungen [*requisitos*] vollzogenen Handlungen[159], so wie auch die vom Gesetz verbotenen oder jene Handlungen ungültig sind, die sich auf irgendeine Weise nicht nach den gesetzlichen Erfordernissen formaler[160] oder grundlegender Art[161] richten. Aber die Ungültigkeit kann auch von gesetzlichen „Unfähigkeiten" (Nr. 69) und etwaigen Erklärungsmängeln, den sogenannten *Willensmängeln* [*vicios de la voluntad*], abhängen.

---

[158] Diese fingierte Ablehnung durch Nichtbescheidung (*silencio administrativo negativo*) gilt in Spanien freilich nur im Rahmen des *von Amts wegen* betriebenen, auf die Verabschiedung einer *begünstigenden* Verwaltungsentscheidung gerichteten Verwaltungsverfahrens (art. 44.1 LRJPAC); sie kann vom Bürger angefochten werden. Geht es in einem von Amts wegen betriebenen Verfahren um eine *belastende* Entscheidung der Verwaltung, bringt das Schweigen das Verfahren zum Erlöschen, art. 44.2 LRJPAC. Vgl. *Silvia Díez Sastre/Kevin Weyand*, Spanien, in: Jens-Peter Schneider (Hrsg.): Verwaltungsrecht in Europa; Bd. 1 (England und Wales, Spanien, Niederlande), Göttingen 2007, S. 181–370 (278 f.). Das dt. Verwaltungsrecht hat – noch weitergehend – Ende 2008 die sog. Genehmigungsfiktion (§ 42a VwVfG) eingeführt. Vgl. dazu *Christina Etzel*, Die Genehmigungsfiktion gem. § 42a VwVfG (= Studien zum Verwaltungsrecht, Bd. 61), Hamburg 2014. Zu den Grenzen gesetzlicher Fristen mit Genehmigungsfiktion vgl. etwa *Martin Bullinger*, Verwaltung im Rhythmus von Wirtschaft und Gesellschaft – Reflexionen und Reformen in Frankreich und Deutschland –, JZ 46 (1991), S. 53–62 (56 f.).

[159] „Subsidiär" sind solche Voraussetzungen, die ein durch Geschäftsunfähigkeit bedrohtes Rechtsgeschäft „retten" können (§§ 104–113, 131 BGB). Denn keineswegs tritt automatisch völlige Unwirksamkeit oder Nichtigkeit (§ 105 Abs. 1 BGB) ein. Liegt zum Beispiel kein Fall der §§ 112, 113 BGB vor und fehlt bei einem für den Minderjährigen (§ 106 BGB) rechtlich nachteiligen Rechtsgeschäft die Einwilligung des gesetzlichen Vertreters, so hängt die Wirksamkeit des vom Minderjährigen geschlossenen Vertrags von der Genehmigung, d. h. der nachträglichen Zustimmung des gesetzlichen Vertreters, ab (§ 108 BGB). Bis zur Erteilung oder Verweigerung der Genehmigung durch die gesetzlichen Vertreter gilt das Rechtsgeschäft als „schwebend unwirksam".

[160] Vgl. § 126 BGB.

[161] Vgl. §§ 105, 116 ff., 125, 117, 118, 134, 138 BGB.

Der persönliche Wille kann *mangelhaft* sein durch *Irrtum* [*error*], der die Gewißheit der Erklärung verhindert, durch *Täuschung* [*simulación*], die deren tatsächlich willentliche Annahme verhindert, und durch *Zwang* [*coacción*], der die erklärende Person ihrer Freiheit beraubt.

Obwohl die Zivilrechtler von der Möglichkeit eines unwiderstehlichen physischen Zwangs (*vis absoluta*) sprechen, besteht der Zwang gewöhnlich in einer *Einschüchterung*, das heißt in der Furcht, welche die Androhung künftiger Schäden hervorruft. Folglich berücksichtigt der Richter sie nur, wenn sie im Prozeß vorgebracht wird, und er kann auch ihre hinreichende Schwere feststellen, um der vollzogenen Handlung ihre rechtlichen Wirkungen zu nehmen.

Der Ungültigkeit kommt nicht immer die gleiche Intensität zu, vielmehr kann es sich je nach Ursache um eine absolute *Nichtigkeit* oder um eine relative, sich auf bestimmte Handlungswirkungen oder Personen beziehende Nichtigkeit handeln.[162] Bezieht sie sich auf Personen, spricht man von *Nichteinwendbarkeit* [*inoponobilidad*] einer Handlung, die an sich gültig ist, aber gegen eine bestimmte, vom Recht besonders geschützte Person nicht geltend gemacht werden kann. Es kann sich auch um eine *Aufhebbarkeit* [*anulabilidad*] handeln, das heißt um eine bestimmten Grenzen unterworfene Anfechtbarkeit [*impugnabilidad*], welche die Handlung bestehenläßt, wenn sie nicht tatsächlich angefochten wird.

Von der Aufhebbarkeit ist die *Kündbarkeit* [*rescindibilidad*] zu unterscheiden. Sie besteht in der Anfechtbarkeit wegen möglicher ungerechtfertigter Vermögensschädigung, die eine an sich gültige Handlung bei jemandem verursachen kann; die Möglichkeit zu *kündigen* ist im Unterschied zu der Möglichkeit *aufzulösen* [*resolver*] immer legal.

Schließlich kann die volle Gültigkeit einer Rechtshandlung manchmal von der Bestätigung durch eine nachfolgende Erklärung, der *Ratifikation*, abhängen, so wie auch eine mit Mängeln behaftete Handlung durch eine Erklärung oder einen gesetzlichen Tatbestand nachträglich Gültigkeit erlangen kann (Heilung, Anerkennung [*convalidación*]).

71. Die Wirkungen einer Rechtshandlung können auch durch *Widerruf* [*revocación*] oder *Auflösung (Rücktritt)* [*resolución*] aufgehoben werden.

Der *Widerruf* ist eine Erklärung, durch die derjenige, der zuvor eine andere abgegeben hat, dieser die Wirkungen entziehen kann, ohne daß eine andere Person ihn daran zu hindern vermag, auch wenn sie sich gegen ihr eigenes Interesse richtet. Der typischste Fall ist der des Testamentes, das im wesentlichen widerrufen werden kann, sofern es nicht gemeinsam mit einer anderen Person gemacht wurde, die sich dem einseitigen Widerruf der anderen widersetzen könnte.[163]

---

[162] Vgl. Anm. 159.

[163] Ein Beispiel dafür ist das sog. Berliner Testament, das die gegenseitige Beerbung unter Ausschluß der gemeinsamen Kinder, „Pflichtteil" ausgenommen, vorsieht. Diese gemeinschaftliche Verfügung von Todes wegen kann i. d. R. nicht einseitig widerrufen werden (§ 2271 Abs. 1 BGB).

Da es sich beim Testament um eine Handlung *mortis causa* handelt, erlangen die etwaigen Betroffenen vor dem Tod des Erblassers keinerlei Vorzug und können sich dem Widerruf nicht widersetzen. Aber auch Schenkungen *unter Lebenden*[164] können, obwohl der Beschenkte einen sofortigen vermögensrechtlichen Vorteil erlangt, vom Schenkenden widerrufen werden, wenn gesetzliche Voraussetzungen erfüllt sind, welche den Widerruf zulassen. In diesem Fall hat die Handlung schon eine Wirkung gezeigt, hört aber auf, dies in Zukunft zu tun.

Die *Auflösung* (bzw. der *Rücktritt*) besteht in der Beendigung der Wirkungen einer Rechtshandlung aufgrund einer Erklärung, die zuvor von der Partei, die davon in negativer Weise betroffen sein kann, angenommen wurde, manchmal sogar mit der Verpflichtung, die vor dem Tätigen der Auflösung erhaltenen Begünstigungen zurückerstatten zu müssen.

Die *Auflösung*, die immer eine vorherige Inkaufnahme dieses Vorfalls voraussetzt[165], ist also von der *Kündigung* (Nr. 70) zu unterscheiden, die immer aufgrund einer gesetzlichen und nichtkonventionalen Vorsorge (Nr. 70) erfolgt.[166]

72. Die Wirkungen der Rechtshandlung können von der anfänglichen Vereinbarung der an der Handlung beteiligten Personen über die Berücksichtigung eines künftigen Umstands beeinflußt sein.

Wenn das Eintreten des berücksichtigten Umstands sicher ist, spricht man, auch wenn man nicht weiß, wann er eintritt, von *Befristung* [*termino*] (im Lateinischen *dies*).[167] Von dieser Art sind die durch den Willen der Beteiligten festgesetzten Laufzeiten[168], nicht die gesetzlich fixierten. Wenn es unsicher ist, ob der Umstand eintritt oder ausbleibt, spricht man von *Bedingung* [*condición*].[169]

Das Wort *condicio* (einige Juristen schreiben weniger korrekt *conditio*) weist schon darauf hin, daß es sich um etwas handelt, das einer Erklärung hinzugefügt wird.[170] Deshalb ist die *Bedingung* im technischen Sinne immer eine beigefügte Erklärung, nicht eine gesetzliche

---

[164] Etwa in Form der sog. vorweggenommenen Erbfolge; vgl. Nr. 75 a. E.
[165] Nach dt. Zivilrecht gibt es sowohl vertragliche (§ 346 Abs. 1 Alt. 1 BGB) als auch gesetzliche (§ 346 Abs. 1 Alt. 2 BGB) Rücktrittsrechte. Sie sind keine Anspruchs-, sondern einseitige Gestaltungsrechte, die bei Vorliegen eines Rücktrittsgrundes zur Rückabwicklung („Auflösung") des Vertrags führen, der unmittelbar in ein Rückabwicklungsschuldverhältnis umgewandelt wird. Der Rücktritt erfolgt zwar durch einseitige Erklärung gegenüber dem anderen Teil (§ 349 BGB); dieser muß aber von der Erklärung Kenntnis erlangen (können).
[166] Freilich bleibt es den Vertragschließenden unbenommen, die Möglichkeit der „Kündigung" vorzusehen und eigene Kündigungsgründe jenseits gesetzlicher (ordentlicher sowie außerordentlicher) Kündigungsgründe in den Vertrag aufzunehmen.
[167] Vgl. §§ 163, 186 ff. BGB, 902 ff. ABGB, Art. 76 ff. OR.
[168] Soll die Verbindlichkeit unmittelbar mit den Willenserklärungen entstehen, aber erst zu einem späteren Zeitpunkt, d. h. bei Eintritt eines zukünftigen Ereignisses, fällig werden (z. B. Maklerprovision), spricht man von Betagung (vgl. § 813 Abs. 2 BGB); § 163 BGB findet dann keine Anwendung.
[169] Vgl. §§ 158 BGB, 696 ABGB, Art. 151, 154, 157 OR.
[170] So definiert § 696 ABGB Bedingung als ein ungewisses Ereignis, von dem ein Recht abhängig gemacht wird.

Voraussetzung. Die gesetzlichen *Voraussetzungen* für die Gültigkeit einer Handlung sind nicht „Bedingungen". In der Umgangssprache wird dagegen „Bedingung" in einem sehr vagen Sinne verwendet, um sich auf die Umstände einer Handlung zu beziehen, etwa wenn die Rede ist vom „Kaufen unter guter (oder schlechter) Bedingung", sogar dann, um sich so auf den unversehrten oder nicht unversehrten Zustand von Sachen, etwa Lebensmitteln, zu beziehen. Außerhalb des Bereichs der römisch-zivilrechtlichen Tradition (zum Beispiel im Griechischen) ist der Begriff *Bedingung* unbekannt.

Akzidentalien der Handlung (*accidentalia negotii*) werden ergänzende Erklärungen genannt, welche die gewöhnlichen Wirkungen der Handlung, seien diese für den Typus der vollzogenen Handlung *notwendig*, seien sie *üblich*, wenn auch durch privaten Willen veränderbar (*naturalia negotii*), modifizieren. Neben der *Bedingung* und der *Befristung* gibt es weitere akzidentielle, ergänzende Erklärungen wie zum Beispiel die Auferlegung einer Last, die den Gewinn eines lukrativen Geschäfts (Nr. 65) etwas schmälert: eine *Anordnung* (*modus*)[171], die dem Schenkungsempfänger aufgebürdet wird.

Obwohl die Befristung in dem Sinne *gewiß* ist (Nr. 55), daß der vorhergesehene Umstand eintreten wird (zum Beispiel der Tod einer Person), gilt sie als *Bedingung* und nicht als *Befristung*, wenn sie von einer Bedingung abhängt.[172] Das ist die sogenannte *ungewisse Befristung* (*dies incertus*). Zum Beispiel setzt der Tod des Erben voraus, daß er geerbt hat, was nicht zutrifft, wenn er vor dem Erblasser stirbt. Auch wenn sein Tod *sicher* ist, ist sein „Vorversterben" ein *ungewisser* Umstand.

Befristung und die *Bedingung* dienen dazu, die Wirkung der Handlung zu verzögern; sie können nicht nur diesen *aufschiebenden* Charakter haben, sondern auch dazu dienen, Handlungswirkungen mit *auflösender* Bedingung zu beenden (Nr. 71).

Die *Aussetzung* von Wirkungen kann alle oder einige Handlungswirkungen betreffen. So kann die Bezahlung der gekauften Sache aufgeschoben werden, ohne daß die anderen Wirkungen des Vertrages verzögert werden. Häufig sind – in diesem Sinne – Handlungen, welche die

---

[171] Mit *modus* ist hier lediglich eine nebensächliche Auflage zur Art und Weise des Umgangs mit dem Empfangenen gemeint und nicht, was im österr. (und ähnlich im schweiz.) Zivilrecht Teil der „Lehre von Titel und Modus" ist, etwa wenn § 380 ABGB festhält: „Ohne Titel und ohne rechtliche Erwerbungsart kann kein Eigentum erlangt werden." Die „rechtliche Erwerbungsart" (*modus*) ist danach das dingliche *Verfügungs*geschäft, etwa die Übergabe einer Sache, das von dem vorausgehenden *Verpflichtungs*geschäft („Titel"), etwa dem Kaufvertrag, zu trennen ist. Anders als im dt. Zivilrecht (Abstraktionsprinzip!) entfaltet jedoch der Modus nur dann rechtliche Wirkung, wenn auch der zugrundeliegende Titel für ihn *kausal* wirksam geworden ist (Prinzip der kausalen Tradition).
[172] Die Formulierung klingt tautologisch, ist aber dadurch gerechtfertigt, daß eine Bedingung im sprachlichen nicht zugleich Bedingung im rechtlichen Sinne sein muß. Konkret geht es um ein in die Zukunft projiziertes, insofern ungewisses Ereignis, das aber in das Rechtsgeschäft mit einbezogen wird. Folgende Bedingungen im Rechtssinne sind demnach möglich: Potestativbedingung (Eintreten vom Willen eines Beteiligten abhängig), kasuelle Bedingung (Eintreten von den Beteiligten nicht steuerbar), aufschiebende Bedingung (§ 158 Abs. 1 BGB), auflösende Bedingung (§ 158 Abs. 2 BGB).

Erfüllung irgendeiner der eingegangenen Verpflichtungen zeitlich aufteilen, zum Beispiel das *Ratengeschäft*, aber auch die Sukzessivlieferungsverträge oder die befristeten Mietverträge.

XXIV. Dinglich wirksame Handlungen

73. Auch wenn sie sich auf Sachen beziehen, sind die rechtlichen Vorteile immer persönlicher Art, denn sogar die sogenannten *dinglichen* Rechte bestehen darin, gewisse Leistungen des Unterlassens fordern zu können (Nr. 12). Die Rechts*handlungen* können jedoch mit Rücksicht auf ihr Ziel *dingliche* Wirkungen hervorrufen, wenn sie eine Änderung der rechtlichen Stellung der Sachen verursachen. So zieht eine Eigentumsübertragung oder die Festsetzung einer Belastung des Eigentums – Nießbrauch, Grunddienstbarkeit, Hypothekar-Garantie und so weiter – *dingliche* Wirkungen nach sich.

Der dingliche Vorteil besteht immer darin, eine Sache haben zu können, um sie zu gebrauchen, oder über sie zu verfügen, um sie zu verbrauchen. Der Gebrauch kann – gesamtschuldnerisch (*in solidum*) – verschiedenen Personen gleichzeitig zukommen, wenn es sich nicht um Alleinverbrauch in Form von Material- oder rechtlichem Verbrauch durch Übertragung auf eine andere Person handelt: Nur eine Person kann dann *verbrauchen*, nicht zwei oder mehrere zugleich. Bei den dinglichen Vorteilen, deren Zweck ist, das Eintreiben einer Schuld zu sichern, wird die Übertragungsfähigkeit von der Nichterfüllung abhängig gemacht. Wenn eine Sache Früchte hervorbringt, besteht der Vorteil darin, diese zu verbrauchen. Als *Früchte* sind jene Erzeugnisse zu betrachten, die eine nicht verbrauchbare Sache regelmäßig hervorzubringen bestimmt ist (Nr. 95).[173]

Die *Früchte* als Zubehör der Sache, die sie hervorbringt, gehören dem, der einen dinglichen Vorteil betreffs der Sache hat, die sie hervorbringt (Nr. 94).[174] Dieser dingliche Vorteil kann neben dem Gebrauch der Sache, welche die Früchte hervorbringt, in besonderer Weise deren Aneignung[175] zum Gegenstand haben. Das ist der *Nießbrauch* [*usufructo*].[176]

Der Nießbrauch ist ein dinglicher Vorteil bezüglich fremden Eigentums, der sich auf dessen Gebrauch und auf die Nutzung der natürlichen und rechtlichen Früchte unter Einschluß der Zinsen aus geliehenem Geld (Nr. 95) beschränkt.[177] Gegenstand des Nießbrauchs ist gewöhnlich ein Eigentum auf Lebenszeit ohne Möglichkeit, über die Sache zu verfügen. Er dient dazu, den vermögensrechtlichen Status gewisser Personen, vor allem von Witwen, solange aufrechtzuerhalten, wie sie leben. In der Rechtsgeschichte gab es lange Zeit den Brauch,

---

[173] Vgl. im einzelnen § 99 BGB.
[174] Vgl. § 953 BGB.
[175] Österr.: Zueignung.
[176] In Österreich spricht man vom Fruchtgenußrecht (§ 509 ff. ABGB), in der Schweiz allgemein von der Nutznießung (Art. 745 ff. ZGB).
[177] §§ 1030 Abs. 1, 100 BGB. Für den Nießbrauch an einer Erbschaft ist § 1089 BGB *lex specialis*.

sich den Nießbrauch vorzubehalten, wenn man bis zu seinem Tod über eine Sache verfügen wollte ohne die Möglichkeit, das Testament zu widerrufen, jedoch unter Beibehaltung der Nutzung des Gegebenen bis zum Tod (*donatio reservato usufructu*).[178]

Die dinglichen Vorteile, die durch diese Handlungen mit dinglicher Wirkung verursacht werden, implizieren einen allgemeinen Anspruch, ihre Ausübung nicht zu behindern. Weil sie allgemeiner Art ist, gibt es keine vorhergehende Bestimmung der Person, die diese Leistung schuldet, und deshalb spricht man bei diesen Vorteilen von *Rechten gegenüber allen* (*erga omnes*).[179] Nur eine aktuelle Störung des dinglichen Vorteils bestimmt die Person, gegen die geklagt werden kann.

Gerade weil die Sachen betroffen sind und nicht nur die daran beteiligten Personen, pflegen Handlungen mit dinglicher Wirkung eine öffentliche förmliche Urkunde zu verlangen.

Die Personen, die an der Handlung beteiligt sind, sind Privatpersonen, während die Stellung der Sachen, auch jener, die Privatpersonen gehören, von öffentlicher Relevanz ist – vor allem mit Rücksicht auf die Sicherheit der Vermögensübertragung. Man darf nicht vergessen, daß zivilrechtliche Urteile in das persönliche Vermögen vollstreckt werden können, und so gesehen ist jedes Vermögen in gewissem Maße öffentlich. Die Feststellung, zu wessen Gunsten ein Vorteil bezüglich der Sachen besteht, ist von öffentlichem Interesse.

Vor allem ist stets von öffentlichem Interesse, wem der Grund gehört, weil es an ihm immer ein Obereigentum[180] [*dominio eminente*] der Gemeinschaft[181] gibt (Nr. 93).

Zu manchen Zeiten bestimmte das Vermögen, vor allem das Grundeigentum, die Ordnung einer nach „Schichten" gegliederten Gesellschaft. Eine Unterscheidung dieser Art mag einer egalitären Mentalität ungerecht erscheinen, aber es steht fest, daß die Stabilität einer gesellschaftlichen Gruppe von der Verantwortlichkeit der Grundeigentümer abhängen kann, die so gesehen einen besseren Sinn für den Gemeinschaftsgeist der Gruppe haben, denn ihre Stellung ist von öffentlichem Interesse, auch wenn dieses auf einen privaten Vorteil bezogen ist.

Die Zwangsenteignung um des Gemeinnutzens willen ist zugleich eine klare Anerkennung des partikularen dinglichen Vorteils einer Privatperson und des potentiellen Vorteils der Gemeinschaft.

---

[178] Vgl. zum christlichen Einfluß auf diese Entwicklung *Andreas Wacke*, „Una porción hereditaria para Jesucristo". La influencia del cristianismo sobre el Derecho de sucesiones, Estudios de Deusto. Revista de la Universidad de Deusto 46/2 (1998), S. 141–155 (148 ff.), auch in: SDHI 66 (2000), S. 277–288.

[179] Sog. absolute Rechte, die gegenüber jedermann Geltung beanspruchen.

[180] Das auch Staatsobereigentum genannte *dominium eminens* legte seit dem Mittelalter eine Art Oberhoheit des Staates über privates Eigentum, zumal an Grund und Boden, nahe, eine Vorstellung, die in den USA sehr lebendig geblieben ist. Unter rationalistisch-naturrechtlichem Einfluß setzte sich aber im 19. Jh. der Gedanke eines dem Staat grundsätzlich entzogenen Privateigentums durch, das freilich „expropriiert" bzw. (gegen Entschädigung) enteignet werden kann. Vgl. auch Nr. 93 mit Anm. 273.

[181] Eine *privatrechtliche* Unterscheidung von Ober- und Nutzungseigentums machte die Regelung des § 357 ABGB, die seit 24. Juli 2006 weggefallen ist.

XXIV. Dinglich wirksame Handlungen

74. Ein anderer Aspekt des öffentlichen Interesses, den die Ordnung des Privateigentums an Sachen hat, ist der Besitzschutz. Der *Besitz* [*posesión*] ist der Tatbestand des *Rechtsscheins* [*apariencia*] eines dinglichen Vorteils.

Die *possessio* war ursprünglich[182] das einer Privatperson eingeräumte Innehaben von öffentlichem Grund. Doch bald erfolgte eine Ausweitung des Begriffs auf andere Arten des Innehabens anderer Sachen durch andere Personen. Im Laufe der Zeit wurde daraus der Anschein jeglichen Rechtsvorteils unter Einschluß der rechtlichen Stellung dieser Personen. Aber es erwies sich als angemessener, den Begriff allein auf die dinglichen Vorteile zu beschränken.

In gewisser Weise rechtfertigt der Rechtsschein eines Vorteils die Vermutung (Nr. 26) vollständiger Sachinhaberschaft, denn die Rechtssicherheit (Nr. 55) verlangt, daß die Rechtsscheintatbestände respektiert werden, solange ihre Unangebrachtheit nicht gerichtlich erwiesen ist. Die ungerechtfertigte Änderung der aktuellen Besitzstellung wird gemäß dem Naturrecht als unzulässig erachtet.

Der Rechtsschutz des Besitzes gleicht dem Gesetz der Schwerkraft in der physischen Welt: Die Sachen müssen im Besitz dessen bleiben, der sie hat, solange ihre Verlagerung nicht gerechtfertigt ist. Der Dekalog[183] spricht vom „nicht stehlen", was sich, folgt man dem Ausdruck, nur auf die beweglichen Güter (Nr. 94) bezöge; er muß aber auf jede dingliche Inhaberschaft ausgedehnt werden. Dieses Gebot ist die naturrechtliche Stütze für die Verteidigung sämtlichen Eigentums [*propiedad*] und sogar der persönlichen Vorteile vermögensrechtlicher Art. In der Umgangssprache, die stets dazu neigt, übertriebene oder abwertende Ausdrücke vorzuziehen, wurde *Diebstahl* durch *Raub* ersetzt, der schlimmer ist, weil er Gewalt impliziert;[184] und im Lateinischen *fur*[185] durch *latro*[186].

Als spezifisch gerichtliche Präsumtion führt der dingliche Vorteil zu einer prozessualen Ungleichheit, die den Besitzer begünstigt: Wenn dieser als Beklagter beteiligt ist, muß er zugunsten des Rechtsscheins seines dinglichen Vorteils nichts beweisen, sondern kann sich darauf beschränken zu hoffen, daß der Kläger die Nichtberechtigung solchen Rechtsscheins nicht beweisen kann.

Im Rechtsstreit um Eigentum oder andere dingliche Vorteile erkennt das für den Beklagten günstige Urteil nicht dessen berechtigten dinglichen Vorteil an, sondern weist das vom Kläger Beanspruchte ab. Deshalb ist er nicht geschützt vor der Klage Dritter, die von der gerichtlichen Wirkung der *entschiedenen Sache* nicht betroffen sind. Als Beklagter zu obsiegen stellt nicht den Sieg über einen anderweitigen Kläger sicher. Die Wirkung des Urteils erstreckt sich also nicht nur exklusiv auf die Prozeßparteien, sondern ist allezeit *relativ*.

Das Bedürfnis nach Sicherheit, das den Besitzschutz rechtfertigt, kommt vor allem dadurch zum Tragen, daß der Rechtsschein durch Anerkennung seiner Angemessenheit bestätigt wird, nämlich dann, wenn er nach Ablauf einer gewissen Zeit gerichtlich nicht bestritten worden ist. Man spricht dann von *Verjährung*.

---

[182] Vgl. *Aldo Schiavone* (Hrsg.), Storia guiridica di Roma, Turin 2016, S. 156 ff.
[183] Genauer das Siebte Gebot: „Du sollst nicht stehlen." Vgl. KKKK, S. 159.
[184] Vgl. Diebstahl (§ 242 StGB), Raub (§ 249 StGB), räuberischer Diebstahl (§ 252 StGB).
[185] Span. für Dieb.
[186] Span. für Straßenräuber.

Von der *Klagenverjährung* [*prescripción de acciones*], die darin besteht, daß das, was – sowohl bezüglich dinglicher als auch anderer Vorteile – während eines langen Zeitraums nicht geltend gemacht worden ist, nicht mehr vor Gericht eingeklagt werden kann[187], ist die *Kaduzierung [caducidad] von Klagen*[188] zu unterscheiden, die vom Ablauf einer kürzeren Zeit abhängt, welche das Gesetz für die Klageerhebung festlegt. Die *Verwirkung* ist nur prozessualer Natur, während die *Verjährung* das präsumierte Anspruchsrecht betrifft[189], weil sie die rechtliche Bestätigung desselben bewirken kann. Man spricht dann von *erwerbender Verjährung*[190] oder *Ersitzung* [*usucapción*] als der Art und Weise, einen dinglichen Vorteil zu erwerben (Nr. 55).

Der Begriff *Ersitzung* (Erwerb durch *usus*, Gebrauch) stammt zunächst aus dem römischen Recht, in dem der *Gebrauch* sich nicht vom *Besitz* unterscheidet. Die *Präskription* war die prozessuale Figur, durch die derjenige, der den Vorteil bezüglich eines Provinzialgrundes hatte, geschützt war; dann wurde der Begriff auf jedwedes Geltendmachen dinglich-rechtlicher Vorteile bezüglich jeder Art von Sachen ausgedehnt oder auch auf die Beendigung irgendeiner Klage.

75. Da der Besitz in einer tatsächlichen Sachherrschaft besteht[191], das heißt in der Macht, über die Sache zu verfügen[192], und wenn es durch eine Mittelsperson[193] wäre, hängt der Erwerb des Besitzes von der Rechtshandlung der Inbesitznahme [*toma de posesión*] dieser Sache ab. Gewöhnlich hat diese Inbesitznahme als Rechtsgrund eine Einigung[194] über den Wechsel von einem Besitzer an einen anderen. Dieser Akt des Übertragens einer Sache in die Verfügungsgewalt und die Verantwortlichkeit einer anderen Person wird *Übergabe* [*tradición*] genannt.[195]

In wörtlichem Sine bedeutet *Übergabe* (*traditio*) den Akt des *Gebens* von etwas um der Übertragung willen, aber der Akt selbst besteht in der Inbesitznahme des Erwerbers, der die

---

[187] Die sog. Klagenverjährung (*praescriptio actionum*) war im röm. Recht das Erlöschen des Rechts durch Nichtgebrauch (*praescriptio extinctiva*); gemeint war damit im Grunde eine Anspruchsverjährung, nicht nur der Verlust der Klagebefugnis. Wie *Savigny* in seiner Pandekten-Vorlesung von 1824/25 anmerkt, wurde im justinianischen Recht die *praescriptio* mit der *exceptio* identifiziert. Auf die Klagenverjährung konnte sich eine *exceptio* gründen, also die Hinzusetzung einer Zeit.
[188] In der Regel geht es um Vollstreckungsklagen, die bei nicht rechtzeitiger Einreichung – in Spanien innerhalb einer Fünf-Jahre-Frist – zum Verlust des Vollstreckungstitels führen; vgl. art. 518 LEC.
[189] Vgl. Anm. 187.
[190] Mit der *praescriptio adquisitiva* wurde ein Zeitablauf bezeichnet, der, wie z. B. die Ersitzung, zu einem Rechtserwerb führt, § 937 BGB.
[191] So auch § 854 Abs. 1 BGB.
[192] Damit dürfte entsprechend dem röm. Recht ein subjektives Merkmal angedeutet sein, nämlich der auf die tatsächliche Innehabung (*corpus*) gerichtete Wille (*animus*), die Sache „als die seinige zu behalten" (§ 309 ABGB).
[193] Sog. mittelbarer Besitz (§ 868 BGB), z.B. des Vermieters einer Wohnung im Verhältnis zum unmittelbaren Besitz des Mieters.
[194] Vgl. § 854 Abs. 2 BGB.
[195] Vgl. zum Eigentumserwerb § 929 BGB.

hauptsächlich aktive Person bei diesem Überbringungsakt ist. Der Begriff steckt auch in der *Auslieferung* [*traición*] an den Feind oder in der geschichtlichen *Tradition*, durch welche die jüngere Generation das empfängt und übernimmt, was die ältere ihr *hinterläßt*.

Der Übergabeakt, der den Erwerb eines dinglichen Vorteils bewirkt, hat seine Ursache wiederum in einem vorausgehenden Vertrag, sei er entgeltlich wie der Kauf von dem, der verkauft, sei er unentgeltlich wie die Annahme einer Schenkung (Nr. 65). Man spricht von „geben", wenn der Übergabeakt die Wirkung dinglichen Erwerbs hervorruft (Nr. 77).[196]

Aber auch andere nichtvertragliche Handlungen können den Besitz an einer Sache verschaffen, etwa das Jagen[197] oder das Fischen[198], die Übernahme von Gütern einer Erbschaft[199], und so weiter.

Wenn der erworbene Vorteil der gleiche ist wie der eines früheren Besitzers, wird der Übertragungsakt *derivativ*[200] genannt; handelt es sich um den Erwerb eines neuen Vorteils wie im Falle der Jagd, wird er als *originär*[201] bezeichnet.

Wenn der Inbesitznehmende dies im Bewußtsein tut, einen fremden Vorteil nicht verletzen zu wollen, sagt man, er sei „gutgläubig", im gegenteiligen Fall, er sei „bösgläubig" (Nr. 59). Da dieser Glaube schwer zu beweisen und subjektiv ist, wird der gute Glaube *vermutet*, wenn der verursachende Rechtsakt oder die für einen originären Erwerb charakteristischen Umstände geprüft worden sind.

Schließlich ist die *Erbschaft* eine gerechte Ursache von Vermögensbesitz, sei es als Universalerbe, das heißt als Erbe des gesamten Vermögens, über das ein Verstorbener nicht in anderer Weise verfügt hat, sei es aufgrund freier Verfügung über eine bestimmte Sache *von Todes wegen* (*mortis causa*), die in einem Testament oder einem ähnlichem Dokument *angeordnet* [*mandada*] wie *verfügt* [*legado*] (Nr. 37) wurde.

Im Erbschaftsfall ist der Erbe *Rechtsnachfolger* des Verstorbenen (Nr. 7), denn er ersetzt dessen vermögensrechtliche Persönlichkeit; doch sprechen die Zivilrechtler auch von *partikularer* Rechtsnachfolge, wenn es sich um einzelne Güter handelt, die *mortis causa* oder sogar *inter vivos* empfangen wurden. Das ist weniger angemessen, denn in diesen Fällen gibt es keinen Übergang in den Personen, sondern in einem konkreten rechtlichen Vorteil.

---

[196] Vgl. zur Übergabe wegen Kaufvertrags § 433 Abs. 1 S. 1 BGB.
[197] In Deutschland ist das Jagdrecht an das Grundeigentum gekoppelt (§ 3 Abs. 1 S. 1. u. 2 BJagdG) und kann nicht als selbständiges dingliches Recht begründet werden (§ 3 Abs. 1 S. 3 BJagdG).
[198] Gemäß den dt. Landesfischereigesetzen steht das Fischereirecht grundsätzlich dem Eigentümer eines Gewässers zu (Eigentümerfischereirecht), kann aber auch unabhängig vom Gewässer veräußert werden (selbständiges Fischereirecht).
[199] Vgl. § 1922 BGB.
[200] Vgl. zum abgeleiteten oder mittelbaren Erwerb etwa §§ 423 ABGB, 929–931 BGB. Hier gilt: *Nemo plus iuris transferre potest quam ipse habet.*
[201] Vgl. etwa zum unmittelbaren Erwerb §§ 381 ff. (Erwerb freistehender Sachen), 367 ABGB bzw. §§ 923–926 (Gutglaubenserwerb), 937 ff. (Ersitzung), 946–952 BGB (Verbindung/Vermischung/Verarbeitung).

Im Prinzip ist jede einträgliche Übertragung (Nr. 65), das heißt ohne eine dem Empfänger auferlegte Gegenleistung, wie eine Vorwegnahme der letztwilligen Verfügung, auch in Fällen der nicht bis zum Tod aufgeschobenen *Schenkung* von Sachen *inter vivos*.

Die Erbschaft entspricht der wirtschaftlichen Vorsorge familiärer Art und setzt gewöhnlich Erspartes voraus, das heißt die Umwandlung eines *Auskommens* in ein *Erbe*. Die indirekten Steuern, die den Konsum belasten, bieten Anreiz zum Sparen, während die direkten Steuern, die das Vermögen und die persönlichen Einkommen belasten, die gegenteilige Wirkung hervorbringen.

XXV. Schuldrechtlich verpflichtende Handlungen

76. Die *persönlichen* oder auf *Verbindlichkeit* beruhenden Vorteile setzen einen Schuldner voraus, der vom ersten Augenblick ihrer Existenz an feststeht: die Person eines konkreten Schuldners, der verpflichtet ist, dem Gläubiger, der Inhaber des Vorteils ist, eine bestimmte Leistung zu erbringen.

Die persönliche Verantwortlichkeit (Nr. 21) des Schuldners konkretisiert sich in der möglichen Beeinträchtigung seines Vermögens in dem Maß, wie es für die Zufriedenstellung seines Gläubigers notwendig ist. Ausgeschlossen von dieser allgemeinen Beeinträchtigung ist eine solche, die durch Pfand oder einen ähnlichen Vorteil als dingliche Sicherung für Güter oder Gruppen von Gütern festgelegt worden sein kann. Nur in primitiven Rechtsordnungen ist es denkbar, daß der Leib eines zivilrechtlichen Schuldners in Mitleidenschaft gezogen wird. Ein Überbleibsel derselben ist die *Schuldhaft* (Nr. 85)[202]; aber von diesem primitiven Recht stammt auch die unter Zivilrechtlern nicht ungewöhnliche Unterscheidung von *Haftung* und *Schuld*.[203]

Nur in besonderen Fällen stehen der Gläubiger und der entsprechende Schuldner nicht von Anfang an fest, sondern es erfolgt eine Konkretisierung zu einem späteren Zeitpunkt; es handelt sich um übertragbare *Handelswechsel* [*títulos de crédito*], die selbst Gegenstand eines dinglichen Vorteils sind, aber jeweils zugunsten beziehungsweise zu Lasten von Personen gelten, die anfangs nicht Gläubiger und Schuldner sind. Da sie trotz dieser relativen Unbestimmtheit die Leistung für eine

---

[202] Zum Abarbeiten der Schuld waren nach röm. Recht Gesamtvollstreckung und Schuldhaft vorgesehen. Seit dem Spätmittelalter war Schuldhaft in Deutschland die Regel. Auf dem Gebiet des Norddt. Bundes wurde sie im Mai 1868 aufgehoben. Art. 1 des Protokolls Nr. 4 zur EMRK verbietet sie nun: „Niemand darf die Freiheit allein (!) deshalb entzogen werden, weil er nicht imstande ist, eine vertragliche Pflicht zu erfüllen." Vgl. auch Art. 5 Abs. 1 EMRK. Davon zu unterscheiden sind etwa im dt. Recht Freiheitsstrafen für Vermögensdelikte wie Betrug, Unterschlagung und Untreue, Sicherheitsarrest (§§ 918, 933 ZPO), zivilrechtliche (Ersatz-)Zwangshaft (§§ 888, 901 ZPO), Ordnungshaft bzw. Beugehaft im Zivilprozeß (§§ 380, 390 bzw. § 890 ZPO), im Strafprozeß (§ 70 StPO), im Verwaltungsprozeß (vgl. §§ 177 ff. GVG) und im Maßregelvollzug (Art. 1, 5–9 EGStGB).
[203] Beide Begriffe im dt. Original, im Spanischen umschrieben mit *vinculación corporal* (körperliche Gebundenheit) und *deuda* (Schuld, abgeleitet vom lat. *debitam*).

bestimmte Person zum Gegenstand haben, handelt es sich nach wie vor um einen persönlichen und nicht um einen dinglichen Vorteil.[204]

Das Schuldrecht läßt der Willensautonomie (Nr. 47) mehr Raum. Denn während die dinglichen Vorteile einigen wenigen Typen anzupassen sind, die durch die Natur der Sachen und durch die Art und Weise, sich ihre Verwendbarkeit zunutze zu machen, bestimmt sind, weisen die privaten Plichten, welche die Personen binden, eine größere Vielfalt auf. Obwohl es einige Archetypen (Nr. 80) gibt, sind die gemischten Gestalten sehr häufig; und innerhalb ein und desselben Typs von Verbindlichkeit sind den durch Privatvertrag festgelegten Modalitäten keine Grenzen gesetzt.

Obwohl diese Vielfalt von Rechtsfiguren im Rahmen der dinglichen Vorteile begrenzter ist, können *Dienstbarkeiten*, die zugunsten eines Grundstücks dem benachbarten Grundstück auferlegt werden[205], leichter an die Privatautonomie angepaßt werden. Tatsächlich können die Pflichten aus einem Grundstück ganz unterschiedlich und Gegenstand einer Dienstbarkeit sein, stets vorausgesetzt, daß es sich nicht um einen vorübergehenden, sondern voraussichtlich permanenten Nutzen handelt.

Wenn bisweilen gesagt wurde, daß die Typen der Dienstbarkeiten ausschließlich die vom Gesetz typisierten seien (*numerus clausus*)[206], ist das darauf zurückzuführen, daß das Gesetz sich nicht so sehr um die privaten Vereinbarungen kümmert als vielmehr um die *Begrenzungen des Eigentums*; diese sind nur wenige und notwendigerweise gesetzlich festgelegt. (Fälschlicherweise heißen sie „gesetzliche Dienstbarkeiten".)

77. Die Leistung, die Gegenstand der Handlung bezüglich persönlicher Vorteile ist – die Pflicht zu *geben* –, kann in einer Vermögensmehrung beim Gläubiger bestehen oder darin, etwas zu tun oder zu unterlassen, dessen Verrichtung ein Vermögens(rechts)interesse anderer Art enthält.

Die Erfüllung der Schuld, Geld zu geben, heißt *Zahlung* [*pago*]; so wird dieser Ausdruck in der gängigen Sprache verstanden, obwohl die Lehre die Erfüllung irgendeines Typs von Pflicht *Zahlung* zu nennen pflegt, sogar jener, etwas zu tun oder zu unterlassen.[207] Tatsächlich ist *Zahlung* der Akt, durch den der Gläubiger sich „befriedigt", indem das Bestreben seines Vorteils erfüllt wird, gleichgültig, welcher Art er sei.

---

[204] Der zivil-, d.h. schuldrechtliche Wertpapier- oder Wertschriftbegriff (z.B. Wechsel), der den Besitz einer Urkunde voraussetzt, unterscheidet sich von dem des WpHG.
[205] Vgl. §§ 1018 ff. BGB (Grunddienstbarkeit), 1030 ff. BGB (Nießbrauch), 1090 ff. BGB (beschränkte persönliche Dienstbarkeit) BGB. Die in Österreich *Servituten* heißenden Dienstbarkeiten haben ihre gesetzliche Grundlage in den §§ 472–473 ABGB.
[206] So wohl allg. Auffassung in Österreich, während in Deutschland und in der Schweiz ein N.C. nur hinsichtlich der Eintragbarkeit im Grundbuch (Art. 958 ff. ZGB) besteht; vgl. § 12 Abs. 1 GBG.
[207] Im Deutschen spricht man allgemeiner von „Leistung" (im Sinne von Erfüllung) oder „Befriedigung".

Auch wenn manchmal das *Geben* [*dar*] mit dem *Übergeben* [*entregrar*] verwechselt wird, ist jener Begriff nur zu verwenden, wenn eine vermögensrechtliche Mehrung herbeigeführt wird (Nr. 75). So muß im Recht der römischen Tradition nur der Käufer den Preis *geben*, während der Verkäufer das Verkaufte *übergeben*, will heißen etwas *tun* muß.

Die Pflichten, eine Inhaberschaft herzugeben, sind in dem Sinne teilbar, daß es möglich ist, sie in Teilen zu erfüllen, zum Beispiel, wenn es mehrere Gläubiger oder Schuldner[208] gibt, oder wenn der Gläubiger eine Teilerfüllung[209] akzeptiert.

Ausnahmsweise[210] ist die Schuld, gewisse Leistungen zu erbringen, die aufgrund von aufgewendeter Zeit oder Arbeit finanziell meßbar sind, teilbar, etwa die Zahlung von Tageslöhnen für die erbrachten Stücke. Wenn das Gesetz dem Gläubiger gestattet, eine Teilzahlung zu verweigern, dann geschieht dies nicht aufgrund natürlicher Unteilbarkeit der Verbindlichkeit, sondern um des Schutzes der Gläubiger vor Schuldnern willen, die mit der Zahlung des Geschuldeten zum Schaden der Gläubiger in Rückstand geraten. Diese Verzögerung wird *Verzug* [*mora*] genannt.[211] Aber auch der Gläubiger gerät in Verzug, wenn er sich weigert, eine vollständige Zahlung zum geschuldeten Zeitpunkt anzunehmen.[212]

Die Unteilbarkeit ist nicht zu verwechseln mit der *Solidarschuld* [*solidaridad de las obligaciones*].[213] Diese ist auf den konkreten Willen derjenigen zurückzuführen, die sie eingehen, und nicht auf ihr Wesen, obwohl das Ergebnis, sie nicht in Teilen erfüllen oder einfordern zu können, das gleiche ist.

Die Pflicht eines Bürgen[214] für eine fremde Schuld ist naturgemäß subsidiär und teilbar, denn sie bezieht sich auf Geldersatz; doch die Kreditinstitute behandeln sie oft als nichtsubsidiär, sondern als erstrangig und unteilbar, um dessen Erfüllung besser abzusichern.

Das *Interesse* des Gläubigers setzt nicht notwendigerweise eine vermögensrechtliche Vergünstigung voraus, sondern kann in der Wertermittlung bestehen, die der Richter bei einem Interesse des Gläubigers, das nicht ursprünglich finanzieller Art war, vornehmen lassen kann.

---

[208] Folgende Formen sind zu unterscheiden: Teilgläubiger- bzw. Teilschuldnerschaft (§ 420 BGB), Gesamtschuld (§§ 421–427, 431 BGB), Gesamtgläubigerschaft (§§ 428–430 BGB), Gläubigergemeinschaft (§ 432 BGB).

[209] Vgl. § 266 BGB.

[210] Teilzahlungsgeschäfte (vgl. § 506 Abs. 1 Nr. 3 BGB) sind die Ausnahme zum gesetzlichen Regelfall des Teilzahlungsverbots (§ 266 BGB).

[211] Schuldnerverzug, v. a. §§ 280 Abs. 1 u. 2, 286 BGB.

[212] Annahmeverzug, §§ 293 ff. BGB.

[213] Solidarität (*obligatio in solidum*) meint im röm. Zivilrecht eine besondere Art der Haftung aus Gesamtschuld (vgl. §§ 421 ff. BGB), bei der jeder *in solidum*, d. h. in bezug auf das Ganze, haftet. Anders als in Deutschland, wo der Begriff im Zivilrecht ungebräuchlich ist, spielt er im schweiz. Obligationenrecht eine wichtige Rolle. Nach der aktienrechtlichen Vorschrift des Art. 759 Abs. 1 OR n. F. haftet eine Person nur insoweit, als ihr der Schaden aufgrund ihres eigenen Verschuldens und der Umstände persönlich zurechenbar ist (sog. differenzierte Solidarität). Im übrigen gilt die „absolute Solidarität"; vgl. Peter Böckli, Schweizer Aktienrecht, 3. A., Zürich 2004, § 18 N 480 ff. Vgl. zum Ganzen jetzt *Frédéric Krauskopf*, Zürcher Kommentar Art. 143–150 OR, Die Solidarität, Zürich 2016. In Österreich gelten §§ 1357, 1409 (gesetzlicher Schuldbeitritt), 820 S. 1 ABGB.

[214] Vgl. §§ 765 ff. BGB.

Beispielsweise kann das Interesse eines Vereins, dessen zivilrechtlich zugelassener Zweck im Naturschutz besteht, einen Geldersatz für die etwaige Vereitelung seiner zulässigen sozialen Ziele rechtfertigen, die durch das Handeln anderer Personen verursacht wird, selbst wenn kein Delikt vorliegt. Die allgemeine Verbreitung von *Popularklagen* zum Schutz von öffentlichen Interessen erweist sich als problematisch (Nr. 22).

78. Obwohl sich die persönlichen oder schuldrechtlichen Vorteile auf irgendeine allgemeine Gesetzesvorschrift stützen, bewirkt ein derartiger Rechtssatz in einem gesatzten Recht nicht mehr als die Anerkennung der Willensautonomie der Personen, welche die Verbindlichkeit vereinbart haben (Nr. 74). Nur ausnahmsweise erlegt das Gesetz nichtvertragliche Pflichten auf, vor allem bezüglich der Erfordernisse der öffentlichen Verwaltung. Nur in diesen Fällen kann man sagen, daß das Gesetz die *Ursache* derartiger unbeabsichtigter Pflichten ist. In den übrigen Fällen ist die Ursache der Pflichten in einer privaten Willenserklärung zu suchen.

Die Einigung, mit der sich zwei Personen verpflichten, ist immer ein zweiseitiger Akt, denn sie setzt das Jawort zweier Willen voraus. Aber meistens verpflichten diese Personen sich gegenseitig. Es handelt sich nicht einfach um eine generische, sondern um eine funktionale Zweiseitigkeit (Nr. 79). Man spricht dann von *Vertrag*.

Es ist daher zwischen *Einigung* und *Vertrag* zu unterscheiden: Dieser ist eine besondere Art der Einigung. Abgesehen davon jedoch, daß einige nichtvertragliche Einigungen (Nrn. 85–87) auch Ursache einer einseitigen Verbindlichkeit sein können, gibt es im Recht viele auf Konvention beruhende Handlungen, die keine Verbindlichkeiten verursachen, obwohl sie bisweilen das Schuldverhältnis ergänzende Handlungen sein können, etwa solche, die *akzidentielle* Elemente hereinbringen (Nr. 72), und allgemein die Vereinbarungen, die den Umfang einer Verbindlichkeit bestimmen oder sie zum Erlöschen bringen, wie es bei der *Zahlung* geschieht (Nr. 77).

Die Schuld erlischt nicht nur durch ihre Erfüllung[215], sondern auch aus anderen Gründen wie dem der Vereinbarung des Vorteilsverzichts[216], der Umwandlung eines Schuldverhältnisses in ein anderes, davon unterschiedenes (Novation)[217], der Aufrechnung [*compensación*] von gegenseitigen gleichartigen Schulden[218] oder aus anderen vom Recht zugelassenen Gründen.

XXVI. Verträge

79. Die funktionale Gegenseitigkeit des Vertrags impliziert die Reziprozität der Pflichten, die dieser hervorruft.

Die Zivilrechtslehre neigt dazu, jede schuldrechtliche Vereinbarung *Vertrag* zu nennen, selbst wenn es sich um eine einseitige Verpflichtung handelt, folglich – aus der Notwendig-

---

[215] Vgl. § 362 BGB.
[216] Vgl. § 397 Abs. 1 BGB.
[217] Im BGB nicht geregelt, jedoch in den §§ 1376, 1378 ABGB und in Art. 116 OR.
[218] Vgl. §§ 387 ff. BGB, 1438 ABGB, Art. 120–126 OR (Verrechnung).

keit, diese anzunehmen – auch das *Darlehen* (Nr. 85), die *Verabredung [estipulación]* und sogar die *Schenkung* (Nr. 75). Diese Ausweitung verwirrt mehr, als daß sie den Begriff des *Vertrags* erhellt (Nr. 78).

Die Reziprozität kann im dem Sinne asymmetrisch sein, daß die Pflichten des einen gegenüber denen des anderen Vertragspartners nicht gleich wesentlich sind, sondern daß die Pflicht der einen Partei gegenüber der hauptsächlichen der anderen Partei zweitrangig ist.

Beispielsweise besteht im Auftrag [*contrato de mandato*][219], durch den jemand damit bestellt wird, im Interesse des Auftraggebers ein Geschäft auszuführen, die hauptsächliche Pflicht darin, den Auftrag, den auszuführen er angenommen hat, zu erfüllen, während die Pflicht, daß die bei dieser Besorgung anfallenden Aufwendungen von dem zu tragen sind[220], der den Auftrag dazu gegeben hat, nur zweitrangig ist, zumal möglicherweise gar keine Kosten entstehen. Dagegen sind beim Kauf die Pflicht des Verkäufers, das Verkaufte auszuhändigen, und die Pflicht des Käufers, den Preis zu entrichten, Haupt-, nicht Nebenpflichten.

Das griechische Wort *synállagma* wird im Sinne von Vertrag verwendet, aber die Lehre unterscheidet zwischen *vollkommen synallagmatischen* Verträgen mit symmetrischen Pflichten und *unvollkommen synallagmatischen* Verträgen mit asymmetrischen Pflichten.

Die Verwendung von griechischen Begriffen erweist sich im Recht als mißverständlich, denn die griechischen Begriffe lassen sich kaum dem römischen Recht anpassen, aus dem das gegenwärtige Zivilrecht hervorgegangen ist. Die römischen Juristen versuchten, griechische Begriffe wie diesen und andere – etwa *hypotheca, parapherna, hyperocha, anatokismos* und so weiter –, die im griechischen Recht einen kaum gleichzusetzenden Sinn hatten, nicht zu verwenden. Aber die Zivilrechtler scheinen für sie eine gewisse Vorliebe zu haben.

Die vollkommen synallagmatischen Verträge sind immer *entgeltlich*, zumal da jede Partei aufgrund der wechselseitigen Verpflichtung, die das eigene Vermögen vermehrt, sich mit ihrem Vermögen verpflichtet. Die unvollkommen synallagmatischen Verträge dagegen sind *unentgeltlich*, weil das vermögensrechtliche Interesse der zweitrangigen Pflicht ebendiese Pflicht, da sie nebensächlich ist, nicht zur Ursache der hauptsächlichen Pflicht der anderen Partei machen kann (Nr. 65); so ist es beim Auftrag.[221]

---

[219] §§ 662–674 BGB, 1002 ff. ABGB („Bevollmächtigungsvertrag"), Art. 394 ff. OR.
[220] §§ 669 f. BGB, 1014 ABGB, Art. 402 OR.
[221] Das Abstellen auf die Entgeltlichkeit wie beim Geschäftsbesorgungsvertrag (§ 675 Abs. 1 BGB) trifft zwar auf die allermeisten Fälle zu, dennoch dürfte das entscheidende Kriterium das reziproke *Austauschverhältnis* der versprochenen Leistungen sein. Ist dieses wie z. B. beim Kauf oder bei der Miete gegeben, handelt es sich um einen vollkommen zweiseitigen Vertrag (Synalagma im eigentlichen Sinne); ist es wie z. B. beim zinslosen Darlehen nicht gegeben, handelt es sich um ein unvollkommen zweiseitiges Rechtsgeschäft und ist dann nur im uneigentlichen Sinne synallagmatisch. Die Entgeltlichkeit ist damit weiter gefaßt als die Gegenseitigkeit der Leistungen; zudem darf sie nicht mit dem umgangssprachlichen „(Arbeits-) Entgelt", der vereinbarten Vergütung für eine Leistung, verwechselt werden.

Obwohl zum Beispiel derjenige, der eine Geschäftsbesorgung im Interesse seines Auftraggebers übernimmt, mit der Möglichkeit rechnet, daß er für den Aufwand entschädigt wird, ist diese Obliegenheit nicht die Ursache [*causa*] dafür, daß er sich verpflichtet, das Geschäft abzuwickeln, sondern eine Voraussetzung [*presupuesto*].[222] Dagegen verpflichtet sich der Verkäufer, das Verkaufte aus dem Grund zu übergeben, daß der Käufer sich verpflichtet, den Preis zu bezahlen.

Vorvertrag wird derjenige vollkommen synallagmatische Vertrag genannt, durch den sich die Parteien gegenseitig verpflichten, eine bestimmte künftige schuldrechtliche Bindung einzugehen. Wenn die vorgesehene Rechtshandlung ein anderer Vertrag ist, der zu seiner Gültigkeit keiner Form bedarf, kann man annehmen, daß es einen einzigen Vertrag gibt, dessen erste Phase der Vorvertrag ist.

Unter Umständen kann sich die Trennung der beiden Verträge als ratsam erweisen, etwa damit der Vorvertrag nicht der Gerichtsbarkeit des vorgesehenen Vertrags unterworfen wird, oder aus steuerlichen Gründen, wenn der vorgesehene Vertrag nicht zum Abschluß kommt. Im übrigen wird, wenn der Vorvertrag mit einer verbindlichen Rechtshandlung vereint wird, die Auslieferung verlangt, diese Handlung in einen Vertrag umgedeutet, zum Beispiel in ein wechselseitiges Darlehen mit der im Vorvertrag vorgesehenen Verzinsung (Nr. 86).

Vom Vorvertrag unterscheidet sich das Versprechen, einen künftigen vertraglichen oder nichtvertraglichen verbindlichen Rechtsakt vorzunehmen, der als einseitiges Versprechen gilt (Nr. 87) und nicht in den geplanten Rechtsakt eingefügt werden kann.

Versprechen künftiger Eheschließung – Verlobungen – sind von Rechts wegen nicht bindend, können aber für denjenigen, der sie nicht erfüllt, vermögensrechtliche Nachteile mit sich bringen.[223]

Ein verbindlicher Rechtsakt ist *aleatorischer* Art, wenn die geplante Verbindlichkeit vom Glück (lat. *alea*[224]) abhängt, wie es bei der Lotterie und anderen Glückspielen, aber auch beim *Versicherungsvertrag* der Fall ist.

80. Jeder Vertrag setzt die persönliche Einigung voraus, eine gewisse Kooperation der beiden Vertragsparteien zu erwirken; doch in dieser Beziehung kann sich die Stellung der Personen wandeln.

Wenn zwei Personen vereinbaren, eine gemeinsame Handlung vorzunehmen, können drei verschiedene physische Anordnungen der an dieser Handlung beteiligten Personen unterschieden werden: Sie können Seite an Seite mit demselben Gegenüber Aufstellung nehmen; sie können einander gegenüberstehen in der Haltung gegenseitigen Austausches; schließlich können sie hintereinander stehen zu dem Zweck, daß der Vordere an Stelle des Hinteren

---

[222] Zu der für *d'Ors* so wichtigen Kausallehre vgl. die Nrn. 19 f., 59, 65, 71, 75 sowie *d'Ors*, Relectio de Causa (s. Anm. 40), S. 149–152.
[223] Vgl. §§ 1298–1302 BGB. Das sog. Kranzgeld (§ 1300 BGB a. F.) wurde in der Bundesrepublik Deutschland 1998, in der DDR bereits 1957 abgeschafft. Vgl. entsprechend § 1 Abs. 4 S. 2 LPartG.
[224] Ursprünglich der Würfel bzw. das Brettspiel.

auftritt. Diese drei möglichen physischen Anordnungen versinnbildlichen drei strukturelle Archetypen von Verträgen, die wir hier unterscheiden.

Erstens kann der Vertrag zwei Personen verbinden, um ein gemeinsames Ziel zu erreichen; dann liegt der Archetyp des *Gesellschafts*vertrags [*contrato de sociedad*] vor. Zweitens kann der Vertrag einen Austausch von gegensätzlichen Leistungen aufgrund eines gemeinsamen Interesses an der Reziprozität vorsehen, wobei aber die Einzelinteressen der Vertragspartner einander widerstreiten; dann handelt es ich um den Archetyp des *Tausch*vertrags [*contrato de permuta*] und ähnlicher Verträge. Drittens gibt es den Vertrag, durch den eine Partei in ihrem Interesse die andere mit einem Geschäft beauftragt. Es liegt dann ein *Auftrags-* oder *Geschäftsbesorgungs*vertrag [*contrato de mandato*][225] vor.

Also sind die Gesellschaft, der Tausch und der Auftrag die drei Archetypen des Vertrags. Doch in der Wirklichkeit gibt es diese Struktur nicht nur in reiner, wenngleich in unterschiedlichen Varianten auftretender Form, vielmehr gibt es häufig Kombinationen, die an die typische Struktur irgendein Element koppeln, das für einen anderen der drei Typen charakteristischer ist.

Wenn also der Geschäftsführende eine Gebühr verlangt, entspricht die Vergütung eher dem Typus des Austausches als dem Auftrag; wenn der, der einen Bauernhof betreibt, die Ernten mit dem Eigentümer teilt, entspricht diese Art von Beteiligung eher der Gesellschaft als dem Tauschtypus; wenn der Geschäftsinhaber mit dem, der das Geschäft betreiben soll, einen Gesellschaftsvertrag schließt, hat dieser große Ähnlichkeit mit einem Geschäftsbesorgungsvertrag.

Da der Auftrag gewöhnlich ein Stellvertretungsgeschäft ist, von dem schon die Rede war (Nr. 7), sollen im folgenden die Gesellschaft (Nr. 81) und der Tausch (Nr. 82 f.) betrachtet werden.

81. Der *Gesellschafts*vertrag als erster Archetyp von Verträgen zeichnet sich durch seine vollkommene Symmetrie aus. Obwohl die Einlagen und die Beteiligungen der Vertragspartner variieren können, nehmen in der Struktur des Vertrages alle die gleiche Stellung ein, und deshalb werden sie *Gesellschafter* genannt.

Da es mehr als zwei Gesellschafter sein können, wird der Vertrag, im Gegensatz zu *bilateralen* Verträgen, bisweilen als *plurilateral* angesehen, denn obwohl verschiedene Personen beteiligt sind, nehmen diese eine der beiden Stellungen ein, und nicht alle die gleiche. Im übrigen hat ein möglicher Rechtsstreit zwischen Vertragspartnern immer duale Form, selbst wenn es einen Kläger und mehrere Beklagte gibt. Diese nehmen gegenüber dem Kläger eine einzige Stellung ein.

Der Gesellschaftsvertrag erzeugt Verpflichtungen zwischen den Gesellschaftern, aber er konstituiert nicht notwendigerweise eine juristische Person (Nr. 8). Die moderne Wirtschaft scheint zu verlangen, daß die Gesellschaftsverträge zur offiziellen Anerkennung einer juristischen Persönlichkeit führen. Das geht so weit,

---

[225] Vgl. Nr. 79. Beachte: Das BGB unterscheidet den auf selbständige Tätigkeit wirtschaftlicher Art abhebenden Geschäftsbesorgungsvertrag vom unentgeltlichen Auftrag; s. Anm. 219 ff.

daß angenommen wird, die Gesellschaft, bei der nicht eine von der physischen Persönlichkeit der Gesellschafter unterschiedene Persönlichkeit anerkannt ist, sei „irregulär". Aber in der Praxis kommt es häufig vor, daß unter den Gesellschaftern wechselseitige Verpflichtungen vereinbart werden, ohne daß sie juristische Personen konstituieren; dann betreffen die Rechtsbeziehungen zu anderen Personen ausschließlich den geschäftsführenden Gesellschafter, der sie eingeht, es sei denn, sie sind ausdrücklich in einmütiger Vertretung aller eingegangen worden, so daß sie in diesem Fall alle gesamtschuldnerisch verantwortlich sind.

Die Zivilgesetzbücher beachten diese Wirklichkeit manchmal nicht, wohl aber das Neue Foralrecht von Navarra, Gesetz 49.[226]

Der Wille, einen Gesellschaftsvertrag zu schließen, ist etwas Natürliches, das das positive Recht nicht verbieten kann, vorausgesetzt, daß ein zulässiges Ziel angestrebt wird. Die Anerkennung einer moralischen Person (Nr. 8) ist jedoch nur durch das öffentliche Interesse gerechtfertigt, und man kann nicht sagen, daß es ein Naturrecht der Vereinigung gibt;[227] sie muß ausdrücklich von dem anerkannt werden, der für das Gemeinwohl sorgt.[228]

Tatsächlich dient die juristische Person der Gesellschaft dazu, die vermögensrechtliche Verantwortlichkeit der Gesellschafter auf das vorhandene Gesellschaftsvermögen zu begrenzen, was zur Täuschung Dritter führen kann und auf jeden Fall das erforderliche moralische Verantwortungsgefühl eines jeden Gesellschafters mindert. Die Praxis der Marktwirtschaft hat diese Form der auf das Gesellschaftsvermögen beschränkten Verantwortung durchgesetzt[229], aber gerade dieses Wirtschaftsprinzip ist fragwürdig und bedarf der Berichtigung (Nr. 96).

Die Gesellschafter können zum gemeinsamen Nutzen ihre Dienstleistungen oder Arbeit anderer Art und bestimmte Güter einbringen, die in Ermangelung einer davon unterschiedenen juristischen Person ein Gesamtgut aller Gesellschafter bilden, an dem jeder von ihnen einen ideellen oder tatsächlichen Anteil hat. Man spricht dann von *Miteigentum* (Kondominium).

Um über das Gesamtgut zu verfügen, sind drei Regelungen möglich: Jeder Gesellschafter kann über seinen Anteil verfügen – das ist die römische und gewöhn-

---

[226] Darin heißt es (S. 2 u. 3): Das Eigentum an den von diesen Kollektivsubjekten erworbenen Rechten wird von allen Mitgliedern gemeinsam wahrgenommen, und es ist Einstimmigkeit erforderlich, um diese Rechte auszuüben. Bezüglich der von den kollektiven Subjekten eingegangenen Verpflichtungen haften alle Mitglieder gesamtschuldnerisch.
[227] Ein individuelles oder kollektives Naturrecht auf gesellschaftliche Vereinigung kann es deshalb nicht geben, weil Gesellschaftszwecke sich nicht einfach aus der (Sozial-)Natur ergeben, sondern auf dem freiwilligen Zusammenschluß von Personen und ihren Zwecksetzungen beruhen.
[228] Zur rechtslogischen Funktion der Autorität vgl. *Arthur F. Utz*, Sozialethik, I. Teil (s. Anm. 111), S. 254 ff.
[229] Vgl. etwa das GmbHG.

lichste Regelung (*pro indiviso*)²³⁰; ein Gesellschafter kann über alles verfügen²³¹ – das ist die solidarische Regelung; und die Gesamthand [*mancomunidad*], welche die Einmütigkeit aller verlangt.

82. Der Archetyp des Tausches ermöglicht eine größere Vielfalt von Vertragsarten. Bei dessen geläufigster Form ist das Wechselobjekt des Vertrags eine Sache, die nicht – wie beim Tausch – gegen eine andere eingetauscht wird, sondern gegen eine Geldsumme, das heißt zu einem Preis. Das ist der sogenannte Kauf [*compraventa*].²³²

> Als es noch kein Geld gab, erfolgte der Warenhandel durch Tausch. Die Ausbreitung des Kaufs entsprach einer Kommerzialisierung aller Dinge in dem Glauben, sie alle seien *wert*, was man für sie bezahlen kann. In der Neuzeit führte diese ökonomische Revolution dazu, daß das ganze Wirtschaftsleben von der Überwachung der Barmittel und vom Kreditwesen beherrscht wurde (Nr. 95), um dadurch den Fluß des Geldes zu erhöhen und es abseits der amtlichen Herstellung zu erzeugen. Der Kapitalismus (Nr. 96) beruht auf dieser neuen Geldwirtschaft, und es ist verständlich, daß antikapitalistische Regierungen entgegen den Interessen der die Weltwirtschaft Beherrschenden im internationalen Warenverkehr zum Tausch zurückkehren wollten (Nr. 115). Im übrigen war es aufgrund des ähnlichen ökonomischen Ziels beider Vertragstypen manchmal möglich, die gesetzlichen Verkaufsverbote dadurch zu umgehen, daß man auf den Tausch auswich.

Dem Kaufvertrag steht die *locatio conductio* nahe, bei dem es sich um die zeitweilige Abtretung der Nutzung einer Sache im Austausch gegen einen Preis oder Zins [*renta*] handelt, weshalb man von *Miete/Pacht* [*arrendamiento*²³³] spricht.²³⁴

---

²³⁰ Condominium pro indiviso: Miteigentum nach Bruchteilen. Nach *Max Kaser*, Das Römische Privatrecht. Erster Abschnitt, 2. Aufl., München 1971, S. 411, gilt dann: „Der Miteigentümer (*socius*) hat eine *pars pro indiviso*, einen zwar körperlich die ganze Sache erfassenden, aber rechnerisch auf eine bloße Quote beschränkten Anteil. Diesen kann er, unabhängig von den anderen Miteigentümern, veräußern, verpfänden, mit einem *ususfructus* belasten, auch vindizieren. Folgerichtig können die Miteigentümer die ganze Sache nur veräußern oder belasten, indem alle über ihre Anteile verfügen. Ist die Verfügung unteilbar, wie in den Fällen der Belastung mit einem Servitut oder der Freilassung, muß sie von allen *socii* gemeinsam vorgenommen werden."

²³¹ *Consortium ercto non cito*: (Erben-)Gemeinschaft ohne (Erb-)Teilung, nach römischem Recht auch vertraglich möglich. Die Gesellschafter haben keine selbständigen Anteile am Vermögen oder an den einzelnen Gegenständen und können jederzeit mit Wirkung für alle verfügen (*actio familiae erciscundae*).

²³² Aus diesem Grund werden nach § 480 BGB die Vorschriften über den Kauf entsprechend angewandt. *D'Ors* fügt an dieser Stelle im Original an, daß das zusammengesetzte Wort *compraventa* die „wesentlich symmetrische Gegenseitigkeit" dieses Vertrags widerspiegle (vgl. auch span. *comparar*: vergleichen; *venta*: Verkauf).

²³³ In Spanien gilt für Wohnungsmiete ein Sonderrecht: *Nueva Ley Arrendamientos Urbanos (LAU) de 1994, actualizada 2019*.

²³⁴ Nach röm. Recht eine Art Sammelbezeichnung für einen Konsensualkontrakt, mit dem verschiedenartige Leistungen um des Entgeltes (*merces*) willen vereinbart sein konnten, z. B. die Überlassung einer Sache zum Gebrauch und Fruchterwerb (*locatio conductio rei*), ein Werk (*locatio conductio operis*), eine Dienstleistung (*locatio conductio operarum*). „Während wir das Gemeinsame der verschiedenen Fälle lediglich in der Entgeltlichkeit sehen und je nach der Natur der Leistung, die für Geld erbracht wird, verschiedene Vertragstypen annehmen, sah der

Unter diese Bezeichnung fällt auch der Vertrag des Inhalts, eine Tätigkeit, die ein bestimmtes Werk hervorbringt, gegen ein Entgelt einzutauschen: der *Werkvertrag* [*arrendamiento de obra*].[235] Hinsichtlich der Art des Werkes kam es in der Moderne zu einer Auffächerung: Beförderungsvertrag, Bauwerk- oder Instandsetzungsvertrag, Verlagsvertrag und so weiter. Da dessen Gegenstand ein Tun ist, ist er unteilbar (Nr. 77). Die andere Seite verpflichtet sich jedoch, für das Getane ein Entgelt zu *geben*.

Geschichtlich betrachtet erscheint der Miet-/Pachtvertrag [*contrato de locación*] als eine Spielart des Kaufs und kann manchmal in diesen integriert sein, wenn er in einem komplexen Vertrag (Nr. 88) mit ihm verknüpft wird. Der Werkvertrag kann mit einer Geschäftsbesorgung [*mandato retribuido*] verwechselt werden, wenn die Werkleistung nicht eine fachliche Spezialisierung erfordert, die dem Auftraggeber fehlt.

XXVII. Arbeitsleistung

83. Eine abweichende Form von Miete/Pacht, die erst unlängst überwunden wurde, jedoch nicht ohne daß gewisse Aspekte, deren Ursprung in der Sklaverei liegen, zurückgeblieben sind, ist der *Arbeitsvertrag*, nach dem eine quantitativ meßbare Arbeit, deren Leistung daher teilbar ist (Nr. 77), mit Geld entlohnt wird.

Die Inanspruchnahme von Miete, um Arbeit vertraglich zu vereinbaren, stammt aus einer Zeit der Sklavenwirtschaft, in der der Gegenstand des Vertrags die zu bestimmten Arbeitsdiensten eingesetzte Person des Sklaven war. Der moderne Arbeitsvertrag ist bereits für freie Lohnarbeiter vorgesehen, aber in gewisser Weise wird ihre Arbeit doch als „Ware" betrachtet, das heißt als „Sache", und deshalb spricht man paradoxerweise immer noch vom *Arbeitsmarkt*.

In der heutigen industrialisierten Welt kann der Arbeitsvertrag nicht als strikt privat aufgefaßt werden, denn die Arbeiter müssen sich in zulässigen Vereinigungen zusammenschließen, damit ihr Vertragsabschluß nicht unter der wirtschaftlichen Überlegenheit der Unternehmen leidet. Folglich kommt der Vertragsabschluß gewöhnlich über *Tarifverträge* [*convenios colectivos*] für Produktionsbranchen mit mehr oder weniger großer territorialer Ausdehnung zustande.

Die Waffe der Arbeitnehmerverbände ist die Arbeitsniederlegung (*Streik*) und die der Unternehmen die Aussperrung der Arbeiter (*lock-out*). Um zu verhindern, daß die Spannungen zwischen den Arbeitnehmerverbänden und den Unternehmen in eine Zerrüttung des öffent-

---

Römer das Wesentliche in dem Umstand, daß in allen Fällen etwas ‚verdungen' wird (*locare* bedeutet eigentlich aufstellen, hinstellen, verdingen), sei es eine Sache, die Herstellung eines Werkes oder die Arbeitskraft einer Person. Mit dieser Betrachtungsweise hängt auch die uns befremdlich erscheinende Tatsache zusammen, daß als *locator* einerseits der Vermieter (Verpächter) und der Dienstverpflichtete, andererseits aber der Besteller des Werkes (der dieses verdingt) erscheint, während wir umgekehrt dem Werkunternehmer jenen anderen an die Seite stellen würden, weil er wie sie die typische Leistung zu erbringen hat und seinerseits eine Geldleistung erhält." Heinrich Honsell, Röm. Recht, 7., ergänzte u. aktualisierte Aufl., Berlin/Heidelberg 2010, S. 140.

[235] *Locatio conductio operis* (s. Anm. 234). Vgl. §§ 631–650 BGB, 1151 Abs. 1, 1165 ff. ABGB, Art. 363–379 OR.

lichen Friedens ausartet, müssen die Regierungen zum Schutz der Arbeiter, deren Verhandlungskapazität trotz des sie vertretenden Berufsverbandes immer der Verhandlungskapazität der Unternehmer unterlegen ist, in den Vertragsabschluß eingreifen. Nur durch dieses vorbeugende Eingreifen kann das Risiko gemindert werden, daß die gewaltsame Reaktion des Streiks ausgelöst wird. Ebenso müssen sie eingreifen, um die Gefahren bei der Arbeit und die Freistellung (Arbeitslosigkeit) aufgrund von Überproduktion, technischem Fortschritt der Mechanisierung und Konzentration großer Unternehmen möglichst zu verhindern. Die liberale Rede von der absoluten *Marktwirtschaft* pflegt trotz des Anscheins wirtschaftlichen Fortschritts auf große Beeinträchtigung des Gemeinwohls hinauszulaufen. Das ist eine der schwerwiegenden Folgen des Kapitalismus (Nr. 96). Der Streik ist seinerseits ein außerordentliches Mittel gegen die Unternehmen, die nicht den öffentlichen Richtlinien folgen; ein Streik des gemeinwohlverpflichteten öffentlichen Dienstes ist freilich unzulässig.

84. Das Arbeitsverhältnis, das der vollkommen synallagmatische Arbeitsvertrag (Nr. 79) begründet, ist die eindeutigste Form der *(Dienst-)Leistung* [*servicio*].

Das Wort *Arbeit* hat – wie auch *labor* [lat.] – eine pejorative Konnotation. Tatsächlich geht dabei das moderne Arbeitsrecht von einer Tätigkeit aus, mit der eine unangenehme Anstrengung verbunden ist, die deshalb finanziell gut kompensiert werden muß. Das wurde durch den Umstand verschärft, daß das moderne Arbeitsrecht aus einem bisweilen sehr gewaltsamen Kampf zwischen der „Klasse" der Arbeiter und der der Unternehmer hervorgegangen ist, nach deren kapitalistischer Betrachtungsweise das Ziel des Unternehmens die Produktion ist, die vor allem von der Arbeit der Erwerbstätigen abhängt.

Das Arbeitsrecht hat den Begriff der Arbeit auf den des Erwerbstätigen reduziert, als ob jede andere nützliche menschliche Tätigkeit nicht nur individueller, sondern auch sozialer Art keine „Arbeit" wäre.

So bleiben für die Gesellschaft notwendige Tätigkeiten wie die vieler Berufe, die im Gegensatz zu solchen sklavischen Ursprungs, welche für Unternehmen ausgeübt werden, „frei" genannt werden, ausgeschlossen, ebenso die Tätigkeit der Hausfrauen, der Kleriker und viele Dienste, die in der Arbeitsgesetzgebung nicht berücksichtigt sind.

Angesichts dieser geschichtsbedingten konjunkturellen Reduktion von Arbeit erweist sich der Begriff der *(Dienst-)Leistung* als viel weiter und von kontingenten Umständen (Nr. 17) viel unabhängiger. In diesem Sinne kann das Arbeitsverhältnis als Leitbild einer Rechtsordnung betrachtet werden, aufgefaßt als Gesamtheit von (Dienst-)Leistungen, die in gesellschaftlicher Hinsicht zumutbar sind (Nr. 62).

Der Vertragstyp der Miete/Pacht, der am Anfang der Gestaltung des Arbeitsverhältnisses stand, war die *Vermietung von Diensten* (*locatio operarum*, die sich von der *locatio conductio operis* [Nr. 82] unterscheidet[236]). Nachdem die Verbindung mit der *Leibeigenschaft* der Sklaven nun einmal überwunden ist, ist die Idee der (Dienst-)Leistung die angemessenste Idee, um auf jegliche menschliche Tätigkeit hinsichtlich anderer Personen Bezug zu nehmen, die gemäß der Sozialethik gesellschaftlich zumutbar ist.[237] Da jeder Mensch frei und nicht

---

[236] Allerdings hat der Autor diese beiden Fallgruppen in Nr. 82 nicht ausdrücklich behandelt, weshalb noch einmal auf Anm. 234 hingewiesen werden soll.

[237] Im Spanischen klingt freilich die Verbindung von Dienstleistung [*servicio*] und Leibeigenschaft [*servidumbre*] nach; auch das zivilrechtliche Institut der Dienstbarkeit wird als *servidumbre* bezeichnet; vgl. Nr. 93.

Leibeigener [*siervo*] ist, ist er um seines eigenen natürlichen Zieles willen aufgrund der wesenhaften menschlichen Geselligkeit *Diener* [*servidor*] der anderen. Was Aristoteles (*Politeia* 1, 2, 4 ff.) über die Sklavenarbeiter seiner Zeit sagte, die nicht dazu bestimmt waren zu *produzieren*, sondern zu *dienen*, das gilt heute entgegen der inhumanen Deformation des Kapitalismus für jeden Menschen.

So bietet das neue Arbeitsrecht[238], seiner historischen Kontingenz einmal entledigt, ein Leitbild des sozialverträglichen (Dienst-)Leistungsverhältnisses zur Gestaltung aller Zivilsachen als Gesamtheit gerichtlich einklagbarer Leistungen[239]; es überwindet die gegenwärtige Atomisierung der Zivilrechtsordnung (Nr. 29).

Ein gewisser justitieller Prestigeverlust der die Arbeit betreffenden Gerichtsfälle rührt daher, daß bei der Vielzahl ähnlicher Fälle die Gefahr besteht, in eine Routine zu verfallen. Aber die das heutige Arbeitsrecht leitende Idee der gerichtlich einklagbaren (Dienst-)Leistung paßt zu der allumfassenden Zielvorstellung einer gerechten Zivilordnung, in der auf den Begriff des „subjektiven Rechts" verzichtet wird (Nr. 10).

XXVIII. Nichtvertragliche Verpflichtungen

85. Auch wenn der Vertrag die häufigste Ursache für mit Pflichten verbundene Beziehungen ist, gibt es, wie schon erwähnt (Nr. 78), weitere, nichtvertragliche Vereinbarungen, aus denen Verpflichtungen hervorgehen, die, funktional betrachtet, nicht zweiseitig, sondern einseitig sind, nämlich Leihen [*préstamos*] (Nr. 85 ff.) und Stipulationen [*estipulaciones*] (Nr. 87).

Die Kategorie der *Leihe*[240] beruht auf dem Prinzip, daß sich niemand grundlos auf Kosten anderer bereichern darf. Tatsächlich muß jemand, wenn ihm etwas ohne Vereinbarung einer Gegenleistung gegeben wird, das Erhaltene zurückgeben.[241] Gibt er es nicht zurück, gleicht er einem Dieb [*ladrón*] (Nr. 74), der nicht zurückgibt, was er entwendet hat. Auch der Dieb muß unabhängig von der Strafe, die er sich zuzieht, das Entwendete zurückgeben.[242]

---

[238] Das *Estatuto de los Trabajadores* (*ET*), das seit 1980 mehrmals reformiert wurde, gilt allerdings nicht für leitende Angestellte (*altos Directivos*) und Geschäftsführer (*administradores*).

[239] Vgl. Anm. 29.

[240] Anders als im span. wird im dt. Rechtskreis die unentgeltliche Leihe einer Sache (§§ 598–606 BGB, 971–982 ABGB, Art. 305–311 OR) vom Darleh(e)n unterschieden, bei dem Geld oder vertretbare Sachen (§ 607 BGB) so übereignet werden, daß der Nehmer des Darlehens dieses nach Zeitablauf oder Kündigung lediglich nach gleicher Art, Güte und Menge an den Darlehensgeber zurückzuerstatten hat (§§ 488 BGB, 983 ABGB, Art. 312 OR). § 983 ABGB a. F. (in Kraft bis 10. Juni 2010) sah im Darlehen einen Realvertrag in Anlehnung an das röm.-rechtl. *mutuum*, das durch Übergabe (*datio*) und Vereinbarung (*conventio*) vertretbarer Valuten zustande kam, wobei der Darlehensnehmer das Eigentum an den Valuten übernehmen mußte.

[241] Vgl. §§ 604 BGB, 972 S. 2 ABGB, Art. 305 OR.

[242] Der Dieb erlangt durch den Bruch des Gewahrsams an der Sache kein Eigentum, folglich kann der Eigentümer die Sache zurückverlangen (§§ 1004, 823 Abs. 1, 935 Abs. 1 BGB; beachte aber § 367 ABGB), ohne auf bloße Entschädigung verwiesen zu werden. Anders verhält es sich, wenn die Sache verbraucht oder umgewandelt wurde.

Der vermögensrechtlichen Mehrung liegt eine Abmachung [*convenio*] zugrunde, aber dieser Abmachung fehlt ihrerseits der Grund [*causa*].[243] Also ist die Übergabe des Geliehenen von der Abmachung zu leihen verursacht. Doch jener Abmachung, die auf wirtschaftlichen oder psychologischen Motiven beruhen kann, fehlt ein Grund. In diesem Sinne bedeutet die Zurückbehaltung des Geliehenen über das Abgemachte hinaus eine *(rechts)grundlose* Bereicherung. Das Gleiche gilt, wenn irrtümlich bezahlt wird, was nicht geschuldet ist; dann ähnelt der Zahlungsempfänger, der das Bezahlte nicht zurückgibt, einem Dieb. Dem Dieb und dem Entleiher einer Leihgabe vergleichbar ist der Verwahrer [*depositario*], der das zur Verwahrung Gegebene nicht zurückgibt; aber dieser Fall hat eine ganz besondere Geschichte. Er wurde bald von der Aneignung[244] [*asimilación*] losgelöst, galt dann als Diebstahl und wurde schließlich aufgrund der etwaigen Entschädigung für dem Verwahrer entstandene Kosten zu einem unvollkommen synallagmatischen Vertrag (Nr. 79). Die Pflicht, das bei der Verwaltung von Mitteln der öffentlichen Hand Unterschlagene zurückzugeben, wird gewöhnlich nicht erfüllt, wenn, wie es in den Fällen politischer Korruption geschieht (Nr. 23), die vermögensrechtliche Vollstreckung nicht in der tatsächlichen Befugnis der Richter steht.

Leihe und Diebstahl sind die beiden historischen Prototypen der zivilrechtlichen Verpflichtung.

Ein Fortschritt in der Rechtsgeschichte bestand in der Entkriminalisierung der Schuldner, doch der strafrechtliche Aspekt der Leihe bleibt über Jahrhunderte in der repressiven Schuldhaft [*prisión por deudas*] erhalten, die im Fall der vorsätzlichen Zahlungsunfähigkeit (Bankrott[245] [*quiebra fraudulenta*]) oder im Fall gewisser Schulden bei der Steuerbehörde nicht ganz verschwunden[246] ist.

Gegenstand des Darlehens sind vertretbare Beträge (Nr. 91), hauptsächlich Geld; aber jedwede Schuld kann in ein Darlehen umgewandelt werden. Die Leihe nicht vertretbarer Sachen verpflichtet zur Rückgabe desselben geliehenen Objekts, da eine dingliche Übereignung nicht miteingeschlossen ist. Aber ebensowenig verpflichtet das Darlehen zu mehr als zur Erstattung der geliehenen Summe. In diesem Sinne ist es eine Gefälligkeitshandlung, eine uneigennützige Hilfe für den, der Geld benötigt.

Die Bezeichnung *mutuum* für das römische Darlehen weist auf diesen Sinngehalt menschlicher Solidarität hin. In der jüdischen Tradition erscheint die Handlung des *Geldverleihens* in diesem Sinn als moralische Tugend.

---

[243] Zum Begriff der *causa*, der in diesem Buch einmal mit Grund, einmal mit Ursache wiedergegeben wird, vgl. Anm. 40.
[244] Vgl. Art. 137, 138 StGB(S).
[245] Vgl. § 283 StGB.
[246] Auch wenn etwaige Steuern noch nicht bestandskräftig festgesetzt sein sollten, können z.B. Forderungen eines dt. Finanzamts aufgrund Steuerbescheids sofort vollstreckt werden. Wenn nicht ausdrücklich Aussetzung des Vollzugs beantragt und gewährt worden ist, hindert der Einspruch oder die Klage vor dem zuständigen Finanzgericht die Vollstreckung nicht (§§ 361 AO, 69 FGO). Auf den früher sog. Offenbarungseid (§ 284 AO) können persönlicher Arrest des Vollstreckungsschuldners (§ 326 AO) und Zwangshaft (§ 334 AO) folgen. Diese müssen aber vom Amtsgericht angeordnet werden. Vgl. auch Anm. 202.

86. Von besonderem Interesse ist der Fall des verzinsten Darlehens. Weil dieses Darlehen nicht die Gebrauchs-, sondern die Verbrauchsbefugnis enthält, spricht man in diesem Zusammenhang vom „Kredit geben". Da der Kreditgeber über das, was er für eine gewisse Zeit gibt, nicht verfügen kann, führt sein Interesse an dem, was er nicht mehr hat, gewöhnlich dazu, dem Kreditnehmer die Verpflichtung aufzuerlegen, etwas mehr zurückzuerstatten als das, was er erhalten hat, und das wird *Gewinn* [*interés*] oder *Zins* [*usura*]²⁴⁷ genannt.

Diese Verpflichtung gilt zusätzlich und war zunächst Gegenstand einer Stipulation (Nr. 87), die dem Darlehen hinzugefügt, schließlich aber konstitutives Element desselben wurde, nämlich als Preis für die Möglichkeit, das Geld zu *nutzen* [*usar*], indem es verbraucht wird. Das ist die Bedeutung des Wortes *usura*²⁴⁸. Die Praxis, Geld mit Zins darzuleihen, war eines der Mittel der Geldbesitzer, um sich auf Kosten derer, die Geld benötigten, zu bereichern – durch *foenus* [lat.], zinsbringenden Kredit. Deshalb lehnten die Gesetzgebung und die Morallehre diese Praxis über Jahrhunderte ab, zumindest jenseits gewisser Grenzen. Das jüdische Gesetz verbot sie unter den Glaubensgenossen, aber nicht gegenüber den Fremden.²⁴⁹ Deshalb hielten die Nichtjuden die Juden immer für „Wucherer".²⁵⁰

Der ökonomische Kapitalismus lebt im wesentlichen davon, daß der Kredit dem Darlehensgeber Zinsgewinn einbringt; das setzt eine mißbräuchliche Modalität der Leihe voraus, denn an sich ist diese unentgeltlich und nicht profitbringend. Tatsächlich ist die Leihe von Sachen (*commodatum*), die man benutzen kann, ohne sie zu verbrauchen (Nr. 85), im wesentlichen unentgeltlich, und wenn eine Gegenleistung in Form von Geld vorliegt, handelt es sich nicht mehr um Leihe, sondern um Miete zum Gebrauch einer Sache (Nr. 82).

Auch das sogenannte *Prekarium*, das Überlassen einer Sache zum Gebrauch während einer (allein) vom Überlassenden bestimmten Zeit, ist unentgeltlich.²⁵¹ Die Überlassung von Grundstücken als Prekarium war eine Form, die Anwendung der die Pächter begünstigenden Pachtgesetze zu umgehen. Der [im Spanischen] gängige Ausdruck „etwas auf Widerruf besitzen" [*tener en precario*] weist auf die Vorläufigkeit des Besitzes an der gegenwärtig genutzten Sache hin.

---

[247] Die pejorative Bedeutung von *usura* ist Wucher. Dieser liegt vor, wenn der Zins unverhältnismäßig hoch ist.
[248] Lat. für Nutzen, Gebrauch, Genuß.
[249] Vgl. Ex 22,24; Lev 25,36f.; Dtn 23,20f.; Ez 18,5–17.
[250] Juden waren von dem allgemeinen Zinsverbot (12. Jh.) ausgenommen und infolge des sog. Zunftzwanges von vielen, insbesondere von Handwerksberufen und von Grundbesitz ausgeschlossen, weshalb sie zum Geldverleih geradezu gedrängt waren. Vgl. dazu ausführlich *Hans-Jörg Gilomen*, Die ökonomischen Grundlagen des Kredits und die christlich-jüdische Konkurrenz im Spätmittelalter, in: Eveline Brugger/Birgit Wiedl (Hrsg.), Ein Thema – zwei Perspektiven. Juden und Christen in Mittelalter und Frühneuzeit, Innsbruck/Wien/Bozen 2007, S. 139–169; *Stefan Schima*, Das kanonische Zinsrecht und die Juden, in: Sabine Hödl/Institut für jüdische Geschichte Österreichs (Hrsg.), Zinsverbot und Judenschaden. Jüdisches Geldgeschäft im mittelalterlichen Aschkenas, Wien 2010, S. 20–27; *Martha Keil*, Konflikt und Fairness. Geldleihe und mittelalterliche jüdische Gemeinde, in: ebd., S. 28–35.
[251] Im Unterschied zum *commodatum* ist das *precarium* jederzeit widerrufbar; vgl. ausdrücklich § 974 ABGB.

Heute scheint die Praxis der *usurae* sogar von den Moralisten als etwas für die Wirtschaftsentwicklung Unentbehrliches toleriert zu sein, aber das liegt am gegenwärtigen Ansatz der durch den Kapitalismus aufgedrängten Wirtschaft.

Der Kredit ist für die gegenwärtige Wirtschaft von so entscheidender Bedeutung, daß die Kreditinstitute in gewisser Weise die Funktion der Geldschöpfung übernommen haben. Es geht nicht mehr um die Prägung von Münzen oder die Ausgabe von Banknoten, die für einen öffentlichen Wettbewerb geeignet sind, sondern darum, auf Drängen von Privatleuten, vor allem Unternehmern, Nennbeträge in Umlauf zu bringen. Geld ist ja nicht so sehr eine Sache als vielmehr ein nominaler Wert. Dieser Nominalcharakter beherrscht heute die Ordnung des Bankenrechts (Nr. 95). Als das stärkste Bollwerk der kapitalistischen Wirtschaft stellt die Macht der Banken im Geldverkehr in der gegenwärtigen Gesellschaft ein so entscheidendes Element des öffentlichen Lebens dar, daß man sagen kann, daß die reale Macht mehr in den Händen der die Weltwirtschaft beherrschenden Finanzkonsortien als bei den Regierungen liegt (Nr. 115).

87. Eine andere Art der vertraglichen, aber einseitigen Verpflichtung ist die *Stipulation*.

Stipulationen sind Handlungen, durch die sich eine Person mittels eines Versprechens zum Schuldner einer anderen macht, die etwas „stipuliert" [mündlich vereinbart], ohne daß sie zu einer Gegenleistung verpflichtet wäre. Dieser Akt hat immer eine Ursache, aber diese wird getilgt, weshalb die Stipulation ein abstrakter Rechtsakt (Nr. 65) ist, der immer einer Form bedarf, um eine verpflichtende Wirkung hervorzurufen.

> Die *stipulatio* war der wichtigste Rechtsakt des römischen Rechts. Sie ist kein Akt typischen Inhalts, erst recht nicht ein Vertrag (Nr. 79), sondern eine Art und Weise, sich einseitig zu verpflichten.[252] Doch der Begriff hat seinen ursprünglichen Sinn verloren und ist zum Synonym für Pakt oder vertragliche Vereinbarung geworden. Ganz weicht davon der neueste Gebrauch[253] ab, der den englischen Sprachgebrauch nachahmt und darin besteht, die Stipulation mit einem Rechtssatz zu verwechseln und zu sagen, daß „das Gesetz dieses oder jenes stipuliert".

Diese Art von einseitigem Versprechen dient der Formalisierung einer zivilrechtlichen Schuld und der Verstärkung der Garantiefunktion. Die Garantiefunktion erscheint in Form der Bürgschaft [*fianza*], durch welche die Verantwortung für eine fremde Schuld übernommen wird, oder als Strafalternative bei etwaiger Nichterfüllung einer eigenen Schuld.

---

[252] Das förmliche Leistungsversprechen kam dadurch zustande, daß der Versprechensempfänger (*stipulator*) auf seine präzise Frage hin („Versprichst du mir, daß du … ?") eine Antwort („Ja, ich verspreche es.") vom Versprechenden (*promissor*) erhielt, die mit ihr übereinstimmte. Der Inhalt des Versprechens war dabei beliebig, solange er nur nicht gegen die guten Sitten verstieß (vgl. § 138 BGB). Im Falle unklarer Stipulationen „muß der Wortlaut gegen den *stipulator* ausgelegt werden" (D. 45. 1. 38. 18–19 [*Ulpian*]).

[253] Nur im Spanischen geläufig, aber auch hier nicht mehr so sehr wie zur Entstehungszeit dieses Buches.

Die *Strafstipulation* setzt eine Entschädigung (für teilweise oder völlige Nichterfüllung) fest, die aus einem festen Geldbetrag besteht. Doch bei der Erfüllung einer Entschädigungsfunktion besteht die Tendenz, sie den allgemeinen Regeln der Verantwortlichkeit für Nichterfüllung zu unterwerfen, womit sie ihren abstrakten Charakter verliert und damit den Vorteil, den diese Garantie dem Gläubiger bietet.

Eine andere Art einseitigen Versprechens ist das *öffentliche Versprechen*, durch das der Versprechende sich verpflichtet, eine bestimmte Summe zu bezahlen, wenn eine bestimmte Bedingung erfüllt wird, zum Beispiel die Auffindung einer Sache, die er verloren hat.[254] Aufgrund der Veröffentlichung in den gewöhnlichen öffentlichen Medien ist der Versprechende zur Erfüllung verpflichtet; allerdings kann er, bis von der Annahme [des Versprechens] seitens einer andere Person Kenntnis erlangt werden kann[255], sein Versprechen widerrufen.[256] Von dem Augenblick an, da die Annahme bekannt ist, gilt das Versprechen schon als übereinkommend stipuliert.

Auch im Falle des Versprechens, künftig einen Vertrag zu schließen, das selbst nicht verpflichtet, kann die Formalisierung einer derartigen Vereinbarung die Wirkung eines stipulierenden Versprechens haben oder sogar eines schon bindenden Vertrags, wenn nämlich Gegenseitigkeit der Verpflichtungen vorliegt (Nr. 79).

Bei Verträgen, die formlos durch einfache Einwilligung zustande kommen, kann die Verpflichtung einer der Parteien von einer späteren Annahme des Angebots abhängen, so zum Beispiel beim *Probekauf*. In gewisser Weise wird auch in diesen Fällen ein Versprechen gegeben, das von der Annahme abhängt.[257]

Auch beim Vertrag gibt es gegenseitige Versprechen, aber diese werden, da sie nicht formaler, sondern nur konsensueller[258] Art sind, dem Vertrag nicht hinzugefügt, sondern konstituieren ihn in der Weise, daß jedes Versprechen *causa* des reziproken Versprechens ist. Ursprünglich stammt der Vertrag aus der Verknüpfung zweier gegenseitiger Versprechen nach Art der Stipulation;[259] indem sie diese Form verlieren, sind sie nicht mehr abstrakt. Auch beim Darlehen kann ein Ver-

---

[254] Auslobung (§ 657 BGB); bei Preisausschreiben gilt die *Lex specialis* des § 661 BGB. Der Anspruch auf Finderlohn entsteht auch ohne öffentliches Versprechen (§ 971 BGB).
[255] Anders § 657 Abs. 1 BGB, letzter Halbs., wonach es auf die Kenntnis des Versprechens, vor allem seitens des Handelnden, nicht ankommt.
[256] Vgl. § 658 Abs. 1 S. 1 BGB; beachte allerdings § 658 Abs. 2 BGB.
[257] Das „Versprechen" bezieht sich auf bestimmte Eigenschaften der Probe, die nach der Probe als zugesichert gelten (*Kauf nach Probe*, § 494 BGB). Beim *Kauf auf/zur Probe* steht der Kaufvertrag unter der aufschiebenden Bedingung der billigenden Erklärung der Annahme des Angebots durch den Kaufinteressenten, die innerhalb einer vereinbarten oder angemessenen Frist abzugeben ist (§ 495 BGB). Auch Schweigen kann dann als Billigung ausgelegt werden.
[258] Abgestellt wird also auf die *Willens*übereinstimmung.
[259] Tatsächlich sah man im Vertrag eine Übereinstimmung von Versprechen (so übrigens auch noch *Hugo Grotius*, De iure belli ac pacis, lib. II, cap. XII, § VII), d.h. eine gegenseitige Verpflichtung (ebd. § V) mit jeweils gültiger *causa*. Vgl. auch *Hein L. W. Nelson/Ulrich Manthe*, Gai Institutiones III 88–181. Die Kontraktionsobligationen. Text und Kommentar, Studia Gaiana VIII (= Freiburger rechtsgeschichtliche Abhandlungen, NF, Bd. 35), Berlin 1999, S. 446 ff.

sprechen eine Rolle spielen, um die Verpflichtung zu bekräftigen, das Darlehen rückzuerstatten. Doch wenn zusätzlich der Akt des Leihens versprochen wird, wird das Darlehen zu einem gleichsam durch zwei entformalisierte gegenseitige Versprechen konstituierten Vertrag umgestaltet.

Die gegenseitigen Versprechen legen die geschuldete Handlung vertraglich fest. Man pflegt jene Handlungen, die – wie bei den Leihen (Nr. 85) – nur dann einseitig verpflichten, wenn etwas empfangen wird, *Realverträge* [*contratos reales*] zu nennen; doch das Versprechen zu leihen, legt die Handlung vertraglich fest.[260] Ebenso hängt auch bei der Miete einer Sache (Nr. 82) die Verpflichtung, die Sache zurückzugeben, von deren Empfang ab. Wenn jedoch eine Pflicht besteht, sie auszuhändigen, dann liegt bereits ein *Vertrag* vor. Die Kategorie des *Realvertrags* ist ein Residuum, bewahrt von Zivilrechtlern, für welche die Leihe ein Vertrag ist (Nr. 79).

XXIX. Schuldrechtliche Mischformen

88. Obwohl die drei hauptsächlichen Archetypen der willentlichen Verpflichtungsursachen – Vertrag, Leihe, Stipulation – und die drei Vertragsarten – Gesellschaftsvertrag, Tauschvertrag, Stellvertretung(sauftrag) – unterschieden werden müssen (Nr. 80), gibt es im Alltag schuldrechtliche Mischformen.

Von allen Verträgen ist der Kaufvertrag der verbreitetste und er neigt dazu, gemischte Modalitäten aufzunehmen, vor allem von Fällen mit Elementen, die für die *locatio* (Nr. 82) charakteristisch sind.

So wird zum Beispiel ein Vertrag, der mit einem Schneider geschlossen wird, immer als Kauf aufgefaßt, obwohl man ihn, wenn der Kunde den Stoff mitbringt, als Werk(lieferungs)vertrag [*locación de obra*] verstehen könnte;[261] und der Kunde einer Gastwirtschaft *kauft* ebenfalls, obwohl er dort – als zwei Aspekte von Miete – Gebrauch von Sachen der Betriebsstätte macht und Dienste der Angestellten in Anspruch nimmt.[262]

---

[260] Der Vertrag kommt nach röm.-rechtl. Vorstellung also erst dann zustande, wenn die Sache übergeben (= Realakt) wird. Während das dt. Zivilrecht keine Realverträge mehr kennt, sind im österreichischen der Leih-, der Verwahrungs- und der sog. Trödelvertrag (*contractus aestimatorius*) nach wie vor Realverträge. Der Darlehensvertrag hingegen wurde durch Gesetzesänderung (Übergabe nicht mehr erforderlich) in einen Konsensualvertrag verwandelt (§ 948 ABGB); eine Regelung, die nun für alle Verträge gilt, die nach dem 10. Juni 2010 geschlossen wurden.

[261] Diesem Gedanken entspricht, daß die frühere Regelung des Werklieferungsvertrags (§ 651 BGB) seit dem 1. Januar 2018 außerkraftgesetzt ist und nach § 650 S. 1 BGB nur mehr die Vorschriften des Kaufs Anwendung finden. Bei Mängeln kommt es nun nicht mehr darauf an, ob der Stoff vom Besteller selbst geliefert worden ist, §§ 442 Abs. 1 S. 1, 650 S. 2 BGB. Nach österr. Recht ist der Werkvertrag (§§ 1165 ff. ABGB) nach wie vor vom Kauf auf Bestellung (und übrigens auch vom Arbeits- und freien Dienstvertrag, vgl. dagegen §§ 611–630 BGB) abzugrenzen, zumal wenn das Werk – wie im Beispiel des Verf. – entweder ganz oder überwiegend aus dem Material des Unternehmers hergestellt wird. Nach § 1166 ABGB gelten im Zweifel ebenso die Normen des Kaufvertragsrechts.

[262] Man spricht im Deutschen auch von Typenverschmelzungsverträgen.

XXIX. Schuldrechtliche Mischformen

Ebenso können in einem Vertrag Elemente kombiniert werden, die, wenn sie voneinander getrennt wären, verschiedene Verpflichtungsursachen darstellen würden, die aber so der Hauptvertrag als vertragseigen aufnimmt.[263]

So begründet die Ausstattung eines Stellvertreters mit Geldmitteln kein Darlehen für den Beauftragten, sondern ist Teil des Geschäftsbesorgungsvertrags; der Vertretungsauftrag für einen Gesellschafter begründet kein Mandat, sondern eine Vereinbarung des bestehenden Gesellschaftsvertrags. Und die Leihe zum Gebrauch von Möbeln ist zugleich im Mietvertrag enthalten. Schließlich ist das Versprechen, Zinsen für geliehenes Kapital zu zahlen, nicht eine unabhängige Stipulation, sondern wird in den Kreditvertrag eingefügt.

Trotz der Ausdehnung einiger Verpflichtungsformen zum Zwecke der Einbindung von Elementen, die eher für andere typisch sind, kann es Fälle von Mischformen, vor allem Verträge, geben, die einer ihrer Besonderheit angemessenen Regelung bedürfen.

So kann etwa der Überlassungsvertrag zum unentgeltlichen Gebrauch mit der entscheidenden Bedingung, einen bestimmten sozialen Zweck zu bewahren, mit einem Werkvertrag zur Anpassung des überlassenen Objektes an den vereinbarten Zweck kombiniert werden. Es liegt dann ein Mischvertrag vor, in dem weder der Arbeitspreis als Verkaufspreis des abgetretenen Objektes zu verstehen ist noch der Gebrauch desselben als Aufpreis für die durchgeführte Arbeit. Der Jurist muß für solche Fälle eine der Komplexität des Vertrages angemessene Lösung finden.

Manchmal schließlich entspricht die Kombination unterschiedlicher Vertragstypen der Absicht, die Gesetze zu umgehen.

So ist zum Beispiel der englische *Leasingvertrag* unter dem Anschein der Miete ein Verkauf von Sachen vorhersehbarer Haltbarkeit. Er kam auf, um gesetzliche Verkaufsverbote zu umgehen, und dient nunmehr dazu, den Preis unter dem Anschein des Mietzinses von der Steuer abzusetzen. Ein gewisser römischer Präzedenzfall kann in der *locatio* von Gladiatorensklaven gesehen werden, die als Verkauf galt, wenn diese in der Arena starben.

89. In anderen Fällen handelt es sich nicht um Interferenzen von Elementen unterschiedlicher Verpflichtungsursachen, sondern um Rechtsakte, die alternativ als unterschiedlichen Verpflichtungsarten zugehörig betrachtet werden können. Im Prinzip hängt diese Alternative von den jeweiligen Fakten ab, kann aber der Beweisführung in der Verteidigung persönlicher Interessen dienen. In diesem Sinne hängt die Beurteilung der Verpflichtungsart vom Einfallsreichtum der Anwälte der beteiligten Parteien ab.

Denken wir etwa an den nicht seltenen Fall der *Ehevermittlung*. Eine Person bietet sich an, für eine andere einen Bräutigam beziehungsweise eine Braut zu suchen, und diese verpflichtet sich, jener einen Betrag zu zahlen, wenn das anvisierte Ziel erreicht, das heißt, je nach Vereinbarung, jemand gefunden wird, der zur Eheschließung bereit ist, oder wenn es zur Hochzeitsfeier kommt. Diese Vereinbarung kann als Vertrag gestaltet werden, in dem sich beide Parteien gegenseitig verpflichten: die eine zu *leisten*, die andere zu *geben*. Was die

---

[263] Denkbar sind typische Verträge mit andersartiger Nebenleistung sowie (Typen-)Kombinationsverträge.

Ausübung dieses Geschäfts angeht, scheint es freilich, daß nichts für die Erfolglosigkeit dessen gefordert werden kann, der versprochen hat, für jemanden einen Ehepartner zu suchen, so daß die Vertragsgestaltung an der fehlenden Gegenseitigkeit scheitert. Diesen Fall sollte man besser als erfolgsbedingtes Versprechen betrachten, das Versprochene zu erlangen. Man kann dann von *Stipulation* sprechen. Sofern die Tätigkeit, für eine andere Person einen Ehepartner zu suchen, nicht als ethisch unzulässig erachtet wird, entsteht aus dieser Vereinbarung keinerlei Verpflichtung.[264] Wenn aber der, der versprochen hat, einen Betrag zu geben, diesen tatsächlich im voraus gegeben hat, kommt dieser Vorschuß einem Akt des *Darlehens* gleich, einer für einen vereinbarten Zweck bestimmten Zahlung, und der Empfänger desselben muß es rückerstatten[265] – sowohl wenn dieses Ziel nicht erreicht wird als auch wenn es als sittenwidrig erachtet wird, daß er die Summe erhält, es sei denn, der Akt wird auch in bezug auf den als sittenwidrig erachtet, der das Geld gibt. In diesem Fall kann nichts gefordert werden. Denn wenn beide Seiten sittenwidrig handeln, steht der Empfänger besser da; so wie wenn etwas gegeben wird, um einen Dritten zu töten, und nicht, um dessen Tod zu verhindern.

Die Alternative kann auch von einem vorhersehbaren Vorfall abhängen, etwa wenn bei einer Vermietung die Objekte, die nicht termingerecht zurückgegeben werden können, als verkauft betrachtet werden.

Ebenso kennt die Rechtsgeschichte die *ewige Viehrente* [*rebaño immortal*] genannte Pacht, wobei der Pächter Vieh in gleicher Zahl zurückgeben muß, wie er es erhalten hat.[266] Von der französischen Bezeichnung *cheptel de fer* („eisernes Kapital") scheint das Wort Kapitalismus herzustammen. Tatsächlich pflegte dieser Vertrag eine wucherische Leihe zu verschleiern, indem darin eine höhere Kopfzahl (*capitale*) angegeben wurde, als in Wirklichkeit vorhanden war (Nr. 86).

XXX. Sacharten

90. Nach der Betrachtung des Bereichs der persönlichen Handlungen, die Gegenstand des Rechts im eigentlichen Sinne sind, müssen nun die Arten von Sachen behandelt werden, die Gegenstand der Rechtsbeziehungen sind – sowohl der dinglichen als auch der schuldrechtlichen.

Wie schon gesagt (Nr. 3), betreffen die Sachen das Recht als *Güter*, aus denen die Menschen einen persönlichen Nutzen ziehen können. Dieser Vorteil besteht in einem einfachen Gebrauch der Sachen, die sich wiederholt nutzen lassen, ohne verbraucht zu werden, oder in ihrem Verbrauch zum eigenen Nutzen. So ist zwischen verbrauchbaren und nicht verbrauchbaren Sachen zu unterscheiden. Es ist offensichtlich, daß der sich auf sie beziehende rechtliche Vorteil ebenfalls sehr

---

[264] Mit der Folge der Nichtigkeit (vgl. § 138 BGB).
[265] Der Rückerstattungsanspruch der Darlehensvaluta entsteht nach dt. Recht aus § 812 Abs. 1 Alt. 1 i. V. m. § 138 Abs. 1. BGB (beachte allerdings § 817 S. 2 BGB mit der Folge, daß nach h. M. kein Anspruch auf die Darlehenszinsen besteht). In Österreich besteht der Anspruch aus §§ 877, 879 Abs. 2 ABGB i. V. m. § 7 WuchG.
[266] Der Pächter hatte zwar den Vorteil des dauernden Nutzens, aber er trug auch die Gefahr, bei Pachtauflösung Vieh in gleicher Zahl und von gleichem Wert zurückzustellen.

unterschiedlich ist. Aber unter *Verbrauch* ist nicht nur der physische Verbrauch zu verstehen, wie im Fall der Sachen, die nur für einmal gut sind, zum Beispiel die Lebensmittel, sondern auch der rechtliche Verbrauch von Sachen, bei dem die Kosten für den primären Gebrauch sie nicht daran hindern, physisch weiterzubestehen, wie es vor allem beim Geld der Fall ist.

Es ist möglich, nicht verbrauchbare Sachen von einer Person auf eine andere zu übertragen. Doch bei den verbrauchbaren wird die Befugnis übertragen, sie zu verbrauchen. Dieser Übergang ist selbst schon ein rechtlicher Verbrauchsakt. Deshalb hört der dingliche Vorteil bezüglich der verbrauchbaren Sachen auf, dinglicher Art zu sein, wenn man deren Inhaberschaft verliert, und er verwandelt sich in einen persönlichen Vorteil, wenn der Inhaber verpflichtet ist, sie zurückzugeben.

> Die Vorstellung vom *Eigentum* gibt es strenggenommen nur bezüglich nicht verbrauchbarer Sachen, denn die Rückforderung des Eigentümers, der verbrauchbare verliert, muß doch immer eine Wertforderung sein, nicht die Forderung der Sache selbst. Den sogenannten *Herausgabeanspruch*[267] [*reivindicatoria*] kann sich nur auf einmalige, nicht verbrauchbare Sachen beziehen, deren Besitz zurückgegeben werden kann.

91. Im Recht bemißt sich der Wert der verbrauchbaren Sachen nach ihrer Quantität, die der nicht verbrauchbaren nach ihrer individuellen Wesenheit. Erstere sind *generischer* Art und interessieren in rechtlicher Hinsicht aufgrund von Anzahl, Gewicht oder Maß; letztere sind *spezifischer* Art und haben Wert aufgrund ihrer Individualität.

Man spricht auch von *Fungibilität (Vertretbarkeit)* oder Nichtfungibilität. Jenes Wort bedeutet, daß gewisse Sachen durch andere der gleichen Gattung ersetzbar sind, während die nicht fungiblen aufgrund ihrer Individualität nicht austauschbar sind.

> Der Gegensatz *genus (Gattung)/species (Stück)* bietet Varianten, die sich mitunter als widersprüchlich erweisen. Im Recht ist die *Gattung* der weiter gefaßte Begriff, der für die Kategorie der gleichartigen Sachen steht, und *Spezies* steht für die Kategorie aller individuell betrachteten. Die Naturwissenschaftler hingegen sprechen von *Spezies* im generischen Sinne, und in der Umgangssprache werden diese Begriffe verwechselt. Aber im Lateinischen entspricht *species* der *Form*, und zwar derjenigen, die einem einzelnen Seienden eigentümlich ist; die *Gattung* ist eine Abstraktion, der die konkrete Form fehlt. Obwohl beide Unterscheidungen von unterschiedlichen Gesichtspunkten abhängen, ist es also nicht unpassend, die Gattungssachen mit den verbrauchbaren und die (Einzel-)Stücksachen mit den nicht verbrauchbaren gleichzusetzen, wie es der zu Unrecht kritisierte Artikel 337 des spanischen Zivilgesetzbuches tut.[268]

---

[267] Gemeint ist der *dingliche* Herausgabeanspruch aus § 985 oder § 1007 BGB. In Österreich (§ 366 ABGB) und in der Schweiz (Art. 641 Abs. 2 ZGB) ist wie im röm. Recht eine Eigentumsklage auf Herausgabe erforderlich; darauf bezieht sich im Grunde auch der vom Verf. verwendete Ausdruck *reivindicatoria*.

[268] Nach § 243 Abs. 1 (Ausnahme: Abs. 2) BGB muß der Schuldner einer Gattungsschuld eine Sache von mittlerer Art und Güte aus dieser Gattung leisten. Freilich kann die Gattungsschuld auf einen bestimmten Vorrat begrenzt werden. Wenn dieser aufgebraucht ist, ist der Schuldner nicht verpflichtet, sich z. B. beim Großhändler neu einzudecken.

Die Serienherstellung von Sachen kann zu der Annahme führen, daß diese fungibel seien, obwohl sie zu wiederholtem Gebrauch geeignet sind. Nicht berücksichtigt wird aber, daß die Fungibilität, die der Gattung eignet, noch bevor es zu der Übereignung einer Sache dieser Gattung kommt, von dem Augenblick an verlorengeht, da der Gebrauch der Sache beginnt; der Gebrauch, der wiederholbar ist, macht diese Sache zu einer spezifischen, während sie davor nur dazu diente, übereignet zu werden, das heißt sie zu verbrauchen, zumindest durch rechtlichen Verbrauch.

Die anschaulichsten Beispiele für spezifische und generische Sachen sind der Grund beziehungsweise das Geld. Diese werden in den folgenden Abschnitten gesondert betrachtet.

XXXI. Der Grund

92. Von allen Sachen, die Gegenstand rechtlicher Vorteile sein können, ist der *Grund* [*suelo*] in geschichtlicher Hinsicht die primäre und allezeit wichtigste.

Der Begriff des *Raumes* [*espacio*] als Bereich der Sinne, als totaler und einziger Ort aller Güter, umfaßt nicht nur das Land, sondern auch das Wasser der Meere und der kleinen Flußläufe sowie die Luft. Doch sind das Wasser und die Luft an sich etwas Unbestimmtes, das nur durch einen sie enthaltenden Behälter quantifiziert werden kann; anders ist eine persönliche Aneignung nicht möglich. Die rechtliche Regelung bezüglich der Meere und des Meeresbodens sowie der Lufträume übersteigt das Zivilrecht, obwohl sie ein wichtiger Gegenstand des Internationalen Öffentliches Rechts[269] sind (Nr. 122).

Für das Zivilrecht sind Luft und (das gesamte) Wasser jeweils eine *res communis*, das heißt etwas, das nicht Gegenstand eines dinglichen Vorteils nach Art eines Privateigentums sein kann.

Es ist auf eine Verwechslung zwischen *allgemeinen* [*comunes*] und *öffentlichen* [*públicas*] Sachen zurückzuführen, wenn das moderne Recht behauptet, daß alle Gewässer „Staatseigentum" seien. Im Zivilrecht kann der Wasserverbrauch Gegenstand persönlicher Vorzüge sein, aber diesen liegt notwendigerweise immer das Grundstück zugrunde, durch welches das Wasser strömt; der dingliche Vorteil eines Grundstückseigentümers kann den Zugang zum Wasser des Grundstücks verhindern, und die Eigentümer können Grunddienstbarkeiten[270] für Wasser zwischen den Grundstücken in ihrem Eigentum vereinbaren. Immer handelt es sich um einen Vorteil im Zusammenhang mit dem Grund, nicht mit dem Wasser als solchem.

Allein im Grund(stück) kann die ursprüngliche Grundlage für dingliche Vorteile gefunden werden (Nr. 93). In diesem Sinne geht jede staatliche Regelung der An-

---

[269] Zu den Grundlagen und Themen eines Internationalen Öffentlichen Rechts, welches Internationales Verfassungsrecht und Internationales Verwaltungsrecht umfaßt, vgl. *Jörg Menzel*, Internationales Öffentliches Recht. Verfassungs- und Verwaltungsgrenzrecht in Zeiten offener Staatlichkeit (= Jus publicum, Bd. 201), Tübingen 2011.

[270] §§ 1018 ff. BGB, 472 ff. ABGB, Art. 732 f. ZGB, Art. 243 Abs. 2 OR.

eignung eines Territoriums von der Abwicklung einer Primäraneignung von Teilen des Grundes aus; dieser kommt deshalb selbst eine öffentliche Bedeutung zu, welche die Formerfordernis für Verfügungsakte über den Grund[271] rechtfertigt (Nr. 73).

93. Das Land erfordert aufgrund seiner Beschaffenheit eine Aufteilung, die seine teilweise Aneignung erlaubt.[272] An ihm besteht aber immer ein kollektives Obereigentum.

> An sich wurde die Erde allen Menschen gegeben. Menschliche Gruppen nahmen Teile davon in Besitz, dann wurde ein Teil des kollektiv in Besitz genommenen Landes zur familiären oder gemeinschaftlichen Besiedlung und zur wirtschaftlichen Nutzbarmachung aufgeteilt. Aber eine solche Zuweisung erfolgt zum Wohl der übergeordneten Gruppen und letztlich im Dienst des ganzen gegenwärtigen und künftigen Menschengeschlechts. Das Ausnutzen der rechtlichen Vorteile zum Schaden dieser Gruppen ist nicht zulässig, ebenso, wenn es den nachfolgenden Generationen schadet (Nr. 18).

Ausdruck dieses Obereigentums der Gemeinschaft am gesamten aufgeteilten Grund ist die *Grundsteuer*last. Auf dieser Linie liegt auch die Möglichkeit der *Zwangsenteignung* (Nr. 73), da der Vorteil der persönlichen Nutzbarmachung dem Gemeinwohlinteresse weichen muß. Zudem gibt es gesetzliche Beschränkungen der Ausübung des dinglichen Rechts am Grund.

Daß ein Teil des Grundes als Gemeinschaftseigentum fortbesteht, ist übrigens nichts Außergewöhnliches, sondern Bestätigung des Primarzwecks der Erde und in diesem Sinne natürlich und nicht erzwungen.

Steht Privatgrund zur freien Verfügung dessen, dem er gehört, spricht man von Eigentum. Es kann aber auch sein, daß er nicht zur freien Verfügung steht und daß seine Nutzbarmachung wie bei den Vorteilen, die unter Grundstücken festgelegt und Dienstbarkeiten [*servidumbres*] genannt werden, auf den Gebrauch beschränkt ist. Dabei handelt es sich um vereinbarte Beschränkungen, durch die über den Grund verfügt werden kann, nicht um gesetzlich auferlegte Beschränkungen (Nr. 76).[273]

---

[271] Vgl. etwa in Deutschland §§ 311b Abs. 1, 128 BGB, 20 GBO, 8 ff. BeurkG bzw. §§ 873, 925 BGB.
[272] Verf. gibt damit die Eigentumslehre wieder, wie sie *Thomas v. Aquin* ausgearbeitet hat. Danach kommen die materiellen Güter der gesamten Menschheit zu, da von der Schöpfungsordnung her niemand Eigentümer ist; der Mensch ist nur Treuhänder dessen, was Gottes ist. Alle sind lediglich Nutznießer der Gaben Gottes, und zwar unter der Auflage, diese Gaben so nutzen, daß sie allen zugute kommen. Aus der Erfahrung leitete Thomas ab, daß dieser soziale Nutzen am besten zu verwirklichen sei, wenn es Privateigentum an den Gütern gibt. Vgl. ausführlich *Arthur F. Utz*, Die Eigentumslehre des hl. Thomas v. Aquin, in: Utz, Ethik und Politik. Grundfragen der Gesellschafts-, Wirtschafts- und Rechtsphilosophie. Gesammelte Aufsätze, hrsg. von H. B. Streithofen, Stuttgart 1970, S. 376–415.
[273] Solche Belastungen des Grundeigentums können in Form von Nutzungsrechten (z. B. Erbbaurecht, Grunddienstbarkeit), Erwerbsrechten (z. B. Vorkaufsrecht) und Verwertungsrechten (z. B. Reallast, Hypothek, Grundschuld) bestehen.

94. Andere Sachen, die nicht Grund sind, treten zu diesem rechtlichen Vorteil des *fundus* in akzessorischer Weise hinzu; *fundus* bezeichnet im Lateinischen den Grund schlechthin. Heutzutage spricht man von Bodenparzellen als *Liegenschaften*.

Was das Land hervorbringt, ist eine Erweiterung des Grundeigentums. Die Produkte, zu deren nochmaligen Produktion eine Sache bestimmt ist, werden *natürliche Früchte* genannt.[274] Diese können nur von nicht verbrauchbaren Sachen erzeugt werden (Nr. 95).

> Daß die Früchte zum Grund gehören, auf dem sie produziert wurden, ist ein römisches Prinzip eindeutig rechtlicher Art (*ius soli*). Denn von einem anderen, eher moralischen als rechtlichen Standpunkt aus könnte man meinen, daß diese Früchte demjenigen gehören, der sie gesät hat (*ius seminis*), oder dem, der die Arbeit hatte, sie anzubauen.

Ebenso gehört auch das, was mit dem Grund verbunden ist, etwa durch Aussaat, Bepflanzung oder Bebauung und so weiter, zum Grund.

> Gemäß dem römischen Prinzip gehört zum Grund, was sich darauf (*superficies*) befindet: *superficies solo cedit*[275]; wobei darauf hinzuweisen ist, daß mit *super-ficies* [wörtlich: das „Darübergemachte"] nicht die äußere Schicht gemeint ist, sondern das, was auf ihr *gemacht* (gebaut, gepflanzt, gesät) wird, ungeachtet des gewöhnlichen Sinns, welcher der „Ober-Fläche" heute zukommt.

Mehr noch, das zur Bebauung des Landes notwendige Werkzeug ist ein *Zubehör*[276] des Grundes (*instrumentum fundi*)[277], und das Mobiliar einer Wohnung gehört zu ihm dazu. Das sind die *Mobilien* schlechthin.

> Nutz- und Haustiere sind bewegliche Sachen (Nr. 18)[278], die *sich selbst bewegende Güter* [*semovientes*] genannt werden. Selbstverständlich sind Automobile und ähnliches keine sich selbst bewegenden Güter.

Die wirtschaftliche Entwicklung zeigt: Aus dem, was nicht als Zubehör des Grundes dienen sollte, wurden selbständige Güter gemacht. So wird zwischen *unbeweglichen* und *beweglichen* Sachen[279] unterschieden, und folglich werden die einer Person gehörenden beweglichen Güter gesondert vom Grundeigentum betrachtet – und sehr häufig auch die von Personen ohne eigenen Grund.

---

[274] Vgl. §§ 99 Abs. 1 u. 2 BGB, 405 ABGB, Art. 643 ZGB.

[275] Röm. Rechtsgrundsatz: „Überbautes weicht dem Boden." Bisher bewegliche Sachen, die mit einem Grundstück untrennbar verbunden werden, gelten damit rechtlich als Teil des Grundes; vgl. §§ 94 BGB, 297 ABGB, Art. 667 Abs. 2 ZGB.

[276] Im Sprachgebrauch des ABGB „Zugehör".

[277] Vgl. §§ 97 BGB, 294–297 ABGB, Art. 644 f. ZGB.

[278] Durch von Tierschützern geforderte Gesetzesänderungen (Österreich 1988, Deutschland 1990, Schweiz 2003) wird das Sachenrecht heute nur mehr *entsprechend* auf – von Sachen programmatisch unterschiedene – Tiere angewendet (§§ 90a BGB, 285a ABGB, Art. 641a ZGB); vgl. Anm. 26. BV(S) Art. 24 Abs. 3 spricht anthropomorphistisch von der „Würde der Kreatur".

[279] Zubehör ist zwar an sich beweglich, wird aber rechtlich als unbeweglich bewertet (§ 293 ABGB). Die Unterscheidung spielt vor allem beim Eigentumserwerb eine Rolle. So gelten §§ 929 ff. BGB für bewegliche, §§ 925–928 BGB für unbewegliche Sachen.

Selbst wenn sie nicht verbrauchbar sind, fehlt *Mobilien* die vermögensrechtliche Stabilität der Immobilien. Deshalb gilt für sie eine weniger formelle Regelung als für diese, denn ihre öffentliche Relevanz ist minimal. In dem Maße, wie die öffentliche Relevanz steigt, neigt die rechtliche Regelung der Mobilien dazu, sich der der Immobilien anzugleichen.

Jedenfalls liegt die rechtliche Aufteilung des Grundes der Gesamtordnung der überlagerten dinglichen Vorteile zugrunde – nicht nur der öffentlichen Ordnung von nationalen Territorien oder von Territorien anderer menschlicher Gemeinschaften, sondern auch des Individualeigentums an jeder Art von Gütern.

Carl Schmitt (1888–1985) sprach in diesem Sinne vom „*Nomos* der Erde"[280] als dem Fundament jeder öffentlichen und privaten Rechtsordnung. Tatsächlich scheinen alle Unterschiede, die sich bei bestimmten in der Geschichte feststellbaren Rechtssystemen erkennen lassen, auf einer unterschiedlichen Vorstellung vom Akt der Aneignung des Territoriums („Landnahme"[281]) sowie auf dem wesentlichen Gegensatz von Land- und Seevölkern zu beruhen.

XXXII. Geld

95. Von allen beweglichen und verbrauchbaren Gütern ist heute – auch für das Recht – das *Geld* das wichtigste Gut. Bei fast allen Rechtshandlungen spielt es eine Rolle, letztendlich als Schadensersatz von Gerichts wegen, und es hat größere Bedeutung als das Eigentum erlangt.

Bedenkt man, daß die Wohnstätten oftmals Miet- und nicht Eigentumswohnungen sind und daß das Eigentum an beweglichen, vor allem an zum Verbrauch bestimmten Sachen weniger stabil ist, erweist sich das Eigentum als ein rechtlicher Vorteil, der weit weniger häufig vorkommt als der, den alle im mehr oder weniger großen Ausmaß in bezug auf Geld haben. Die Ärmsten werden immer ein bißchen Geld haben. In diesem Sinne bleibt das gutgemeinte Schlagwort vom breiten Streuen des *Eigentums* etwas Irreales, denn nur im ländlichen Raum hat es einen gewissen Sinn. Dieses Schlagwort geht auf die liberalistische Gleichsetzung von Eigentum und Freiheit zurück.

Hinsichtlich des Geldes gibt es kein Eigentum, sondern nur *Kredit (Guthaben)* [*crédito*] (Nr. 85)[282], sogar wenn es Teil eines Vertrags ist (Nr. 8). In Wirklichkeit ist das Geld nur ein Wertmaß. Daher kommt es auch, daß der Kredit Geld

---

[280] *Carl Schmitt*, Nomos der Erde im Völkerrecht des Jus Publicum Europaeum, 1950, 5. Aufl., Berlin 2011; *Schmitt*, Land und Meer. Eine weltgeschichtliche Betrachtung, 1954, 9. Aufl., 2018, Kap. 13.

[281] Dt. im Original. Nach *Schmitt*, Nomos der Erde (s. Anm. 280), S. 17, ist die Landnahme „nach Außen (gegenüber anderen Völkern) und nach Innen (für die Boden- und Eigentumsordnung innerhalb eines Landes) der Ur-Typus eines konstituierenden Rechtsvorganges".

[282] Das Wort Kredit stammt vom lat. *credere*: glauben, vertrauen. Tatsächlich hat der Inhaber eines Guthabens lediglich eine schuldrechtl. Forderung gegenüber der Bank, nämlich aus unregelmäßiger Verwahrung (§ 700 BGB; vgl. §§ 957, 988 ff. ABGB, Art. 472 ff. OR); er darf damit rechnen, das der Bank anvertraute Geld jederzeit zurückfordern zu können (Art. 475 OR).

„schafft" (Nr. 85): „Kredit zu haben" kommt dem Reichtum gleich. Die Münzprägung war herkömmlicherweise ein ausschließliches Hoheitsrecht der Landesfürsten, doch heute obliegt die Geldschöpfung den internationalen Kreditinstituten, was die Aufhebung jener Landeshoheit voraussetzt.

Das Geld tritt als Metallstücke mit einer bestimmten Legierung und einem bestimmten Gewicht in Erscheinung, die dazu dienen, den Güteraustausch abzugleichen und den Typus des Tauschvertrags durch den des Kaufvertrags (Nr. 82) zu überwinden. Das Bargeld ersetzte schließlich den Handelsbrauch, die Sachen entsprechend der Viehstückzahl (*pecus*) zu bewerten. Daher kommt die Bezeichnung *pecunia* [lat. für Geld]. Im Laufe der Zeit wurde das Geld zu einem konventionalen Wertsymbol (ohne Entsprechung zum realen Wert des Symbols) und schließlich wurde es zu einer schlichten buchungstechnischen Zahl. Die Guthabenbelege beschränken sich heute auf eine buchungstechnische Zahl, die für den Betrag steht, über den verfügt werden und der gegebenenfalls in symbolisches Geld eingelöst werden kann. Schließlich zwingt die Komplexität des Handelsverkehrs im Zusammenhang mit vielen unterschiedlichen Landeswährungen zu deren Reduzierung auf ihren veränderlichen Nominalwert.

Der Wert der Verfügbarkeit der Sachen besteht in ihrem *Preis*, der Wert ihres Gebrauchs in einem *Zins*. Sowohl der Preis als auch der Zins sind „pekuniärer" Art, doch das Geld selbst hat keinen höheren Preis als sein eigener Wert. Die Übertragung von dessen Verbrauch führt zu einem Kredit in der Höhe des geliehenen Betrags und nur mißbräuchlicherweise zu einem *Zins*, der in einem *Wucher* besteht (Nr. 86). Denn die Zinsen, die eine nicht verbrauchbare Sache hervorbringen kann, werden *zivile Früchte* genannt, aber das Geld ist eine verbrauchbare Sache und kann deshalb keine Früchte hervorbringen (Nr. 73). Es war eine Erfindung der Marktwirtschaft, die Wucherzinsen auf geliehenes Geld als zivile Früchte zu betrachten.

Es scheint der Calvinist Demoulin (1506–1566)[283] den Gedanken aufgebracht zu haben, daß das Geld, weil es nicht physisch verbraucht wird, zivile Früchte hervorbringen könne. Heute freilich ist man zu der Auffassung gelangt, daß nicht das Geld selbst, sondern der Kredit es sei, der Früchte hervorbringt, ohne zu bemerken, daß nur die körperlichen Sachen

---

Steht er „im Minus", schuldet er Darlehen und Zins (§§ 488 BGB, 959, 983, 984 Abs. 1 Alt. 1, 988 ff. ABGB). Verlangt der Kunde die Auszahlung seiner Geldforderung, macht er seinen Rückforderungsanspruch aus unregelmäßiger Verwahrung geltend (§§ 700 Abs. 1 S. 3, 695 S. 1 BGB). Vgl. auch § 270 BGB.

[283] *Charles du* (sic!) *Moulin* (*recte* 1500–1566) oder *Carolus Molinaeus*, einer der bedeutendsten Juristen des 16. Jh., wurde kath. getauft und erzogen, ab 1542 Calvinist (Hugenotte), in seiner Tübinger Zeit (1553–1557) Lutheraner, auf dem Totenbett wieder Katholik. In seinem *Commentarius ad edictum Henrici II contra parvas datas et abusus curiae Romanae et in antiqua edicta ... contra annatarum et id genus abusus, multas novas decisiones juris et praxis continens* (Paris 1552), einem der weitverbreitetsten Traktate seiner Zeit, kritisierte er aufs schärfste das Geldgebaren der röm. Kurie, v. a. bei der Erteilung von Pfründen, Dispensen und Benefizien. *D'Ors* bezieht sich offenbar auf den grundlegenden *Tractatus commerciorum et usurarum, redituumque pecunia constitutorum, et monetarum cum nova et analytica explicatione* (Paris 1546). Vgl. auch *Álvaro d'Ors*, Premisas morales para un nuevo planteamiento de la economía. Texto inédito de una intervención oral en un coloquio sobre: „Claves del Mundo Moderno" (Universidad de Navarra, 1990), in: RChD 17 (1990), S. 439–448, 445.

etwas hervorbringen können, nicht die unkörperlichen (Nr. 97), wie der in einem Kredit bestehende rechtliche Vorteil eine ist. Wenngleich die Wucherzinsen als „Kapitalerträge" betrachtet werden und die Regelung der zivilen Früchte darauf ausgeweitet wird, so bleibt dies ein praktischer Vorwand, der nicht das Prinzip in Vergessenheit geraten lassen kann, daß die verbrauchbaren Sachen wie die unkörperlichen Sachen nichts hervorbringen können, auch keine Früchte.

96. Die Investition von „ertragfähigem" Geld in ein Unternehmen war der Schlüssel der modernen Marktwirtschaft.

Wie schon gesagt (Nr. 81), bringt der Gesellschaftsvertrag häufig die Bildung eines Gesamtguts aller Gesellschafter mit sich. Im Prinzip kann ein Gesamtgut aus dinglichen Vorteilen und Krediten bestehen, aber nicht aus Geld. Die Kapitalinvestition müßte als „Leihe" in Form eines Kredits (Nr. 85) betrachtet werden und nicht als Beschaffung von Sachen einer ertragsfähigen Abtretung. Doch das marktwirtschaftliche Unternehmen beruht auf einer ertragsfähigen Anlage der marktwirtschaftlichen „Gesellschafter", die nicht Arbeit beitragen, sondern allein Geld. In Wirklichkeit sind sie nicht eigentliche Gesellschafter, sondern *Darlehensgeber,* und als solche sollten sie nicht an der Leitung des Unternehmens teilhaben.[284] Doch die Praxis der kapitalistischen Wirtschaft ist dem entgegengesetzt: Es sind die Investoren, die entscheiden; und die, die arbeiten, sind nur Lohnarbeiter. Es ist jedoch klar, daß der Investor, wenn er zugleich als Firmenchef handelt, auch Arbeit einbringt. Demgemäß, ja vorzugsweise sollte er an der Leitung des Unternehmens teilhaben.

Dieser marktwirtschaftlichen Gestalt des Unternehmens entspricht die Vorstellung, daß dieses ein Instrument der Gütererzeugung durch die Produktivarbeit der Lohnarbeiter zugunsten der Rentabilität des investierten Geldes ist.

Das Prinzip maximaler *Wettbewerbsfähigkeit*, das die heutige Betriebswirtschaft beherrscht, setzt auf das Erreichen der maximalen Rentabilität durch Produktionssteigerung, nicht auf das bessere Arbeitsangebot. Dieser Idee liegt der Irrtum zugrunde, daß das Ziel des Menschen und des Unternehmens die Güterproduktion sei – weshalb der Konsum angeregt werden müsse – und nicht das Wohl der Arbeiter (Nr. 84).[285] Tatsächlich führt dieses Unternehmensverständnis zur Überproduktion und durch die Technisierung der Arbeit zur Arbeitslosigkeit; nur durch einen grenzenlosen Konsumismus erhofft man dieses negative Ergebnis zu vermeiden. Andererseits konzentriert – paradoxerweise – dieser auf Wettbewerb beruhende Kapitalismus die Unternehmen schließlich zu großen Monopolen.

Die Suche nach neuen wirtschaftlichen Lösungen, die sowohl den radikalen Kapitalismus als auch den radikalen Sozialismus überwinden, ist eine Herausforderung für die Ökonomen, aber es obliegt dem Juristen, die entsprechenden

---

[284] Das gilt sowohl für Kommanditisten (vgl. § 164 HGB, §§ 161 ff. UGB, Art. 594 ff. OR) als auch für „stille Gesellschafter".
[285] Darauf zielt auch die klassische Kritik der Kath. Soziallehre; vgl. *Leo XIII.*, Enzyklika *Rerum novarum* vom 15.5.1891, in: ASS 23 (1890/91) 641–670, Nrn. 1, 17, 28; Päpstlicher Rat für Gerechtigkeit und Frieden, Kompendium der Soziallehre der Kirche, Freiburg i. Br./ Basel/Wien 2006, Nr. 89.

rechtlichen Irrtümer derselben aufzudecken: die Rentabilität des Geldes und die Abschaffung des Privateigentums.[286]

XXXIII. Unkörperliche Sachen

97. Die verbrauchbaren wie die nicht verbrauchbaren Güter, Mobilien wie Immobilien, auch jene, die sich nicht im Besitz von Privatleuten befinden, sondern dem öffentlichen Eigentum von mehr oder weniger großen Gemeinschaften höherer oder mittlerer Art vorbehalten werden, sind materiell geprägte Sachen, die sich, wie erwähnt (Nr. 93), von einer wurzelhaften Aneignung des Grundes herleiten, sei es von der ursprünglichen kollektiven, sei es von der späteren individuellen Aneignung. Doch zu jedem Vermögen gehören weitere nicht vertretbare Güter, die dennoch einen wirtschaftlichen Wert besitzen und dem Eingehen persönlicher Schuldverhältnisse dienen (Nr. 3): das sind *Wert*güter. Diese nicht greifbaren Güter werden *unkörperliche* Sachen genannt.[287] Zu dieser Kategorie gehören sowohl die relativen dinglichen Vorteile, die nicht mit den Sachen gleichgesetzt werden können, auf die sie sich beziehen, als auch die schuldrechtlichen Vorteile.[288] Man muß jedoch bedenken, daß einige rechtliche Vorteile höchstpersönlich und deshalb nicht liquidierbar sind und daß der Wert der Kredite von der Solvenz der Schuldner abhängt.

Zu den Immaterialgütern gehören einige rechtliche Vorteile, die keine greifbaren Sachen zum Gegenstand haben, sondern Sachen, die *nicht* greifbar sind, wie Autorenrechte, Erfinderpatente, Steuerung des elektrischen Stroms oder des Wassers und so weiter.

Diese Rechte an ungreifbaren oder zumindest physisch nicht aneignungsfähigen Sachen werden immer noch „Eigentumsrechte" genannt; sie haben aber verbrauchbare Sachen zum Gegenstand, hinsichtlich derer ein klarer dinglicher Vorteil, wie es das Eigentum ist, nicht

---

[286] *D'Ors'* antikapitalistische Skepsis gegenüber dem Geld (vgl. auch Nrn. 82f., 86, 95, 115) beruht auf übergeordneten metaphysisch-philosophischen und weltanschaulichen Prämissen, die ihn zu einer Ablehnung des Nominalismus, der Wertphilosophie (vgl. Nr. 53 mit Anm. 119) und auch des globalisierten Weltfinanzsystems ohne realwirtschaftliche Entsprechung führen. Andererseits richtet sich die Warnung vor der Abschaffung des Privateigentums gegen kommunistische und sozialistische Vorstellungen. Angesichts dieser zweiseitigen Frontstellung genügen weder ökonomische noch juristische (Erkenntnis-)Mittel. Vgl. ausführlich *Arthur F. Utz*, Zwischen Neoliberalismus und Neomarxismus. Die Philosophie des Dritten Weges, Köln 1975.
[287] Vgl. entsprechend – im Unterschied zum dt. und schweiz. Zivilrecht – den *weiten* Sachbegriff des § 285 ABGB, wonach etwa auch „das Recht zu jagen, zu fischen und alle anderen Rechte" (§ 292 ABGB) unkörperliche Sachen sind.
[288] Auch wenn das österr. Zivilrecht mitunter vom „Eigentümer der Forderung" (§ 1424 ABGB) spricht, so hält es doch aus prinzipiellen, systematischen Gründen an der Unterscheidung von Schuld- und Sachenrecht fest. „Eigentum" an Forderungen und Rechten ist daher im *übertragenen* Sinne zu verstehen.

XXXIII. Unkörperliche Sachen

bestehen kann. Vielmehr besteht ein schuldrechtlicher Anspruch auf Respektierung durch andere. Beispielsweise stellt ein unerlaubter Verbrauch von Elektrizität, von Wasser oder einer Kunstreproduktion nicht eigentlich ein *Diebstahls*delikt (Nr. 74) dar, wie man zu sagen pflegt. Denn dieses Delikt setzt einen Bruch des körperlichen Gewahrsams an etwas voraus, den man sich in diesen Fällen nicht vorstellen kann.[289] Es liegt vielmehr nur ein unerlaubter Verbrauch[290] vor.

98. Diese unkörperlichen Sachen, in deren Zusammenhang immer noch in wenig angemessener Weise von „Eigentum" die Rede ist, gleichen in gewisser Weise den Vorteilen bezüglich nichtterrestrischer Räume, um die sich die Staaten zu streiten pflegen.

Die Voraussetzung, die von der Zugehörigkeit zu einem Staat ausgeht, erschwert das Finden eines richtigen Ansatzes bezüglich der zulässigen Aneignung von Sachen, die von privater Seite nicht aneignungsfähig zu sein scheinen, wie es beim Meer, beim Meeresgrund und erst recht beim Luftraum der Fall ist.

Bei der Behandlung schwer begrenzbarer Sachen erweist sich die analoge Anwendung des territorialen Eigentums auf seine Aufteilung immer als künstlich; tatsächlich hängt jede Aufteilung vom Potential zur Herrschaft über derartiger Räume mittels Krieg ab, was die rechtliche Regelung der Verteilung an kontingente Gründe staatlicher Strategie koppelt. Was die Zusprechung von rechtlichen Vorteilen dieser Art tatsächlich rechtfertigt, ist die technische Befähigung zu einer beständigen Nutzung entsprechend den angemessenen Bedürfnissen von menschlichen Gruppen, die sie benötigen, das heißt der Unternehmen, die zur wirtschaftlichen Nutzung solcher Räume bestimmt sind, nicht der Staaten, denen die Unternehmen gehören können.

Traditionell hingen die Vorteile in bezug auf Länder, die „entdeckt" wurden, von dem Umstand ihrer tatsächlichen Besetzung gemäß der römischen Lehre der

---

[289] Wegen der fehlenden Körperlichkeit (vgl. § 90 BGB) ist etwa beim unerlaubten Stromentzug der Sachbegriff des § 242 Abs. 1 StGB zu verneinen. Die Gesetzeslücke wurde im Jahre 1900 vom dt. Gesetzgeber mit § 248c StGB geschlossen; vgl. dazu *Jan Hövermann*, Recht und Elektrizität. Der juristische Sachbegriff und das Wesen der Elektrizität 1887 bis 1938 (= Beiträge zur Rechtsgeschichte des 20. Jahrhunderts, Bd. 94), Tübingen 2018. Fließendes Wasser oder freie Luft sind keine Sachen im Sinne des § 242 Abs. 1 StGB, es sei denn, das Wasser oder das Gas sind, etwa durch ein Behältnis, von der Außenwelt räumlich abgrenzbar. Das LG Freiburg (Urteil vom 13. 11. 2006 – 7 Ns 350 Js 16210/06 – AK 151/06) hat jedoch das mehrjährige unerlaubte Abzapfen von Frischwasser aus einer öffentlichen Versorgungsleitung unter Umgehung des Wasserzählers nach § 242 StGB als Dauerdelikt bestraft. Dabei wurde „stehendes Wasser" als Sache gewertet. Der Gewahrsamsbruch bestand demnach in der Entnahme des Wassers aus dem Leitungsnetz der Gemeinde „bei jedem Öffnen eines Wasserhahns, bei Betätigung der Spültaste einer Toilettenspülung, beim Betrieb einer Waschmaschine oder Geschirrspülmaschine und ähnlichen Gelegenheiten".

[290] So auch beim heutzutage aktuelleren Fall des „Handy"-Aufladens. Vgl. *Dominik Brodowski*, Strafbare Entziehung elektrischer Energie durch Aufladen eines Mobiltelefons?, ZJS 3 (2010), S. 144–147.

Aneignung im Meer „geborener" Inseln ab[291], und das Gleiche könnte bezüglich des Meeresgrundes gelten. Wenn es um etwas wesensmäßig Allgemeines und nicht Begrenzbares wie das Wasser der offenen Meere geht, bedeutet deren partielle Zuweisung an die Küstenterritorien eine verkehrte territoriale Ausdehnung, welche die Völker ohne Küste von etwas ausschließt, das allen Menschen wesensmäßig gemeinsam[292] ist. Ebenso müßten die Fischereirechte von den Küsten losgelöst und an verantwortliche Unternehmen (nicht Staaten!) nach einem Reglement wechselseitig vereinbarter Begrenzungen übertragen werden.

Dieses Thema der rationalen Aufteilung des Raumes – sowohl des terrestrischen als auch der Meere und des Luftraums – ist Gegenstand des Internationalen Öffentlichen Rechts, doch angesichts der Natur der Dinge werden die eigentlich rechtlichen Kriterien, die der Privatrechtler anbieten kann, immer vonnöten sein.

---

[291] Der röm. Rechtssatz *insula in flumine nata* wirkt in den §§ 407, 408 ABGB deutlich nach. Vgl. aber auch § 4 Abs. 5 WRG: Das Eigentum an Inseln, die in einem Gewässerbett entstehen, das zum öffentlichen Wassergut gehört, ist dem Bund auch dann vorbehalten, wenn die Insel nicht in einem schiffbaren Fluß (§ 407 ABGB) entsteht. Vgl. auch BGHZ 92, 326. Die *alluvio* (Anspülung) und die *avulsio* (Abreißung) von Grundstücksteilen sind in den ebenfalls röm.-rechtlichen §§ 411–413 ABGB geregelt und werden z.T. analog auf Muren, Lawinen und Hangabrutschungen angewandt.

[292] Vgl. Anm. 272.

Drittes Kapitel

Die Gesellschaftsordnung

XXXIV. Staat und Politik

99. Gegenstand der Wissenschaft von der Gesellschaftsordnung [*Organización Social*] sind die Fakten hinsichtlich der Gestaltung der menschlichen Gruppen, deren Funktionsweise und deren Regierung [*gobierno*]. Als Wissenschaft, die Fakten und nicht Texte untersucht, gehört sie zum Bereich der Geonomie und nicht zu den Geisteswissenschaften (Nr. 2).

Wie der Ausdruck *zivil* in einer allgemeinen Weise das Recht im eigentlichen Sinne bezeichnen kann, auf das sich das zweite Kapitel bezog, so kann sich der aus dem Griechischen stammende, ähnliche Begriff *politisch* nicht nur auf das Spezialgebiet des sogenannten *Politischen Rechts* (Nr. 31) beziehen, sondern auch auf die gesamte Gesellschaftswissenschaft [*Ciencia de la Organización*]; sie umfaßt auch die eigentlich rechtlichen Aspekte, die mit der Gesellschaft verbunden sind. Wie „das Zivile" auf den Bereich der Entscheidungskriterien der Richter verweist, so betrifft „das Politische" die Regierung von menschlichen Gruppen. Die juristische Klugheit des Richters ist eine Sache, die politische Klugheit des Regierenden eine andere. Auch wenn die Klugheit ein und dieselbe Verstandestugend ist, so entspricht doch ihr ziviler Aspekt der Autorität des Rechts und ihr politischer der Macht der Regierungsgewalt in der Gesellschaft (Nr. 54).

Vom Gesichtspunkt des Rechts aus manifestiert sich die politische Klugheit zuerst in der gerechten Gesetzgebung. Diese eignet nicht nur den gesetzgebenden Organen, insofern diese als unabhängige Institutionen bestehen, sondern meint die ganze ordnungsgemäße Tätigkeit des Regierenden (Nr. 38).

<small>Die Regierungsentscheidungen können als gesetzgebend erachtet werden, wenn sie Kriterien allgemeiner Art festlegen – und nicht kasuistischer Art, wie es bei den Verwaltungsakten der Fall ist. Die Erfahrung lehrt, daß eine klare Unterscheidung von Gesetzen[293] und von der Regierung ausgehenden Dekreten (oder ähnlichen Dokumenten) (Nr. 23), die ebenfalls allgemeinen Charakter haben[294], nicht möglich ist.</small>

Die Tatsache, daß sich in der Neuzeit die *staatlich*-politische Regierungsform verbreitet hat, bedingte eine Unterscheidung zwischen dem Studium der grund-

---

[293] Von der Legislative erlassene Gesetze im *formell-materiellen* Sinne, z. B. Bürgerliche, Handels- oder Strafgesetzbücher.
[294] Von der Exekutive erlassene Gesetze im *materiellen* Sinne, z. B. Prozeß- oder Straßenverkehrsordnungen.

legenden oder konstitutionellen Form (= *Verfassungsrecht* [*Derecho Constitucional*]), der Form der ausführenden Regierung (= *Politisches Recht* [*Derecho Político*]) und der Form der Funktionsweise der Behörden (= *Verwaltungsrecht* [*Derecho Administrativo*]). Das Verwaltungsrecht ist stärker mit dem Recht im eigentlichen Sinne verknüpft, gerade weil die Verwaltungsakte gerichtlich überprüfbar sind.

Die Verfassungsmäßigkeit der gesetzgebenden politischen Akte ist durch die Richter rechtlich überprüfbar – sei es durch die Richter des Verfassungsgericht (Nr. 56), sei es durch die der ordentlichen Gerichte, wenn dies für konkrete Fälle zulässig ist –, doch die wirklich politischen Entscheidungen sind schwerlich justitiabel (Nr. 23).

Dieser Gruppe der Politischen Wissenschaften[295] sind in dieser Darstellung das Prozeßrecht als Teil des öffentlichen Rechts hinzuzufügen, das der Justizverwaltung [*Justicia administrada*] durch den Staat[296] dient, ebenso besonders das Strafrecht [*Derecho Penal*] – nicht wegen der öffentlichen Relevanz seines Verfahrens, sondern weil es in erster Linie auf die Aufrechterhaltung der öffentlichen Ordnung abzielt. In diesem Sinne kann auch die Organisation der Streitkräfte, die angesichts von äußeren oder inneren Bedrohungen für die Sicherheit dieser Ordnung zuständig[297] sind, in das Studium der Gesellschaftsordnung einbezogen werden. Das wird der weite Rahmen dieses dritten Kapitels sein.

100. Die *Politik* scheint heute an die Existenz des *Staates* gebunden zu sein, aber die jetzige Wirklichkeit des *Staates* ist als moderne Form der Vereinigung der *nationalen* Gruppen akzidentieller Art.

Der Begriff *Nation*, der sich auf den natürlichen Ursprung einer sich ihrer historischen Identität bewußten menschlichen Gruppe bezieht, hat keine bestimmte organisatorische Bedeutung. Daher kommt es, daß innerhalb der Staaten *nationalistische* Gesinnungen aufkommen, obschon sie gemeinhin die sezessionistische Bestrebung haben, unabhängige *Staaten* zu bilden. Ebensowenig bezieht sich der Ausdruck *Vaterland* auf eine politische Form, sondern auf eine gewissermaßen familiäre Gesinnung der Solidarität; weshalb Vaterland mal mit dem *Staat* gleichgesetzt wird, mal mit den regionalen Volkszugehörigkeiten, mal mit viel beschränkteren Bereichen und nichts „Politischem" wie dem Herkunftsort, weswegen man von „Heimat" [*patria chica*[298]] spricht.

Der Bezug der *Politik* zum *Staat* rührt daher, daß die griechische *polis* die historische Form war, die ein Modell darstellte, das in gewisser Weise dem modernen *Staat* vorausging. Doch der *Staat* taucht im 16. Jahrhundert als Zwangsgebilde

---

[295] Verf. verwendet den Begriff im weiten Sinne.
[296] Justizverwaltung ist in Deutschland Teil der öffentlichen Verwaltung, d. h. der Exekutive, bei der allgemeine Verwaltungsaufgaben aus Gründen der Zweckmäßigkeit von den Gerichten zu erfüllen sind, ohne dadurch judikative Materie zu bilden, z. B. Ausbildung von Rechtsreferendaren, Befreiung von Ehefähigkeitszeugnissen (§ 1309 Abs. 2 BGB), Entscheidungen über Akteneinsicht.
[297] Der Einsatz von Militär zur Gewährleistung der *inneren* Sicherheit ist in Deutschland aus historischen Gründen sehr beschränkt (Art. 35, 87a GG).
[298] Wörtlich „kleines Vaterland", sprich: Heimatstadt, Heimatdorf.

XXXIV. Staat und Politik 125

zur Überwindung der Religionskriege auf[299] und wegen seiner Modernität kann er, aus einer universalhistorischen Perspektive, nicht mehr als eine akzidentielle Form sein; die Herrschaftsstrukturen vor dem 16. Jahrhundert sind keine „Staaten".

Staat kommt von *status*, aber dieses lateinische Wort bedeutet *Sicherheit, Stabilität*; diese Bedeutung hat es auch, wenn vom *status rei publicae*, der „Sicherheit der Republik", die Rede ist, obwohl heute *res publica* ungerechtfertigterweise mit „Staat" übersetzt und nicht als nichtmonarchische Regierungsform (Nr. 113) behandelt wird. Man denkt, daß *lo stato* Machiavellis gerade im Sinne von *Staat* zu verstehen sei. Aber dieser Begriff kann auch im Sinne des Lateinischen als „Sicherheit (des Fürsten)" verstanden werden. Die spanische Tradition lehnte, von Religionskriegen verschont, den Begriff „Staat" – im Zusammenhang mit der abschätzigen Wendung „die Politiker" – ab. Der *Staat* war ein den Bourbonen zu verdankender französischer Import; er blieb der volkstümlichen Mentalität der Spanier fremd.[300] In ähnlicher Weise richteten sich andere Völker an den Rändern Europas wie Großbritannien und Großrußland[301] nicht genau nach dem europäischen Modell des *Staates*; es sind just dieselben Völker, die sich dem französischen Imperium Napoleons widersetzten. Auch die *Vereinigen Staaten Amerikas* ließen sich von einem republikanischen Föderalismus inspirieren, dem die Idee der „staatlichen Souveränität" fremd war.[302] Schon die dortige Verwendung des gleichen Begriffs zur Bezeichnung der Gesamtheit wie der Teile derselben gibt eine Mehrdeutigkeit zu erkennen, die mit der europäischen Auffassung des *Staates* kaum vereinbar ist (Nr. 101).

101. Der Staat kann definiert werden als „souveräne Einrichtung einer vollständigen und in ethischer Hinsicht zwingenden Gesellschaftsordnung auf einem bestimmten Territorium".[303]

Die Stabilität und die Unabhängigkeit von anderweitiger übergeordneter Macht sind für den Staat wesentlich. Gerade um auf jede Abhängigkeit verzichten zu können – angefangen mit der, welche die Anerkennung einer Übertragung der göttlichen Macht, genauer: der von Christus auf den König, voraussetzt –, verlangt der Staat für sich die autonome Verfassung einer zwingenden Ethik [*Ética coactiva*]. Deshalb behält er sich den Waffengebrauch, die Justizverwaltung, die Schaffung des Rechts mittels gesetzgebender Entscheidungen und die Beaufsichtigung des ganzen gesellschaftlichen Lebens ausschließlich vor; in diesem Sinne tendiert der Staat dazu, totalitär zu sein.[304]

---

[299] Vgl. dazu etwa *Roman Schnur*, Die französischen Juristen im konfessionellen Bürgerkrieg des 16. Jahrhunderts. Ein Beitrag zur Entstehungsgeschichte des modernen Staates, Berlin 1962; Schnur (Hrsg.), Die Rolle der Juristen bei der Entstehung des modernen Staates, Berlin 1986.
[300] Die von *d'Ors* geteilte Reserve gipfelt in der beschwörenden Aufforderung, Schmitt möge im Blick auf das „richtige Ziel" mit den Staatsdenkern *Bodin, Hobbes* etc. brechen (*Carl Schmitt und Alvaro d'Ors*, Briefwechsel, hrsg. von Montserrat Herrero, Berlin 2004, Brief Nr. 36).
[301] Vorrevolutionäre hist. Bezeichnung für die nordöstliche Rus (auch: Moskowien), seit dem 14. Jh. bestehend aus den zwölf nicht zum Großherzogtum Litauen gehörenden russ.-orth. Eparchien.
[302] Vgl. dazu bereits *Alexis de Tocqueville*, De la démocratie en Amérique, Paris 1835, 2. Teil, S. 172 ff.
[303] Ebenso *Álvaro d'Ors*, Claves conceptuales (s. Anm. 142), S. 514.
[304] Übereinstimmend *José Pedro Galvão de Sousa*, Da Representação política, São Paulo 1971, Kap. 3, Nr. 6.

Der Zwangscharakter der staatlichen Ordnung erfordert im Prinzip einen eigenen Raum, ein Territorium, auf dem die notwendige Staatgewalt ohne Konkurrenz mit anderen vergleichbaren Kräften ausgeübt werden kann.

Gegenwärtig ist die internationale Ordnung dabei angekommen, die Existenz von „Staaten ohne Territorium" einzuräumen, aber das verdankt sich dem (An-)Erkennen einer möglichen zukünftigen territorialen Herrschaft für nationale Gruppen, die darum kämpfen, sie zu erlangen.[305] Dieses Phänomen steht in Zusammenhang mit dem des irregulären Krieges des Terrorismus (Nr. 119).

Mit der Territorialität des Staates geht die Festlegung von *Staatsgrenzen* [*fronteras*] als Begrenzungen der eigenen Gewalt und als Schutz vor anderen Staaten einher. Daher rührt der wesenhaft *polemische Charakter* des Staates, für den jeder andere Staat, zumal wenn er ein benachbarter ist, ein potentieller Feind ist.[306]

Die Vorstellung, daß der Fremde ein potentieller Feind ist, ist sehr alt. Das lateinische Wort *hostis*[307], von dem sich *Hostilität*[308] herleitet, bezeichnete ursprünglich den Fremden. Doch dieser wird in dem Maße, wie ihn mit einem anderen Volk eine *Freundschaft* verbindet, zum *hospes* [lat. für Gast]. Trotz des Fortschritts in den internationalen Beziehungen hat die Territorialgrenze weiterhin eher einen Sinn von Ausschließung und potentieller Feindseligkeit als von einfacher freundschaftlicher Verteilung der Staatsterritorien.[309] Diese Feindseligkeit des *Staates* steht im Kontrast zu der positiven Affektivität des *Vaterlandes*; die *Nation* kann entsprechend den historischen Umständen zu diesem oder jenem hingezogen werden, auch wenn heute deren Identifikation mit dem Staat vorherrscht, den auch die Regionalnationalismen anstreben.

Symbol des Staates ist die Flagge [*bandera*][310], Symbol der staatlichen Streitkräfte die Truppenfahne [*enseña militar*].

---

[305] Zu denken ist etwa an den 1988 von der Palästinensischen Befreiungsorganisation (PLO) ausgerufenen und von derzeit 138 Staaten anerkannten Staat Palästina, der teilweise ein Staatsgebiet beansprucht, das von Israel besetzt ist.

[306] Vgl. d'Ors, Gemeinwohl und Öffentlicher Feind (s. Anm. 1), S. 76, mit Verweis auf Schmitt, dessen Freund-Feind-Kriterium sich primär auf Staaten und Völker untereinander und höchstens abgeleitet auf (Innen-)Politik bezieht; vgl. *Carl Schmitt*, Der Begriff des Politischen. Synoptische Darstellung der Texte. Im Auftrag der Carl-Schmitt-Gesellschaft hrsg. von Marco Walter, Berlin 2018, S. 84, 88; *Wolfgang H. Spindler*, Ausnahmezustände. Carl Schmitts Theorie des Politischen, in: Alfred Bellebaum/Robert Hettlage (Hrsg.), Der Augenblick. Kulturwissenschaftliche Erkundungen, Wiesbaden 2019, S. 125–157 (141–147).

[307] (Öffentlicher) Feind; im Gegensatz zu *inimicus*, dem persönlichen Feind.

[308] Feindschaft (veraltet).

[309] Dieser gleichbleibende realistische Aspekt wurde im Zuge der „Willkommenskultur" spätestens seit 2015 vom politisch-medialen Komplex in Deutschland fast vollständig ausgeblendet; vgl. dazu *Spindler*, Ausnahmezustände (s. Anm. 306), S. 125–157 (125, 154f.); *Otto Depenheuer/Christoph Grabenwarter* (Hrsg.), Der Staat in der Flüchtlingskrise. Zwischen gutem Willen und geltendem Recht, 2., um ein Vorwort ergänzte Auflage, Paderborn 2017; *Ulrich Vosgerau*, Die Herrschaft des Unrechts. Die Asylkrise, die Krise des Verfassungsstaates und die Rolle der Massenmedien, 2., verb. Aufl., Rottenburg 2018; zuvor bereits *Karl Albrecht Schachtschneider*, Die Souveränität Deutschlands. Souverän ist, wer frei ist, Rottenburg 2012, S. 147–175.

[310] Die Flagge (in Deutschland und in Österreich die sog. Bundesflagge, in der Schweiz die Nationalflagge) ist genauer genommen nur *ein* Staatssymbol neben anderen wie z. B. dem Staatswappen oder dem Staatssiegel.

Wie die Notwendigkeit des Wehens im Wind zeigt, bestand der Verwendungszweck der Flagge ursprünglich in der Unterscheidung der Kriegsschiffe und später der taktischen Einheiten jeder Art. Die Verwendung von steifen Standarten mit oder ohne militärische Bedeutung ist viel älter und diente dazu, in symbolischer Weise gesellschaftliche Gruppen jeder Art zu repräsentieren. Doch entstand eine gewisse Verwirrung zwischen diesen Standarten und der Flagge, da es dazu kam, daß diese von innerstaatlichen Gruppen, die sich in einen Staat verwandeln wollten, als polemisches Emblem verwendet wurde.

Mit der Idee des souveränen Staates ist die Bildung eines *Bundesstaates* [*Estado federal*] (Nr. 123) vereinbar, der aus dem Zusammenschluß von Regionen (Nr. 111) entsteht, die an der souveränen politischen Struktur beteiligt sind.

Die spanische Erfahrung mit dem Föderalismus kann trotz der pluralistischen Tradition der Regionen Spaniens [*las Españas*] als negativ bezeichnet werden, und die Option der jüngeren Zeit für den „Staat der Autonomien" scheint abgelehnt zu werden, nicht wegen der Autonomie, sondern wegen ihrer staatlichen Integration. Es ist mit Schwierigkeiten verbunden, wenn auf *Imperien* wie das spanische oder das englische Imperium föderative Strukturen folgen.

XXXV. Ordnung der gesellschaftlichen Gruppen

102. Die Souveränität des Staates drückt sich besonders in der Verfügbarkeit der Streitkräfte zur Kriegsführung und in der Aufsicht über die amtliche Währung aus. Die totalitäre Tendenz pflegt zum Eingreifen zu führen, ja sogar dazu, daß der Staat viele andere gesellschaftliche Aktivitäten wie die Formulierung des durch die Richter anzuwendenden Rechts, die soziale Sicherheit, die Bildung in ihren unterschiedlichen Stufen, die „politische" Ökonomie und so weiter ausschließlich sich vorbehält; aber diese Ausdehnung der Souveränität ist nicht wesensnotwendig. Der Beweis dafür ist, daß die von absoluten Monarchen regierten Staaten nicht derartige totalitäre Tendenzen aufwiesen, wohl aber dem Souverän die Aufsicht über die Streitkräfte und die Geldemission vorbehielten. Der König war der Oberbefehlshaber der Streitkräfte, und sein Bild[311] zeigte den Wert des Geldes an.

Derzeit wird die staatliche Souveränität durch zersetzende Kräfte – unter Einschluß territorialer Abspaltung – und gleichermaßen durch übernationale Organisationen bedroht, von denen die Entscheidung über Krieg und Ökonomie abhängig gemacht wird. Letzteres kommt der Erklärung „überstaatlicher" Souveränität gleich, ohne daß derartige Organisationen deshalb die Form eines Staates annähmen.

Es erscheint unwahrscheinlich, daß die Auflösung des Staates zu „Superstaaten" führt oder zu einem Komplex kleiner Regionalstaaten, denn diese hätten nicht jene Souveränität, welche die Nationalstaaten haben, aus denen sie durch deren Auflösung hervorgehen. Auch wenn sie anstrebten, Staaten zu bilden, wären sie den überstaatlichen Organisationen, in die sie integriert sein würden, nicht weniger untergeordnet.

---

[311] Gemeint ist der sprichwörtliche Kopf einer Geldmünze.

Demgemäß wird die künftige Gesellschaftsordnung die gegenwärtige Theorie und Realität überwinden müssen, die auf dem Staat als dem einzigen politischen *Subjekt* beruht, von dem die untergeordneten Gruppen abhängen und das sich mit anderen Staaten verbindet, ohne eine ihm ähnliche über- oder untergeordnete Gesellschaft zu bilden. Es ist die Staatsidee selbst, die sich in der Krise zu befinden scheint und eines Ersatzes bedarf.

103. Der Staat entstand in der Neuzeit als künstliche Gesellschaftsform nationaler Gruppen, nicht als Ausdruck der natürlichen Entwicklung der wesentlichen menschlichen Geselligkeit. Da sein Zweck darin bestanden hatte, in Konflikten religiöser Art den Frieden aufzuerlegen, war er von der Vorstellung ausgegangen, daß die menschliche Natur an sich zu Konflikten neige und den Frieden nur erlangen könne durch die Überwindung der naturgegebenen Gruppen und die künstliche Gliederung der Gesellschaft im Dienste der herrschenden Macht, die den Frieden auferlegt.

> Paradoxerweise versucht die moderne politische Theorie die Realität der *Erbsünde* [lat. *peccatum originale*] auszublenden[312] und geht von der Annahme aus, der Mensch sei von Natur aus gut, gleichzeitig aber, es bestehe eine Urfeindschaft: *homo homini lupus* („Der Mensch ist für den Menschen ein Wolf").[313] In Wirklichkeit ist das, was aus der Beziehung zwischen den Menschen folgt, die Person: *homo homini persona* (Nr. 9).

Nichtsdestoweniger ist die Geselligkeit etwas für die menschliche Natur Wesentliches, nicht aber die kontingenten künstlichen Strukturen der gesellschaftlichen Regierung. Sie entspringt den kleinräumigen Gruppierungen von allein und bringt die großräumigeren hervor. Die Nation ist natürlicher Art, doch der Staat ist ein künstliches Supergebilde. In der vorliegenden Darstellung bezeichnet der Begriff *Nation* die Wirklichkeit der sozialen Ordnung, die gegenwärtig als *Staat* strukturiert ist.

Die menschliche Gesellschaft ist also von unten nach oben geordnet. Die Nation, der die gegenwärtige Staatsform entspricht, befindet sich nicht an der Spitze dieser Stufenleiter der Gesellschaftsordnung, denn über dem Staat gibt es umfassendere Gemeinschaften.

---

[312] Nach *Robert Spaemann*, Provokation für das moderne Bewußtsein, Die Tagespost, 7. 12. 2006, ist kaum eine christliche Lehre plausibler als die Erbsündenlehre. „Denn wenn wir voraussetzen, daß Gott gut und allmächtig ist und wenn wir die Bosheit mancher Menschen und die Schwäche und Versuchbarkeit der meisten Menschen betrachten, dann ist die Lehre von der Erbsünde die einzige einleuchtende Erklärung."

[313] Die von *Schmitt* oft zitierte Sentenz geht zurück auf *Plautus'* Komödie Asinaria (Vers 495). In den staatsphilosophischen Kontext geriet sie aber erst durch *Thomas Hobbes'* Widmung seines Werks De cive (zuerst 1642) an *William Cavendish*: *Profecto utrumque vere dictum est, Homo homini Deus, et Homo homini Lupus. Illud si concives inter se; Hoc, si civitates comparemus.* („Nun sind sicher beide Sätze wahr: Der Mensch ist für den Menschen ein Gott, und: Der Mensch ist für den Menschen ein Wolf. Jener, wenn man die Bürger untereinander, dieser, wenn man die Staaten vergleicht." – eig. Übers.) *Thomas Hobbes*, Elementa philosophica de cive, Amsterdam 1647, S. 3.

XXXV. Ordnung der gesellschaftlichen Gruppen

Diese aufsteigende Richtung der menschlichen Gesellschaft läßt sich mit der Vorstellung vereinbaren, daß die Gewalten, die über die Gruppen auf ihren unterschiedlichen Stufen regieren, durch absteigende Delegation von der Souveränität Christi des Königs ausgingen.[314] Die Kirche dagegen ist aufgrund ihrer göttlichen Stiftung nicht wie die bürgerliche Gesellschaft von unten nach oben geordnet, sondern in absteigender Richtung, das heißt *hierarchisch*, jedoch nicht durch Machtdelegation, sondern durch Aufgabenverteilung.

Eine natürliche Regelung der Gesellschaftsordnung darf also ihren Ausgang nicht von der künstlichen Instanz des Staates nehmen, sondern von den natürlichen Grundlagen des Sichzusammenschließens, angefangen bei der Familie bis hin zu der Vereinigung zu *Großräumen* auf höchster Ebene.[315]

104. Die gestufte Ordnung der für die Gesellschaftsordnung konstitutiven menschlichen Gruppen richtet sich nach der menschlichen Natur, wenn sie von dem *Subsidiaritätsprinzip* geleitet wird, nach dem die höheren Gruppen nur in dem Maße in die Verwaltungsform der untergeordneten Gruppen eingreifen dürfen, wie diese nicht zu bewerkstelligen vermögen, was für ihr eigenes Dasein notwendig ist.

Das Subsidiaritätsprinzip wurde von Papst Pius XI. (in der Enzyklika *Quadragesimo anno*[316]) als Primarprinzip der Gesellschaftsordnung innerhalb eines staatlichen Entwurfs – der Beziehung des Staates zu den intermediären Gruppen und den Individuen – verkündet. Es wurde aber als universalgültig angenommen, als die Notwendigkeit übernationaler Gemeinschaften in Erwägung gezogen wurde. Eine spanische Version dieses Prinzips ist das der *Foralgesetze* [*foralidad*], das als Kriterium für das Verhältnis zwischen der Nation und den Regionen aufkam (Nr. 39).

Das Subsidiaritätsprinzip wirkt sich freilich nicht nur in defensiver Weise zugunsten der Freiheit der untergeordneten Instanzen aus, sondern auch in negativer Weise; ihre Autonomie wird nicht anerkannt, wenn ihnen die Verantwortlichkeit fehlt, so wie es im Zivilrecht mit den Geschäftsunfähigen geschieht (Nrn. 66 ff.).

Dem Subsidiaritätsprinzip komplementär ist das *Solidaritätsprinzip*, verstanden als Pflicht, über die Partikularinteressen hinaus zum Wohl der größeren Gruppe beizutragen.

In diesem Zusammenhang ist zu bedenken, daß die technische Perfektion zur Konzentration von Aufgaben auf höherer Ebene zu führen pflegt, wodurch die Autonomie, welche die Subsidiarität fordert, stark beeinträchtigt wird. Das bedeutet, daß das Gemeinwohl – und nicht allein die Autonomie der kleineren Gruppe – Toleranz gegenüber einer gewissen technischen Unvollkommenheit derselben verlangt, vorausgesetzt, daß nicht ein höheres Gut als das der Autonomie verletzt wird.

---

[314] Vgl. *Pius XI.*, Enzyklika *Quas primas*, 11.12.1925, in: AAS 17 (1925), S. 593–610, zur Einführung des Christkönigsfestes.
[315] Vgl. *Álvaro d'Ors*, Politische Theologie – eine erneute Beleuchtung des Themas, in: Wolfgang Hariolf Spindler, Álvaro d'Ors' Versuch einer dogmatischen politischen Theologie. Ansatz und Dokumentation seiner „Revisión" des Problems, FKTh 24 (2008), S. 81–122, 88–122 (101–107).
[316] *Pius XI.*, Enzyklika *Quadragesimo anno*, 15.5.1931, in: AAS 23 (1931) S. 177–228, Nr. 79.

Zur Solidaritätspflicht gehört die Durchsetzung eines stabilen Systems der wirtschaftlichen Beitragsleistung der kleineren Gruppen zugunsten der größeren. Diese Regelung ist Gegenstand des Studiums des *Steuerrechts* [*Derecho fiscal*] (Nr. 31), dessen Verbesserung ebensosehr von der Verhältnismäßigkeit der Belastung abhängt wie von der zweckmäßigen Verwendung des Aufkommens.

Es geht hier nicht um jede Art von Zusammenschluß, sondern um jene Formen der Gemeinschaft, die eine allgemeine Ordnung des Zusammenlebens formulieren. Es geht um *Gemeinschaften* [*comunidades*], nicht um einfache *Zusammenschlüsse* [*associaciones*]. Der Unterschied zwischen diesen beiden Formen besteht darin, daß der Zusammenschluß, der dem Modell des Gesellschaftsvertrags folgt (Nr. 81), unter denen, die ihn eingehen, schuldrechtliche Bindungen schafft; sie können eine juristische Person bilden, aber weder wird diese als notwendig und von den Willensänderungen der Gesellschafter unabhängig betrachtet, noch unterliegt sie bestimmten unabänderlichen Prinzipien, wie das bei der Gemeinschaft der Fall ist.

> Das Gemeinschaftsbewußtsein kann auf den verschiedenen Ebenen der Gesellschaftsordnung mehr oder weniger ausgeprägt sein; bei *Großräumen* (Nr. 125) kann es fehlen.

Jeder dieser menschlichen Gruppierungen, welche die Gesellschaft auf allen gemeinschaftlichen Ebenen bilden, kommt der ihr eigene Raum zu, selbst wenn sich in ihnen die territorialen rechtlichen Vorteile in sehr unterschiedlicher Weise darstellen.

Die Aufteilung der Vorteile bezüglich des Raumes – nicht nur des terrestrischen, sondern auch des Meeresgrunds, des Meeres und der Luft – ist Gegenstand der geonomischen Wissenschaft der *Geodiärese*.[317] Das Hauptkriterium dieser Wissenschaft besteht darin, daß die Zuweisung von Raumvorteilen, die immer relativer Art sind, von der Notwendigkeit der Raumnutzung abhängt und zugleich von der Möglichkeit, den zugewiesenen Raum zu überwachen.

> Von der Geodiärese zu unterscheiden ist die der Strategie zugehörige Geopolitik, die sich auf die besonderen politischen Zweckdienlichkeiten der Raumaneignung durch die Staaten bezieht.

Im übrigen besteht nicht für alle diese Gruppierungen die Notwendigkeit, als juristische Personen anerkannt zu sein (Nr. 8). Denn obwohl sie einen öffentlichen Zweck im Interesse des Gemeinwohls erfüllen, verfügen sie nicht immer über ein stabiles Gesellschaftsvermögen, das die juristische Rechtspersönlichkeit rechtfertigt.

XXXVI. Familie

105. Die bürgerliche Gesellschaft setzt sich im wesentlichen aus Familien zusammen.

> So sagte es der Katechismus des hl. Pius X. (Nr. 408). Der neue Katechismus (KKK Nr. 1880) sagt hingegen, sie sei „eine Gruppe von Personen", obwohl er (Nr. 2207) anerkennt, daß die

---

[317] Vgl. *d'Ors*, Gemeinwohl und Öffentlicher Feind (s. Anm. 1), S. 18, 71, 97.

Familie „die Urzelle des gesellschaftlichen Lebens" ist. Das setzt eine gewisse demokratische Wende voraus (Nr. 115), geht aber aus dem hervor, was für die Struktur der Kirche, die sich nicht aus Familien, sondern aus getauften Individuen zusammensetzt, sehr charakteristisch ist. Auch wenn das Lehramt der Kirche der Familie als *Zelle* der Gesellschaft große Bedeutung beimißt, beschränkt sich das tatsächliche Interesse, das es für sie zeigt, auf die Ehe und die christliche Erziehung der Kinder. Tatsächlich besteht es nicht auf die Feststellung der Legitimität (Nr. 107), reduziert die Familie auf die eheliche und die Eltern-Kind-Beziehung und hat im Laufe der Geschichte dazu beigetragen, die elterliche Gewalt über die Kinder abzuschwächen (Nr. 108).

Mit Sicherheit geht die Familie der Gesellschaft voraus, da sie in der Ehe gründet, und diese ist nicht eine von den Menschen errichtete Institution, sondern wurde von Gott als Ursprung der Familie und der ganzen aus Familien bestehenden Gesellschaft festgelegt.

Wie aus der Erzählung der *Genesis* zu ersehen ist, war die erste Ehe nicht ein willentlicher Akt der ersten Ehegatten, sondern sie wurde vom Schöpfer als für die Ausbreitung des Menschengeschlechts absolut notwendig erklärt. Daher hängt die Natur der Ehe – heterosexuell, monogam und unauflöslich – nicht von menschlichen Konventionen ab, sondern von der Natur selbst, welche die Menschen nicht ändern können. In diesem Sinne kann man sagen, daß „Eva verheiratet zur Welt kam".[318] Nur die Fortpflanzung der Gattung machte es möglich, daß die Ehe vom Willen der Ehegatten abhängt und die Ehe innerhalb der Familie und der Inzest ausgeschlossen sind.

Obwohl die sakramentale Eheschließung mit dem Ziel eingesetzt wurde, die Ehegnade zu vermitteln, ist die nichtchristliche Ehe weiterhin das Naturgemäße, das von Gott zur Aufrechterhaltung des Menschengeschlechts festgelegt wurde. Aufgrund dieses natürlichen Ziels ist der geschlechtliche Vollzug von entscheidender Bedeutung, auch wenn das Kirchenrecht die Form einer Einwilligung von Anfang an fordert.[319] Auch das bürgerliche Gesetz folgt diesem Kriterium der Rechtssicherheit.[320]

---

[318] Da „Eva" in die modalisierenden Anführungszeichen eingeschlossen ist, will Verf. sicherlich auch an die Semantik des Namens erinnern. חוה (hebr.) bedeutet „die Leben Schenkende" oder auch „Mutter der Lebendigen", während die lat. Entsprechung *Heva* in der Vulg. überhaupt „das Leben" bedeutet.

[319] Unabhängig von der erweiterten Ehezwecklehre des Zweiten Vatikanischen Konzils (1962–1965), die das Wohl der Ehegatten vor den Zweck der Fortpflanzung stellt (*Gaudium et spes* 47–52), hält die Kirche an diesem zweistufigen Eheverständnis fest. Es muß also über den Willenskonsens, der, sofern es sich um getaufte Brautleute handelt, das sakramentale Band entstehen läßt, hinaus das naturale (keineswegs „animalische"!) Element des – wenigstens einmaligen – geschlechtlichen Vollzugs *humano modo* hinzukommen (cc. 1055 § 1, 1061 § 1 CIC/1983), um eine Ehe unauflöslich zu machen (*matrimonium consummatum*).

[320] Die Verpflichtung zur „ehelichen Lebensgemeinschaft" in allen ihren Dimensionen ergibt sich in Deutschland aus § 1353 Abs. 1 BGB, in Österreich aus § 44 ABGB. Allerdings ist eine Vollstreckung dieser Rechtspflicht ausgeschlossen, so ausdrücklich § 120 Abs. 3 FamFG. Ist die gegenseitige Pflicht von den Ehegatten von vornherein ausgeschlossen worden, kann die Ehe aufgehoben werden.

Die Übereinkunft zur künftigen Eheschließung (Verlöbnis, Nr. 79) bindet die vertragschließenden Parteien nicht[321], und die formale Einwilligung verträgt keine Bedingungen, auch nicht aufschiebender Art. Die Bedingung, sich nicht fortzupflanzen, verhindert das Zustandekommen der Ehe.[322] Die homosexuellen Verbindungen sind keine Ehen; nur versucht man neuerdings, diese Gewißheit zu vergessen.[323] In einigen Völkern kam es zur Zulassung des Inzests unter Geschwistern in bestimmten Gesellschaftsschichten.[324] Aber die Unauflöslichkeit ist allgemein in Vergessenheit geraten, so daß es zur Zulassung des Ehepartneraustausches durch das *Völkerrecht* (Nr. 13) kam.[325] Interessant ist festzustellen, daß Jesus Christus (Mt 19,8; Mk 10,11 f.; Lk 16,18) sich nur einmal ausdrücklich auf das Naturrecht beruft, nämlich gerade im Zusammenhang mit der Unauflöslichkeit der Ehe[326], wahrscheinlich weil dieses unabänderliche Prinzip der menschlichen Natur allgemein in Vergessenheit geraten war – auch im mosaischen Gesetz.

Die Zulassung der Ehescheidung widerspricht nicht nur dem Naturrecht[327], sondern bedeutet auch das Verschwinden der Ehe als Institution.

In diesem Sinn erweist sich die gesetzliche Ehescheidung als schwerwiegender als die Straffreiheit irgendeines – sogar blutigen – Delikts wie das der Abtreibung (des beigebrachten Abortus). In gleicher Weise wäre die, wenn auch weniger blutige, gesetzliche Zulassung der Polygamie schwerwiegender als die Straffreierklärung des Gattenmordes und die Abschaffung der

---

[321] Genauer genommen ist das Eheversprechen durchaus rechtlichen Charakters, weswegen die Entlobung auch Folgeansprüche auslösen kann (§§ 1298–1302 BGB unter Wegfall des bis 1998 vorgesehenen „Kranzgeldes", § 1300 BGB a. F.; § 46 ABGB; Art. 91–93 ZGB). Es kann aber nicht Erfüllung, sprich: das Eingehen einer Ehe verlangt oder gerichtlich durchgesetzt werden; so auch ausdrücklich Art. 90 Abs. 3 ZGB.

[322] Dabei spielt es für die kirchenrechtliche Nichtigkeit der Ehe (cc. 1101 § 2, 1055 § 1 CIC/1983) keine Rolle, ob der (Teil-)Vorbehalt gegenüber Nachkommenschaft nur bei einem oder bei beiden Nupturienten vorliegt. Zivilrechtlich kann der Vorbehalt nur im Fall des § 1314 Abs. 2 Nr. 3 BGB „durchschlagen" und zur Aufhebung der Ehe führen.

[323] Die immer lauter werdende Forderung einer „Ehe für alle" hat inzwischen in einigen Ländern zu erheblichen Gesetzesänderungen geführt, vgl. § 1353 Abs. 1 S. 1 BGB n. F. (seit 1. 10. 2017; vgl. Anm. 157), § 44 ABGB n. F. (seit 1. 1. 2019 – allerdings nicht, wenn einer der Ehewilligen nicht aus Österreich stammt und die Heirat in seinem Land unerlaubt ist, oder wenn ein aus Österreich stammendes Paar schon vor dem Stichtag in einem anderen Land eine solche „Ehe" eingegangen ist); die Frage der Verfassungswidrigkeit solcher als Ehen bezeichneten Nichtehen stellt sich in jedem Land anders. Einige Länder wie z. B. Ungarn und Rußland sahen sich aufgrund der nominalistischen Verwirrung gezwungen, Klarstellungen in ihre Verfassungen aufzunehmen.

[324] Für erlaubt angesehen wurde der Inzest in Form von Verwandtenehen v. a. im europäischen Hochadel, teils war er sogar stammesrechtlich geboten (z. B. sog. Kreuzcousinenheirat).

[325] Gemeint ist die zivilrechtliche Ermöglichung von Scheidung und Wiederheirat, die über das Internationale Privatrecht auch in andere Länder Einzug hält.

[326] Der naturrechtlich-universale Aspekt liegt bei Mt 19,8 in der Berufung Jesu auf die Situation „am Anfang" der Schöpfung, bei Lk 16,8 und Mk 10,11 f. in der univoken Bezeichnung der Wiederheirat als „Ehebruch", unabhängig von der rechtlichen Dispens im mosaischen Gesetz, bei Mk zudem explizit unabhängig vom Geschlecht des zur „Wiederheirat" Entschlossenen.

[327] *Pacta sunt servanda* ist ein elementarer Satz des Naturrechts. Demnach ist auch die „zerrüttete" Ehe, die als Scheidungsgrund (in Deutschland übrigens seit der NS-Zeit; vgl. § 55 EheG 1938) weithin eingeführt ist, eine Ehe, da jede Eheschließung „echte Realisierung der universal gültigen Norm" ist. *Utz*, Sozialethik, III. Teil: Die Soziale Ordnung (s. Anm. 111), S. 94. Ausführlich zur naturrechtlichen Begründung der Ehe ebd., S. 67–114.

Monarchie schwerwiegender als die Straffreierklärung des Königsmordes; oder in anderem Bereich das Verbot des Privateigentums schwerwiegender als die Zwangsenteignung.[328]

106. Der Ehebund ist offensichtlich etwas, das ausschließlich der individuellen Verantwortung der Ehegatten unterliegt. Da er jedoch die Grundlage einer künftigen sich zusammenfindenden Familie ist, betrifft er die jeweiligen Familien der Ehegatten. Die Reduzierung der Familie auf das Verhältnis zwischen den Gatten und zwischen Eltern und Kindern (Nr. 105) entspricht nicht der gesellschaftlichen Realität. Die Ehe verbindet in gewisser Weise auch die jeweiligen Familien der Ehegatten, zwischen denen die Verwandtschaft der Schwägerschaft entsteht.

Von der Familie zu sprechen, ohne zum Beispiel die Schwiegermutter, die Schwager und die Schwägerinnen zu berücksichtigen, ist eine grobe Vereinfachung. Auch beunruhigt die Ehe mit einer Person aus einem niedrigeren gesellschaftlichen Stand die betroffenen Familien nicht nur in den Königsdynastien. Die Moralisten[329] zählen auch die Dienstboten zur Familie („Hausherren"-Gesellschaft), aber diese anderweitige Dimension ist verschwunden, da ein beständiges Dienstbotentum, das an die Stelle der antiken Sklaverei getreten ist, nicht fortbesteht.

Im Laufe der Geschichte führte die Vereinigung von Familien zu ausgedehnteren Gruppen wie die der römischen *gens* oder zu sehr verschiedenartigen Stammesformen.

Die römische *gens* war durch einen gemeinsamen Zunamen ausgewiesen, durch das *nomen gentilicium*, und obwohl sie im Laufe der Jahrhunderte an öffentlicher Bedeutung verlor, büßte sie diese Namensidentität nicht ein. Dann folgten, abhängig von dieser Idee der *Großfamilie*, die Bande des Adels (Nr. 114). Die germanische Gesellschaftsstruktur beruhte wesentlich auf dieser Familienform (*Sippe*[330]). Davon könnte der (in Schottland überlieferte) Aphorismus „Blut ist dicker als Wasser" (*blood is thicker than water*) herstammen.

107. Da die Familie in einem Zusammenspiel von Ungleichen besteht (Nr. 68), bedarf sie eines Unterscheidungskriteriums, das ihre Grenzen umreißt. Diese Wesensunterscheidung erfolgt vor allem durch die *Legitimität*: der Ehe und der Abstammung, die sich daraus ableitet.

Ohne die Unterscheidung vom Illegitimen kann die Familie nicht weiterbestehen. Es geht nicht darum, die Pflichten, welche die Eltern gegenüber ihrer Nachkommenschaft haben, besonders die Unterhaltspflicht, wenn diese sich nicht selbst versorgen kann, nicht anzuerkennen, sondern darum, die ehelichen Verbindungen und die Nachkommenschaft nicht miteinander zu verwechseln; denn diese Nichtunterscheidung führt zur Promiskuität. Tatsächlich kann, wenn die illegitime Nachkommenschaft mit der legitimen zusammenlebt, den etwaigen, oft mehrfachen, ehelichen Verbindungen die gleiche Anerkennung nicht verwehrt

---

[328] Hinter diesen „radikal" anmutenden Wertungen steckt die Überzeugung, daß jede Ehe Realisierung des Wesens der Ehe ist (*Utz*, Soziale Ordnung [s. Anm. 111], S. 92 ff.). Es geht Vertrauen verloren – was sich auf die gesamte soziale Ordnung schädlich auswirkt.
[329] Vgl. dazu etwa *Hans Peter Balmer*, Philosophie der menschlichen Dinge. Die europäische Moralistik, Bern/München 1981; *Balmer*, Condicio humana oder Was Menschsein besage. Moralistische Perspektiven praktischer Philosophie, Münster 2018.
[330] Dt. im Original.

werden. Auch das Erbrecht wird durch die Unsicherheit von Anwartschaften der illegitimen Nachkommen zutiefst gestört. Wenn also das Erbrecht den Nachkommen einer vorherigen legitimen Ehe gewisse rechtliche Vorzüge einräumt[331], verunmöglicht die Gleichstellung der legitimen und illegitimen Kinder die Befolgung solchen Erbrechtes.[332]

Das Legitimitätsprinzip, insoweit es natürlicher ist als die Legalität, wurzelt gerade in der Legitimität der Familie. Die Legitimität aller anderen menschlichen Gruppen, auch der monarchischen Gewalt, wurzelt in der Legitimität der Familie, weil sie der natürliche Anfang der ganzen Gesellschaftsordnung ist.

Die Legitimität der politischen Gewalt ist, abgesehen von der, die in der Monarchie oder in der Aristokratie (Nr. 114) familiärem Ursprung entstammt, auch die Legitimität der Ausübung dieser Gewalt. Doch ist die *Legitimität der Ausübung* nicht das Fundament der Gewalt, sondern die Ursache ihrer Aufrechterhaltung.

> Die Legitimität kann also mit dem Naturrecht gleichgesetzt werden, freilich erweitert um die Treue gegenüber den grundlegenden Abkommen des Volkes mit seinem Herrscher. Sie bilden die *natürliche* Grundlage der entsprechenden Gehorsams- und Schutzpflicht (Nr. 112).

108. Die Familie kann auf eine gewisse elterliche Gewalt über die legitime Nachkommenschaft nicht verzichten. Diese Gewalt ist die kleinste des gesellschaftlichen Bereichs, aber die unbestreitbar natürlichste der ganzen Stufenleiter von Gewalten, welche die Gesellschaftsordnung gliedern.

Diese Gewalt über die Kinder stellt eine ganz persönliche Einzigartigkeit dar. Es entspricht der allgemeinen Erfahrung, daß es im Inneren des Familienhaushalts die Mutter ist, die diese Gewalt ausübt. Sie entscheidet über alle häuslichen Angelegenheiten wie die Einrichtung der Wohnung und die Einstellung von Hilfskräften, vor allem über die Erziehung der Kinder, ihre Bekleidung und die Ernährung aller, die zum Haushalt gehören. Relevant ist also der wirtschaftliche Aspekt[333] dieser von der Mutter ausgeübten Gewalt.

> Die leitende Tätigkeit der Mutter ist mit einer Berufstätigkeit außer Haus nicht unvereinbar, wird aber dadurch – das ist offensichtlich – größtenteils erschwert. In Mitleidenschaft gezogen wird besonders die Aufmerksamkeit, welche die Mutter den Kindern schenken muß. Das führt dazu, daß diese an fremde Personen abgetreten oder völlig vernachlässigt wird, was den Schaden nach sich zieht, daß die Kinder verzogen werden, indem darauf zurückgegriffen

---

[331] Tatsächlich sind im gesetzlichen dt. Erbrecht gegenüber dem Vater nichteheliche Kinder inzwischen gleichgestellt, freilich aufgrund eines Urteils des EuGH vom 29.5.2009 bei vor dem 1.7.1949 geborenen Kindern nur, wenn der Vater nach dem Tag des Urteils verstorben ist. Hatte der Vater des nichtehelichen Kindes am 2.10.1990 seinen gewöhnlichen Aufenthalt in der damaligen DDR, sind auch nichteheliche Kinder, die vor dem 1.7.1949 geboren wurden, wie eheliche Kinder zu behandeln. Vgl. im übrigen die jeweilige nationale Rechtslage.

[332] Genau das ist der Gedanke und der Sinn von Diskriminierungsverboten, wie sie in Europa überall verwirklicht wurden.

[333] Dementsprechend lautete etwa § 1356 BGB a. F.: „Die Frau führt den Haushalt in eigener Verantwortung. Sie ist berechtigt, erwerbstätig zu sein, soweit dies mit ihren Pflichten in Ehe und Familie vereinbar ist." Seit 1.7.1977 lautet die n. F.: „Die Ehegatten regeln die Haushaltsführung im gegenseitigen Einvernehmen." Vgl. auch § 1360 BGB.

XXXVI. Familie

wird, dem Mangel an Aufmerksamkeit durch wirtschaftliche Verlockungen abzuhelfen. Im übrigen verschlimmert die Steigerung der beruflichen Arbeit der Frauen die Arbeitslosigkeit gewaltig.[334] Die Kosten der Sozialleistungen bei Arbeitslosigkeit könnten – auch durch steuerliche Vorteile – in eine Erhöhung der Gehälter der Ehegatten umgewandelt werden, deren Frauen sich ausschließlich der Ausübung der häuslichen Gewalt widmen.[335]

Der Vater dagegen übt die Gewalt als Verantwortlicher für das Vermögen[336] und als Vertreter der Familie außerhalb des Heims aus. Gerade weil die Gewalt, die der Vater ausübt, für das Recht relevanter ist als die der Mutter[337], spricht man im allgemeinen von *väterlicher Gewalt* (*patria potestas*).

Wenn man sagt, daß die väterliche Gewalt zwischen dem Vater und der Mutter „geteilt" sei, verfällt man einer ungenauen Erklärung, denn die Art und Weise, diese Gewalt auszuüben, ist bei Vater und Mutter sehr unterschiedlich. Man kann nicht von „Solidarität" sprechen, gerade weil es Unterschiede gibt. Denn solidarische Gewalt setzt Gleichheit und volle Ausübung von jedem der Beteiligten voraus, und die der Eltern unterscheidet sich besonders; ebenso die jeweilige Funktion in bezug auf den Unterschied zwischen *patrimonium* und *matrimonium* (Nr. 3).

Die väterliche Gewalt ist in der modernen Zeit auf eine elterliche Sorge über die minderjährigen Kinder reduziert worden, wodurch großenteils – wenn auch zum Vorteil der Unabhängigkeit der Kinder ab einem bestimmten Alter – der Zusammenhalt der familiären Institution und die Verantwortung für die Handlungen minderjähriger Kinder abgeschwächt wurde.

Die Kirche hat zum Verschwinden der alten väterlichen Gewalt beigetragen. Gleichzeitig haben auch die Gesetze das Volljährigkeitsalter gesenkt. Daraus folgte besonders der Verzicht auf die väterliche Zustimmung zur Eheschließung der Kinder. Es ist klar, daß das Mindestalter von 16 Jahren für den Mann und von 14 Jahren für die Frau (c. 1083 CIC[338]) – das

---

[334] Dem ist freilich nicht mehr so, wenn die Zahl der Arbeitsplätze, etwa infolge von Technisierung und Digitalisierung, ohnehin abgebaut sind.
[335] Man mag solche Ideen, zumal vor dem Hintergrund der heute selbstverständlichen Gleichberechtigung, für überholt halten. Dennoch ist es eine Überlegung wert, ob nicht unter dem Vorwand der Frauenemanzipation das Niveau der „Alleinverdiener"-Gehälter so eingefroren, d. h. im Laufe der Zeit faktisch gekürzt wurde, daß Ehefrauen und Mütter sich heute gezwungen sehen, durch Erwerbstätigkeit – d. h. zusätzlich zu dem, was sie zu Hause leisten, ohne als berufstätig anerkannt zu sein – „freiwillig" zum Vermögen des Ehepaares bzw. der Familie beizutragen. Vgl. dazu *Siegfried Gerlich*, Das feministische Weiblichkeitsopfer. Über den hohen Preis des Emanzipationsgelingens, Tumult. Vierteljahresschrift für Konsensstörung, Frühjahr 2018, S. 8–13.
[336] Das „Alleinverdiener-Modell" entspringt dieser traditionellen Aufteilung der Aufgaben, hat heutzutage aber weniger mit (Rollen-)Traditionen, sondern mehr damit zu tun, daß noch immer ausschließlich Frauen Kinder bekommen und meist wenigstens in den ersten Jahren bei diesen bleiben wollen. Im Jahre 2017 war es in Deutschland noch bei 27,7 % der Paare mit Kindern unter 18 Jahren und bei 16,0 % der Paare ohne Kinder unter 18 Jahren allein der Mann, der „aktiv erwerbstätig" war.
[337] Diese Beobachtung trifft für weit mehr als 2000 Jahre der europäischen Rechtsentwicklung, doch nicht mehr für die Gegenwart zu.
[338] Genauer c. 1083 § 1. Nach § 2 kann die Bischofskonferenz ein höheres Mindestalter festlegen.

Mindestalter war gedacht, um die Filiation zu sichern – für eine gewisse Sicherheit einer Ehe sehr niedrig wirkt, wenn man sich nicht auf die Eltern verläßt. Jedoch muß bemerkt werden, daß, auch wenn die Eheschließung offensichtlich ein höchstpersönlicher Akt ist, diese auch die jeweiligen Familien der Brautleute betrifft (Nr. 106). In Zusammenhang damit steht die Tatsache, daß es die Eltern sind, welche die Reife ihrer Kinder, die Verantwortung der Ehe zu übernehmen, am besten kennen. In diesem Sinne mußte das kanonische Recht die Unreife als Grund für die Annullierung der Ehe aufnehmen (c. 1095, Nr. 2 CIC), während es zugleich versucht, ihr durch den nicht sehr zuverlässigen Rückgriff auf Bildungsangebote zur Ehevorbereitung vorzubeugen. Die alte Verknüpfung der Ehefähigkeit des Mannes mit seiner Eignung zum Waffendienst stand auf einem vernünftigen Fundament, sowohl in rechtlicher wie in natürlicher Hinsicht.

109. Die Familie bedarf keiner Rechtspersönlichkeit, obwohl durchaus ein gewisses Vermögen zum Einsatz kommt, um ihre wirtschaftlichen Bedürfnisse zu bestreiten. Dieses Fehlen der Rechtspersönlichkeit ist darauf zurückzuführen, daß ihre Mitglieder feststehen und nur kurze Zeit zusammenbleiben, so daß die Unbestimmtheit der Personen und die Kontinuität, welche die Zuerkennung einer Rechtspersönlichkeit rechtfertigen, fehlen. Tatsächlich gehört es zur Natur der Familie, daß diese sich in neue Familien verzweigt, welche die daraus entstehende *Großfamilie* bilden; der Verbindung der Familien der Eheleute fehlt ebenso die Dauerhaftigkeit, die für die juristischen Personen charakteristisch ist.

Aufgrund dieser Elastizität und Instabilität verfügt die Familie auch nicht über einen rechtlichen Vorteil bezüglich eines konkreten Raums. Es ist offensichtlich, daß eine Ehe ein Heim für die Eheleute und ihre Kinder voraussetzt, aber dieser notwendige Raum ist veränderlich, und der diesbezügliche Vorteil kann sich auf einen – dinglichen oder auf ein Mietverhältnis gründenden – Vorteil des einen Teils der Eltern beschränken. Auch kommt es häufig vor, daß dieselbe Familie über das Recht zur Niederlassung in mehreren Wohnungen zugleich verfügt.

Man kann also sagen, daß die Familie über keinen bestimmten eigenen territorialen Raum verfügt und ebensowenig einer Rechtspersönlichkeit bedarf.

Um die Familie in wirtschaftlicher Hinsicht zu fördern, sehen einige Gesetzgebungen die Zuweisung einer „Familienwohnung" und sogar eines „Familienvermögens" vor. Aber diese Zusprechung gilt nicht der Familie als solcher, sondern einem der Elternteile aufgrund von dessen Familie.

XXXVII. Überfamiliale Gruppen

110. Viele Gruppierungen verfügen ebensowenig über einen dauerhaften territorialen Vorteil, welche die menschliche Geselligkeit aus beruflichen, kulturellen, spielerischen und allen möglichen Gründen hervorrufen kann.

Derartige Gruppierungen, die, obgleich sie sich als nützlich erweisen, im Grunde nicht notwendig sind, können für ihre Errichtung über einen rechtlichen Vorteil bezüglich des Raumes verfügen. Genausowenig notwendig ist der Vorteil bezüglich ihres *Campus*, über den viele

XXXVII. Überfamiliale Gruppen

Universitäten verfügen können, denn eine Universität kann ohne ihn existieren, sogar ohne eine Errichtung an eigenem Sitz, wie es bei den ersten mittelalterlichen Universitäten (*universitates personarum*) der Fall war, die an fremden Sitzen niedergelassen waren.

Einen eigenen territorialen Raum haben dagegen die menschlichen Gruppen, welche die Gesellschaftsordnung als Einheiten darstellen, die den Familien, aus denen sie sich zusammensetzen, übergeordnet sind.

So verhält es sich in erster Linie mit der Vereinigung von benachbarten Familien, ob klein, ob groß, wie es bei den *Städten* der Fall ist. Diese Gruppen sind schon territorialer Art und bedürfen einer Rechtspersönlichkeit, sei es als *Gemeinde* [*municipio*], sei es in ähnlicher Weise.

Diese Art lokaler Vereinigung erfordert, daß ihr ein dinglicher Vorteil bezüglich eines eigenen Vermögens zuerkannt wird, nicht nur aufgrund der Notwendigkeit ihrer Selbstverwaltung und ihres Amtssitzes, sondern auch, um den Gemeindemitgliedern die freie Nutznießung der kommunalen Güter zu verschaffen.

Die Entstehung des Staates war der Bewahrung dieser kommunalen Güter sehr abträglich, wie er auch der Bewahrung der kirchlichen Güter abträglich war. Die kommunalen und die kirchlichen Güter waren Beraubungsobjekt durch die Desamortisierungsgesetze.[339] Es ist vorherzusehen, daß die Überwindung der gegenwärtigen Staatsform zu einer Restauration der kommunalen Güter führt. So wäre es auch möglich und zweckmäßig, daß sich das soziale Engagement der Kirche auf Eigenmittel verlassen könnte und nicht von der unsicheren Freigebigkeit des Staates abhinge.

Ihrerseits führt die Vereinigung von Gemeinden zu *Landkreisen* [*comarcales*], in die auch manche größere Stadt eingegliedert werden kann. Der Landkreis selbst bedarf keines eigenen Vermögens und daher auch keiner juristischen Persönlichkeit; es kommt aber nicht selten vor, daß er sie hat.

Ein beispielhafter Fall eines Landkreises mit juristischer Persönlichkeit und bedeutendem Vermögen ist der der *universidades* der *valles*[340] von Navarra, die von mehreren Gemeinden gebildet werden.

Jedenfalls hat der Landkreis eine von den ihn bildenden Gemeinden unterscheidende Identität und erfüllt in der Gesamtheit der Gesellschaftsordnung eine Funktion innerhalb der größeren territorialen Gruppierungen.

111. Die Landkreise bilden ihrerseits *Regionen*; der territoriale Raum der Region wird durch die Verbindung von geographischen und historischen Gründen bestimmt. Auch die Region bedarf ihrer eigenen Regierung, die bezüglich der sie

---

[339] *Desamortización* (dt. Bindungsaufhebung) meint den – oft gegen Entschädigung in Form von niedrigverzinsten Staatspapieren vorgenommenen nationalstaatlichen – Entzug von Gütern der sog. *Toten Hand* (Eigentum – v. a. an Immobilien – von Kirchen, Kommunen, Stiftungen und anderen Institutionen, für das ein Veräußerungsverbot festgelegt war) und Versteigerung an Privatpersonen im 18. und 19. Jh.
[340] Universitäten im Sinne von „Gesamtheiten", d. h. als lokale Einheiten organisierten Gemeinschaften, in den Pyrenäentälern Navarras (Baztán, Salazar etc.).

bildenden kleineren Gruppen subsidiär ist und sich im Hinblick auf die übergeordnete und subsidiäre Ebene der Nation der Autonomie erfreut.

Wie schon gesagt (Nr. 100), kommt es manchmal vor, daß diese regionalen Gruppen eine „national"-patriotische Gesinnung hegen, die sie dazu bewegt, die Unabhängigkeit von der Nation, das heißt vom gegenwärtigen Nationalstaat, in den sie eingegliedert sind, anzustreben. Die Lösung dieser Spannung ist im Grunde nicht rechtlicher Art, sondern hängt von den faktischen Situationen und von oftmals gewaltsamen Aktionen ab. Tatsächlich ist der Gegensatz zwischen dem Verlangen nach Unabhängigkeit der Region und dem nach Einheit der Nation schwer zu lösen, es sei denn durch das Faktum eines militärischen Sieges.

Die wirklich nationalen Gruppen sind jene, die sich gegenwärtig als *Staaten* darstellen. Obwohl sich die Staatsform in der Krise befindet (Nr. 102), ist aufgrund des Subsidiaritätsprinzips eine menschliche Gruppierung auf dieser Ebene daseinsberechtigt.

Es sind die Könige, die, wenn auch nicht mit Souveränität, die Nationen regieren, oder, wenn es keinen gibt, jene, die ihre Amtsgewalt im Dienste des Gemeinwohls übernehmen, die den untergeordneten Gruppen eine festere Einheit verleihen und in den internationalen Beziehungen als Vertreter ihrer jeweiligen Völker auftreten. Sie sind es auch, die mittels der Streitkräfte die nationale Verfassung gegen äußere oder innere Angriffe verteidigen, ebenso wie die Verfassungsordnung der Autonomien der der Nation unterstehenden Gruppen; denn es sind die Nationen, die eigentlich eine Verfassungsordnung haben.

112. Man pflegt heute unter *Verfassung* das Grundgesetz des Staates zu verstehen, dieses ist aber weit mehr als ein Gesetz.

Die *Verfassung* ist vor allem ein Akt der Entscheidung über die eigene nationale Identität, aufgrund der die wechselseitige Stellung von Regierung und Gefolgschaft in definitiver Weise begründet wird. Sie kann einer wenig bekannten Gewohnheit und sogar einem Mythos entspringen.

Nicht mythisch, aber mysteriös ist der Ursprung der Verfassung der Kirche, die von Jesus Christus als Beginn des *Reiches Gottes* gegründet wurde. Die Absicht, eine *lex fundamentalis* der Kirche festzulegen[341], erwies sich als Irrtum und wurde deshalb bald aufgegeben. Denn die Kirche kann sich nicht auf ein menschliches Gesetz gründen, selbst wenn es von der kirchlichen Gewalt stammte, da auch sie göttlichen Ursprungs ist.[342]

Wenn eine Nationalverfassung in Gesetzesform verkündet wird, gilt diese als unwiderruflich. Sie ist also zu unterscheiden von anderen *grundlegenden* Gesetzen, für deren Änderung möglicherweise anspruchsvollere Formen der Genehmigung

---

[341] Die Idee kam während des Zweiten Vatikanischen Konzils auf und brachte es auf fünf Entwürfe, bevor sie fallengelassen wurde.

[342] Ein ähnlicher rationalistischer Irrtum war die von seiten einiger Vertreter des *Ius Publicum Ecclesiasticum* eingebrachte Idee, die Kirche mit dem aristotelischen Staatsbegriff einer *Societas perfecta* zu identifizieren; vgl. Spindler, „Humanistisches Appeasement" (s. Anm. 119), S. 77 Anm. 13, 125 f.

XXXVII. Überfamiliale Gruppen

erforderlich sind. Die Verfassung ist ebensowenig wie die Grundgesetze interpretationsoffen (Nr. 58), denn ein Gesetz, das der Interpretation bedarf, drückt den Sinn einer endgültigen gemeinschaftlichen Entscheidung nicht gut aus.[343] Nur durch eine revolutionäre Umwälzung kann die Verfassung ihre Geltung verlieren. Ihre Verteidigung kommt den Streitkräften der Nation zu (Nr. 117); ein Verfassungsgericht kann die Nationalverfassung nicht verteidigen, weil ihr die erforderlichen Machtmittel fehlen[344], die einem Angriff auf die nationale Integrität entgegenzusetzen sind.

Übrigens ist die Verfassung nicht das Fundament des Rechts, sie ist nicht eine „Norm der Normen". Sie selbst kann nicht Gesetzesform haben[345], und auf jeden Fall ist jedes Gesetz durch seinen Inhalt, nicht durch seine Form[346] eine Äußerung der rechtlichen Autorität und nicht der Leitungsgewalt [*postedad rectora*], wie es hingegen die konstitutive Entscheidung einer Nation ist. Die Achtung der regionalen Gesetze kann in das Verfassungsabkommen zwischen Regierendem und Regiertem einfließen, ebenso die verfassungsmäßige Regelung für die mögliche Entfaltung oder Veränderung dieser Rechte.

Die Verfassungsentscheidung vervollständigt die für die Natur einer konkreten Nation konstitutiven Voraussetzungen des Naturrechts und bestimmt deshalb, wie das Naturrecht, die Legitimität der über die Nation herrschenden Gewalt. Die Illegitimität der Gewalt kann also von einer Verletzung des Naturrechts oder dieser *natürlichen* Verfassung eines Volks abhängen (Nr. 107).[347]

Da jedoch die Macht [*poder*] als Regierungsgewalt [*potestad*] zu betrachten ist, wenn sie von den Bürgern anerkannt ist, kann es geschehen, daß ein faktisch Regierender über eine derartige Anerkennung verfügt, obwohl die Macht, sei es wegen ihrer mißbräuchlichen Ausübung, sei es gar wegen ihres verfassungswidrigen Ursprungs, illegitim ist (Nr. 107). Man muß also unterscheiden zwischen der *konstituierten* Gewalt [*poder constituido*], welche die Macht ist, und der *konstituierenden* Gewalt [*poder constitucional*], welche die durch ihren Ursprung legitimierte Macht ist. Jede Macht verdient in moralischer Hinsicht die Achtung der

---

[343] Ausgeschlossen ist eine die ursprünglichen Motive und Intentionen negierende Umdeutung im (gesellschafts)politischen Kontext der Jetztzeit. Verf. plädiert damit für bestmögliche Eindeutigkeit von Verfassung und Fundamentalgesetzen, ohne einer Textauslegung im engeren Sinne (vgl. Nr. 2) zu widerstreiten.

[344] Diese Auffassung wurde nach dem Zweiten Weltkrieg von nicht wenigen bedeutenden Staatsrechtlern, darunter *Schmitt* und *Forsthoff*, geteilt und äußerte sich in großer Skepsis gegenüber Verfassungsgerichten. Vgl. Anm. 127.

[345] Anders die Konzeption des österr. B-VG, dessen erste Fassung von 1920 maßgeblich von dem Rechtspositivisten Hans Kelsen stammte. Das zuletzt 1994 novellierte B-VG, wohl eine Gesamtänderung der Bundesverfassung, ist das zentrale, wenn auch nicht einzige österr. Gesetz von Verfassungsrang.

[346] Zu *d'Ors'* Abneigung gegenüber dem formellen Gesetzesbegriff vgl. Nr. 99.

[347] Nach dieser Auffassung ist also die Verfassungsgebung keineswegs eine *Creatio ex nihilo*, sondern eine das vorgegebene Naturrecht *komplementierende* Aufgabe.

Bürger, obwohl diese weder die moralische Pflicht einschließt, alle ihre Verfügungen zu befolgen, noch den Verzicht darauf, die Amtsaufgabe dieses Regierenden herbeizuführen. Die moralischen Kriterien verbinden sich dann mit Tatsachenangaben, und es ist nicht immer leicht zu bestimmen, wann die Macht die gesellschaftliche Anerkennung verloren hat, der sie ihren Charakter als *Gewalt* verdankt.

XXXVIII. Die nationale Regierung

113. Von der Verfassung eines Volks hängt unter anderem die *Regierungsform* ab.

Von alters her stellt sich die Frage, wer regieren und wer regiert werden soll.

Diese Frage stellte sich hinsichtlich der griechischen *polis* und gelangte von den Griechen in die römische Philosophie, ohne der eigenen Regierung der *res publica* wirklich zu entsprechen. Ebenfalls von den Griechen übernahmen sie die modernen *Politiker* bezüglich des Staates, und deshalb kann sie im Zusammenhang der Regierung einer Nation behandelt werden, obwohl sie im Prinzip auch andere menschliche Gruppen betrifft – freilich nicht die Familie, deren Leitung durch ihre Natur bestimmt ist (Nr. 109).

Das Thema wurde beleuchtet, indem es auf die Anzahl der regierenden Personen ausgerichtet wurde, und deshalb wurde zwischen einem, einigen wenigen und allen unterschieden. Daher kommt die Trias Monarchie, Aristokratie (eigentlich *Oligokratie*) und Demokratie.

Der Monarch heißt *König* [*rey*], vom lateinischen *rex*: der, der *regiert*. Davon leiten sich die Adjektive *regio* [span. für königlich, großartig], aber auch *real* [span. für königlich, wirklich] ab, das nicht zu verwechseln ist mit dem *Realen*, das von *res* (Sache, Nr. 3) stammt. Da er die *Prinzipal*person war, erfüllte der römische *princeps* Funktionen eines Monarchen, aber dieser Titel ist in der Neuzeit dem Erben der königlichen Gewalt vorbehalten.

Naturgemäß hat man nicht die Gefahr aus dem Blick verloren, daß diese reinen Formen dazu neigen, jeweils in tyrannischen Mißbrauch, in den der Regierung geschlossener Kasten oder in den der Anarchie auszuarten. Deshalb dachte man auch an die Zweckmäßigkeit, diese drei Typen zu gemischten Regierungsformen zu kombinieren. Wie die Anarchie immer als schlimmstes gesellschaftliches Übel gefürchtet wurde, so hielt man die Demokratie stets für die unsicherste Form.

Jede Gesellschaftsordnung entwickelt sich aus der primären Gruppe, nämlich der Familie, und so erklärt sich, daß diese drei Regierungsformen bezüglich der allgemeinbekannten Bedeutung der Familie unterschiedliche Gemeinschaftsauffassungen widerspiegeln. So räumt die Monarchie die Macht einer einzigen Familie, einer Dynastie ein; die Oligokratie einigen Familien, die als erstrangig erachtet werden, wovon sich die Bezeichnung *Aristo*kratie[348] herleitet; die Demokratie einzelnen ohne Rücksicht auf ihre familiäre Zugehörigkeit, da sich die bürgerliche Gesellschaft für die Demokratie nicht aus Familien, sondern aus einzelnen zusammensetzt (Nr. 107). Für die Kirche, die sich ebenfalls aus einzelnen zusammensetzt, bleibt die Frage der Regierungsformen am Rande ihres Partikularinteresses. Da sie die

---

[348] Wörtlich „Herrschaft der Besten".

XXXVIII. Die nationale Regierung

Familie als *Zelle* der bürgerlichen Gesellschaft anerkennt, tendierte sie traditionell zur Bevorzugung der Monarchie und gelangte in diesem Sinne dazu, eine „Allianz von Thron und Altar" zu schließen. Aber diese Neigung war für die Kirche nicht wesentlich, und deshalb zeigt sich bei ihr gegenwärtig eine gewisse Neigung zur Demokratie, zu einer „Allianz von Wahlstimme und Altar", wobei ihre Vorstellung von Demokratie etwas idealistisch ist und sich nicht arg der heutigen demokratischen Praxis anpaßt, die „den Bezug zu wertorientierten und deshalb unwandelbaren Grundlagen unberücksichtigt läßt" und in der die „Zulässigkeit beziehungsweise Unzulässigkeit eines bestimmten Verhaltens [...] sich auf Grund des Votums der parlamentarischen Mehrheit [entscheidet]" (Enzyklika *Fides et ratio*[349], Nr. 89).

Die drei von den Griechen unterschiedenen Regierungsformen gab es in den griechischen Städten wirklich, aber trotz des griechischen Ursprungs dieses Wortes hatte die demokratische Theorie ihren Ursprung tatsächlich im Konziliarismus der spätmittelalterlichen Kirche.

In einem Augenblick, in dem Verwirrung bezüglich der Rechtmäßigkeit von in Konflikt befindlichen Päpsten entstand, behaupteten die zum Konzil Versammelten, sie seien die Repräsentanten der Kirche und seien legitimiert, die Regierungsentscheidungen zu treffen. Aufgrund der etwas chaotischen Zusammensetzung jener Versammlungen setzte sich die Mehrheit nicht nur gegen die Minderheit durch, sondern schloß diese von den folgenden Sitzungen aus, weil es in der Kirche keine Uneinigkeit geben dürfe und in ihr die Einheit maßgeblich sein müsse. Als die Ordnung in der Kirche wiederhergestellt war, verurteilte diese verständlicherweise den Konziliarismus, konnte aber nicht verhindern, daß aus ihm die spätere demokratische Revolution des modernen Staates hervorgegangen ist sowie ein gewisser wiederkehrender Irrtum in der Kirche selbst.[350]

Der Monarchie setzte sich die *Republik* entgegen, die eigentlich eine negative Bedeutung[351] hat; der Begriff kommt von *res publica*, womit die Römer ihre eigene Gemeinschaft bezeichneten.

Die negative Konnotation von Nicht-Monarchie war schon im römischen Ausdruck enthalten, da dieser die *libera res publica* dem primitiven *regnum* gegenüberstellte, das in Rom in verhaßter Erinnerung blieb.[352] In der modernen Verwendung des Wortes ist diese negative Nuance verblaßt, vor allem dort, wo eine alte Monarchie in Vergessenheit geraten ist, nicht aber in Spanien, wo die *Republik* noch immer als Umsturz der traditionellen monarchischen und katholischen Ordnung verstanden wird, weshalb *Republik* dort *Unordnung* bedeutet.

---

[349] *Johannes Paul II.*, Enz. *Fides et ratio* vom 14.9.1998, in: AAS 91 (1998), S. 5–88.

[350] Vgl. dazu *Ulrich Horst*, Zwischen Konziliarismus und Reformation. Studien zur Ekklesiologie im Dominikanerorden, Rom 1985; *Horst*, Autorität und Immunität des Papstes. Raphael de Pornassio OP und Julianus Tallada OP in der Auseinandersetzung mit dem Basler Konziliarismus, München u. a. 1991; *Horst*, Konziliarismus und Papalismus im Widerstreit von Juan de Torquemada bis Francisco de Vitoria, in: Bernward Schmidt/Hubert Wolf (Hrsg.), Ekklesiologische Alternativen. Monarchischer Papat und Formen kollegialer Kirchenleitung (15.–20. Jahrhundert), Münster 2013, S. 55–73.

[351] Negativ zunächst im ursprünglichen, nichtpejorativen Sinne von entgegengesetzt, ausschließend, *ex negativo*.

[352] Das *regnum* war gleichbedeutend mit *tyrannis*, *servitus* (Sklaverei), *dominatio* (Gewaltherrschaft). Die Ausführung des Verf. ergibt Sinn, wenn die Betonung auf *libera* (frei) liegt und das Adjektiv das Unterscheidungskriterium zu der dem *regnum* nahekommenden *res publica* allgemein bildet.

114. Für diese traditionelle Lehre der drei Regierungsformen scheint heute kein Interesse mehr zu bestehen. Die Regierenden sind immer einige wenige, weder ist es einer allein noch sind es alle, und deshalb hat die Betrachtung der Anzahl der Regierenden keinen Sinn. Andererseits sind nicht nur die Aristokraten zum Zwecke der Macht verschwunden, vielmehr scheinen die heutigen Monarchien derart an die Demokratien gekoppelt zu sein, daß der Monarch einer wirklichen Macht beraubt ist, obwohl er mit dem Titel *Staatsoberhaupt* auftritt, wie er für republikanische Staaten charakteristisch ist. Damit verliert er seine natürliche Funktion als *Verteidiger des Volkes* gegen die übertragenen Mächte.

> Der Niedergang der Dynastien hängt vom allgemeinen Niedergang der Aristokratie ab und im Grunde vom Verschwinden der *noblesse*. *Nobilis* von *nosco* (lat. für kennen, sich auskennen) ist die „bekannte/anerkannte" Person. Die besondere *Bekanntheit*, deren Objekt einige Personen sind, verdankt sich ihren oftmals heroischen Taten oder denen ihrer Vorfahren. Aber die neuen Massenmedien verleihen eine andere Art von „Bekanntheit", vor allem durch die Publizität des Bildes. Auf diese Weise hat die Aristokratie nicht nur ihre alte Vorbildfunktion verloren, sondern sie hat eingewilligt, mit allen in der Bildpropaganda zu wetteifern, und sich sogar dem Stil der Profis des Showgeschäfts angepaßt, die naturgemäß jene sind, die es am besten verstehen, von ihrem eigenen Image Gebrauch zu machen. Folglich sind die Vorbilder, die der Gesellschaft angeboten werden, die des Showgeschäfts und nicht die des vertrauten Adels.

Auf der anderen Seite ist die Demokratie nicht mehr eine Regierungsform, sie ist zu einer totalitären Ideologie geworden, an der die Ethik der politischen Korrektheit ausgerichtet werden muß und das *demokratisch Unkorrekte* geächtet wird.

Der Hauptgedanke der demokratischen Ethik ist die der Gleichheit aller Menschen. Naturgemäß kann es Gleichheit weder an Macht noch an Vermögen oder Bildung geben, sondern lediglich an Genuß, weshalb die Demokratie von Grund auf hedonistisch ist: ein *Wohlfahrtsstaat* [*Estado del bienestar*].

> Da sich die sozialen Klassenunterschiede bei den sinnlichen Genüssen leichter ausgleichen lassen, werden diese ohne Unterscheidung der Geschlechter oder andere Begrenzungen begünstigt. Auch das Bildungswesen neigt dazu, eingeebnet zu werden durch die Ächtung der Kultur, die sich als unterscheidend erweisen kann. Latein zu beherrschen wird zum Beispiel nicht umhinkönnen, eine gewisse soziale Ungleichheit hervorzurufen, weshalb die Tendenz dahin geht, das Erlernen von Latein auszuschließen. Letzten Endes macht die Unwissenheit mehr gleich als die Kultur.

Der große Vorteil der Demokratie besteht in der *sozialen Sicherheit*, die nicht umhinkann, gerecht und notwendig zu erscheinen, obwohl sie dazu beiträgt, die eigenverantwortliche Vorsorge zu verringern.

> Verläßt man sich auf den Staat, lastet die soziale Sicherheit auf ihm, das heißt auf den Steuerzahlern. Doch bei einer so gewaltigen Dienstleistung entsteht eine allgemein als unüberwindlich empfundene Schwierigkeit. Angesichts der gegenwärtigen Krise des Staates muß man bedenken, daß diese soziale Dienstleistung auf anderen Schultern wird lasten müssen, vor allem auf den Unternehmen, wobei immer eine subsidiäre Verantwortung der übergeordneten nationalen oder übernationalen Gruppen besteht.

XXXVIII. Die nationale Regierung

Man kann also heute weder von der Monarchie als Regierungsform sprechen, denn die Könige regieren nicht; noch von Aristokratie, denn, auch wenn es immer wenige sind, die – oligokratisch – regieren, sind sie deswegen nicht Vorbilder für die Gesellschaft; noch von Demokratie im wörtlichen Sinne des Wortes, denn es sind nicht die Wähler, die regieren, sondern einige wenige Gewählte, und die Demokratie ist nicht eine Regierungsform, sondern eine Ethik.

Da die Monarchie keine wirkliche Regierungsform mehr ist, kommt es nicht selten vor, daß die gesellschaftliche Unordnung eine Gewaltkonzentration erfordert und *Diktaturen* notwendig erscheinen, um die abhanden gekommene Ordnung wiederherzustellen; in dieser Weise führt die Anarchie, zu der eine Demokratie degenerieren kann, zu einer Diktatur.[353]

> Die Diktatur, eine Institution römischen Ursprungs, darf nicht mit der Tyrannei griechischen Ursprungs verwechselt werden. Erstere war vorübergehender Art, obwohl sie mitunter dazu tendierte, sich in die Länge zu ziehen, während die antike griechische Tyrannei eine dauerhafte Form war, wenngleich sie durch eine einzelne Reaktion des Volkes gegen die Mißbräuche einer Oligarchie entstand. Erst in der philosophischen Literatur kam es dazu, die Regierung jener, die sie in mißbräuchlicher Weise zum eigenen Vorteil und nicht zum Wohl der Bürger ausüben, als *Tyrannei* zu bezeichnen. Auf diese Weise geschah es, daß man sich von der antiken Tyrannei ein karikaturartiges und verächtliches Bild machte; und etwas Ähnliches geschieht tendenziell mit dem *Diktator*. Tatsächlich stehen einige autokratische Regime des 20. Jahrhunderts, die sich als beständig erwiesen und durch eine Massenentscheidung der Bürger gefördert wurden, der antiken Tyrannei näher als der Diktatur.

115. Wie jede andere Regierungsform verleiht die Demokratie die Macht nicht der ganzen Landesbevölkerung, sondern einer menschlichen Gruppe, die durch die Abstimmung derer gewählt wurde, die aktiv an den Wahlen teilnehmen können. Es handelt sich nicht eigentlich um eine Vertretung im juristischen Sinne (Nr. 7), sondern um eine Auswahl von Personen für zeitlich befristete Ämter. Das erklärt, daß der tatsächliche Wille der Wähler sich nicht immer mit dem der Handlungen der durch die Mehrheit erkorenen Regierenden deckt, nicht einmal mit dem jener Wähler, die ihnen ihre Ja-Stimme verliehen haben. Mit der Wahl stellt sich eine gewisse Veräußerung der Gewalt, welche die Wähler theoretisch haben, zugunsten der gewählten Regierenden ein.[354] In diesem Sinne kann man von „Entfremdung" des Volkes sprechen.

Da das Mandat der Regierenden befristet ist und der Wille derjenigen, die weiterhin wählen können, wem sie sich unterordnen wollen, schwankt, ist es klar,

---

[353] Ähnlich hat auch *Carl Schmitt*, Die Diktatur. Von den Anfängen des modernen Souveränitätsgedankens bis zum proletarischen Klassenkampf, 1921, 6. Aufl., Berlin 1994, S. 133 ff.; *Schmitt*, Die geistesgeschichtliche Lage des heutigen Parlamentarismus, 1923, 8. Aufl., Berlin 1996, S. 40 f.; *Schmitt*, Verfassungslehre, 1928, 8. Aufl., Berlin 1993, S. 237, nicht einen Gegensatz von Demokratie und (auf Selbstabschaffung angelegte, normative Vorgaben achtende, souveräne) Diktatur, sondern von Demokratie und Liberalismus konstatiert.

[354] Im Deutschen gibt es das Bonmot, daß wer seine Stimme (bei Wahlen) „abgegeben" hat, keine mehr habe.

daß es eine andere dauerhafte Machtinstanz geben muß, welche die Instabilität der nationalen „Politiken" und auch die unvermeidlichen Widersprüche, die zwischen den nationalen Regierungen auftreten, überwinden kann. Es ist also eine unerbittliche Folge der Demokratie, daß die Befugnis zu übergeordneten Entscheidungen nicht die anscheinend und dem Wechsel ausgesetzten Regierenden innehaben, sondern jene Personen oder Einflußzentren, welche die Welt in ihrer Gesamtheit am wirksamsten steuern können. Es sind immer Dominante, die sich untereinander abgestimmt haben, um die Weltwirtschaft zu beherrschen. Sie sind es, welche die Nationen unter dem „politischen" Anschein anonym, aber wirklich regieren.

> Diese Verabredung der Wirtschaftsmächtigen wird manchmal als *Synarchie* bezeichnet, das heißt als „aufeinander abgestimmte Regierung". Da dieser wirklichen Macht der offizielle und öffentliche Charakter fehlt, variiert ihre Bezeichnung je nach den augenblicklichen Umständen. Doch diese gewissermaßen verborgene Macht besteht tatsächlich; es genügt, daß sie achtzig Prozent der Weltwirtschaft beherrscht, um die Universalherrschaft auszuüben, selbst wenn diese nicht eigentlich demokratisch, sondern plutokratisch ist: keine eingesetzte, aber doch eine wirksame, unwiderstehliche Macht.

Im übrigen ist es begreiflich, daß ein System wie die Demokratie, das von der Gleichheit der Menschen ausgeht (Nr. 115), dazu neigt, die soziale Bedeutung der Familie konsequent zu schwächen, weil diese ein fortdauerndes Sammelbecken menschlicher Ungleichheit ist (Nr. 68).

> Hinzu kommt, daß die gesellschaftliche Identität der Familie ein Hindernis für die traditionsfeindlichen Reformen ist, indem sie die Kontinuität der Generationen stützt. Die Auffassung von Generation als in der Vaterschaft gründende Geschlechterfolge wird bei einem egalitären Ansatz durch eine auf Vereinbarung beruhende Bestimmung ungleichmäßig voneinander entfernter Phasen ersetzt, so daß der Grund für die Berechnung von Verwandtschaft unverständlich erscheint (Nr. 106).

116. Die Widersprüchlichkeit der Ansichten unter den Gewählten und unter den Wählern kann sich in der physischen Verteilung der Personen in sich gegenüberstehenden Bereichen sichtbar äußern. Diese *Verteilung* der Personen würde nicht dazu neigen, stabil zu sein, sondern unterläge dem Zufall, nämlich bei jeder Abstimmung. Doch der Machtkampf führte zu der Organisierung der politischen Feindseligkeit im Staate in Form von *Parteien* als stabilen Interessengruppen, die einer Disziplin unterworfen sind, die Unstimmigkeiten unter ihnen nicht duldet. So traten die widerstreitenden, die Regierung anstrebenden Parteien an die Stelle des Volkes. Dadurch verschärfte sich hinsichtlich des Zugangs zur Macht der polemische Charakter des Staates in seinem Inneren.

> Die Ersetzung des Willens des Volkes durch den der Gewählten hängt von der Betrachtung desselben als juristischer Person ab (Nr. 8). Doch wenn der Gewählte eine Partei als solche ist, wie es bei dem System der *geschlossenen Listen* der Fall ist, gibt es keine Volksvertretung, sondern die Partei tritt an die Stelle des Volkes. In diesem Sinn kann man, obwohl es ein hybrider Begriff ist, von *Parteienherrschaft* sprechen.

Die politischen Parteien bedürfen reichlicher wirtschaftlicher Mittel, da sie wie Milizen funktionieren, die für die Wahlpropaganda zuständig sind und später über die Macht verfügen wollen; darin kann man eine ernste Schwierigkeit für das gute Funktionieren der Demokratie sehen.

Es ist offensichtlich, daß die Beiträge der Parteimitglieder nicht im geringsten ausreichen. Man denkt dann daran, die Parteien mit staatlichen Mitteln entsprechend ihrer Größe wirtschaftlich zu unterstützen[355], aber das erweist sich ebensowenig als ausreichend. Daher hat die demokratische Praxis in betrügerischer Weise dazu geführt, daß auf Begünstigungen zurückgegriffen wird, welche die Regierenden oder die, die nach der Regierung streben, den Unternehmen gewähren können, mit denen die Verwaltung öffentliche Verträge abschließt. Somit ähnelt die Finanzierung der Parteien ein wenig der von Mafiabanden.[356] Es handelt sich um einen Mißbrauch, der trotz seines verbrecherischen Aspekts über die gerichtliche Zuständigkeit hinausgeht und durch die Dialektik der Organe der politischen Diskussion wie das des Parlamentes gelöst werden muß.

XXXIX. Soziale Verteidigung

117. Die vorrangige Pflicht jedes Regierenden, dem eine Nation anvertraut ist, besteht darin, deren Identität und Sicherheit zu verteidigen. Zu diesem Zweck ist ihm das Exklusivrecht der Zwanges und konkret des Waffengebrauchs vorbehalten, da die verschiedenen Arten der Zwangsgewalt erfordern, daß mit deren Einsatz gerechnet wird, letztendlich mit dem der Streitkräfte. Dieser potentielle Zwang durch Waffengewalt erfordert die Beherrschung eines relativ weiten Territorialbereichs (Nr. 101), wie es der der nationalen Regierung ist und nicht der kleineren Gruppen – Stadt, Landkreis oder Region –, deren Identität und Sicherheit durch die Nationalregierung verteidigt werden müssen.

Dieser Verteidigungsdienst, der dem Regierenden der Nation obliegt, ist Ausdruck des Naturrechts auf *Notwehr*: Selbst wenn die Regierungsgewalt vielleicht nicht legitim ist, ist die von ihr unternommene Verteidigung des Gemeinwohls *legitim*.

Notwehr ist ein allgemein anerkanntes Naturrechtsprinzip, selbst wenn in moderner Zeit die Illusionen des *Rechtsstaates* (Nr. 23) und des Pazifismus es aufs äußerste zu verdunkeln drohten. Die Notwendigkeit der eigenen Defensivgewalt erweist sich, wenn es keine andere ausreichende organisierte Verteidigung gibt, als unabweisbar: Aufgrund des Naturrechts ist es zulässig, Gewalt mit Gewalt abzuwehren (*vim vi repellere licet*).

---

[355] In Deutschland erfolgt die Parteienfinanzierung durch eine allgemeine jährliche Teilfinanzierung entsprechend der gemäß GG obliegenden Tätigkeit einer Partei, gemessen am Wahlerfolg, der Summe der Mitglieds- und Mandatsträgerbeiträge und dem Spendenumfang (§ 18 Abs. 1 PartG). In Österreich sind §§ 3–4 PartG(Ö) u. das PartFörG einschlägig, während in der Schweiz Parteien v. a. von Unternehmen finanziert werden.
[356] Vgl. dazu mutatis mutandis *Hans Herbert v. Arnim*, Der Staat als Beute. Wie Politiker in eigener Sache Gesetze machen, 1993, 5. Aufl., München 1998; *v. Arnim*, Die Selbstbediener. Wie bayerische Politiker sich den Staat zur Beute machen, München 2013.

Wenn eine Defensivgewalt von seiten der rechtmäßig damit Beauftragten nichts nützt, muß sich der gewalttätig Angegriffene selbst verteidigen. Da es sich bei der Gewalt um Waffengewalt handeln kann, rechtfertigt dieses Prinzip den Tod des Angreifers.

Der Ausgangspunkt der Notwehrlehre ist der Angriff auf das eigene Leben, der nur durch – gegebenenfalls für den Angreifer tödliche – Gewalt abgewehrt werden kann. Nicht zu verwechseln ist also die Notwehr[357] mit dem Fall des *Notstands*[358], bei dem es um die Verursachung materiellen Schadens an einem fremden Besitz geht, um so einen größeren Besitzschaden zu verhindern. Niemals rechtfertigt er den Tod, denn es liegt kein Angriff vor, sondern einfache *Notwendigkeit*, beispielsweise die Notwendigkeit, einen fremden Forststreifen zu verbrennen, um die Ausbreitung eines Waldbrandes zu verhindern.

> Die Notwehrlehre verlangt die Verhältnismäßigkeit zwischen der verteidigenden und der angreifenden Gewalt, aber diese Voraussetzung ist gemäß dem gesunden Menschenverstand zu verstehen. Es ist unbestreitbar, daß man einen gewöhnlichen Dieb nicht töten kann, aber wenn dieser sichtlich bewaffnet daherkommt, muß man darin einen Angriff auf das Leben sehen.[359] Die volkstümliche Redensart „Geld oder Leben" ist gleichzusetzen mit der Alternative „das Leben oder das Geld". Nur eine irrige Theorie des *Rechtsgutes* (Nr. 121)[360] kann in diesem Fall einen einfachen Angriff auf das Vermögen sehen, der, wenn dem so wäre, den Tod nicht rechtfertigte.

Obwohl sich die *Notwehr* auf die durch das angegriffene Individuum ausgeübte gewalttätige Verteidigung zu beziehen pflegt, erscheint es vernünftig einzuräumen, daß auch die Verteidigung eines fremden Lebens legitim ist[361], und zwar nicht nur des Lebens einer Person, bei der anzunehmen ist, daß eine familiäre Verteidigungspflicht besteht, sondern aus einer menschlichen Solidarität gegenüber jeder anderen Person, vorausgesetzt – das ist klar –, daß es nicht möglich ist, ein

---

[357] Deutschland: §§ 32 Abs. 1 u. Abs. 2 Alt. 1 StGB, 227 Abs. 1 u. Abs. 2 Alt. 1 BGB, § 15 Abs. 1 Alt. 1 OWiG. Österreich: §§ 3 StGB(Ö), 19 S. 2, 344 S. 1 ABGB. Schweiz: §§ 15 StGB(S), Art. 52 Abs. 1 OR, Art. 926 ZGB.

[358] Deutschland: §§ 34 StGB, 228 BGB. Österreich: §§ 13 StGB(Ö), 1306a ABGB. Schweiz: Art. 17 StGB(S), Art. 52 Abs. 2 OR.

[359] Aus diesem Grund findet etwa in Deutschland bei der Prüfung der Erforderlichkeit der Verteidigungshandlung nach § 32 Abs. 2 StGB eine Güterabwägung oder ein Interessensvergleich im Sinne der Verhältnismäßigkeit *nicht* statt. Der Angegriffene muß sich nicht dem Risiko unzureichender Verteidigung aussetzen. Allerdings ist nach ständiger Rechtsprechung vor dem Einsatz einer Schußwaffe, soweit dazu genug Zeit vorhanden ist, zunächst ein Warnschuß anzudrohen und, wenn die Androhung ignoriert wird, abzugeben. Nur bei einem krassen Mißverhältnis von Verteidigungshandlung und bedrohtem Rechtsgut kann es an der Gebotenheit gemäß § 32 Abs. 1 StGB fehlen. Es gibt aber auch die Lehrauffassung, daß mit der Erforderlichkeit auch die Gebotenheit gegeben ist. Den sog. (entschuldigenden) Notwehrexzeß regelt § 33 StGB.

[360] Freilich ist diese zumindest im dt. Sprachraum sowohl im Zivil- als auch im Strafrecht durchgesetzt. Daß Verf. sie als irrig bezeichnet, dürfte an einer Verwechslung liegen (vgl. Anm. 384).

[361] Man spricht dann von *Not(wehr)hilfe*, §§ 32 Abs. 2 Alt. 2 StGB, 227 Abs. 2 Alt. 2 BGB, 15 Abs. 2 Alt. 2 OWiG. Ähnlich die Regelungen in Österreich und in der Schweiz.

anderes Mittel zur Verteidigung einzusetzen. Diese Ausweitung der Notwehr auf Dritte erleichtert uns zu verstehen, was eine legitime Verteidigung der nationalen Gemeinschaft in den zwei Anwendungsformen Krieg und Todesstrafe ist.

Eine weitere Modalität der gesellschaftlichen Notwehr bestünde im *Tyrannenmord*. Aber diese hat in einer Gesellschaft, welche die *Tyrannei* (Nr. 114) nicht kennt, ihre Triftigkeit verloren, und in der Demokratie besteht diese Verteidigung gegen den Machtmißbrauch wegen der Entpersönlichung des Regierenden nicht fort.[362]

Krieg ist die Notwehr angesichts eines bewaffneten Angriffs; er obliegt der Armee. Todesstrafe ist die Notwehr angesichts der Feindseligkeit eines Delinquenten, der als *öffentlicher Feind* betrachtet werden kann[363]; sie obliegt der nationalen Rechtsprechung.[364]

118. Für die Verteidigung gegen einen Angriff von außen oder jedenfalls gegen einen öffentlichen Feind, der innerhalb derselben Gemeinschaft organisiert zu sein scheint, verläßt sich die Nation auf eine *Armee*, die gewöhnlich eingebunden sein wird in eine eigene Konföderation des *Großraums*, zu dem diese Nation gehört.

Die Armee als Verteidigerin des Volkes ist nicht Teil desselben. Sie ist ein Organ der Gemeinschaft, das sich durch seine eigene Disziplin leitet und der Militärgerichtsbarkeit untersteht, nicht der Jurisdiktion der ordentlichen Richter; es setzt also die Anerkennung einer Rechtsordnung der *Militärjustiz* voraus.

Die bewaffnete Verteidigung von Identität und Sicherheit der nationalen Gemeinschaft als kriegerische Aktivität ist eine Pflicht des Regierenden, obwohl die Legitimität der Defensivgewalt des *Krieges* von gewissen Voraussetzungen wie die der Möglichkeit des Sieges abhängt und gewisse Grenzen hat, die das *Kriegsrecht* festlegt.

Der Katechismus der Katholischen Kirche (Nr. 2309) trägt die Anforderungen eines *gerechten Krieges* nach überliefertem Recht zusammen.[365] Dagegen versucht der theoretische Pazifismus die Existenz eines Kriegsrechts zu leugnen, und das Ergebnis ist dann, weil es gegenwärtig weiterhin Kriege gibt, daß diese *ohne rechtliche Grenzen* stattfinden. Der rechtliche Charakter des Kriegsrechts hing von dessen Anwendung durch die Militärgerichte ab. Andersgeartet sind die politischen Gerichte, mit denen die Sieger das Verhalten der Besiegten richten, indem sie diese aufgrund des Pazifismus kriminalisieren.[366]

---

[362] Vgl. *Álvaro d'Ors*, Gemeinwohl und Öffentlicher Feind (s. Anm. 1), S. 82 f.
[363] Vgl. ebd., S. 83 f., 113.
[364] Selbstverständlich kann *a fortiori* der nationale Gesetzgeber auf die gesetzliche Androhung oder, als Zwischenschritt (wie in einigen US-Bundesstaaten), zumindest auf die Vollstreckung der (per Gerichtsurteil verhängten) Todesstrafe verzichten.
[365] Vgl. *Wolfgang Ockenfels*, Bellum iustum und gerechter Friede, in: Handbuch der Katholischen Soziallehre. Im Auftrag der Görres-Gesellschaft zur Pflege der Wissenschaft und der Katholischen Sozialwissenschaftlichen Zentralstelle hrsg. von Anton Rauscher in Verbindung mit Jörg Althammer/Wolfgang Bergsdorf/Otto Depenheuer, Berlin 2008, S. 1021–1029.
[366] Vgl. *Carl Schmitt*, Das internationale Verbrechen des Angriffskrieges und der Grundsatz „Nullum crimen, nulla poena sine lege". Hrsg., mit Anmerkungen und einem Nachwort versehen von Helmut Quaritsch, Berlin 1994.

Vermittels der angemessenen Anforderungen und Grenzen ist der Krieg nicht nur aufgrund des Naturrechts zulässig, sondern auch eine Pflicht des Regierenden, wenn es nicht möglich ist, die nationale Gemeinschaft auf andere Weise zu verteidigen.

Der Katechismus der Katholischen Kirche (Nr. 2308) erkennt die Zulässigkeit des Krieges als „erlaubte Verteidigung" an, „wenn alle Möglichkeiten einer friedlichen Regelung erschöpft sind". Unbestreitbar ist es angebracht, internationale Konflikte durch Verhandlungen zu lösen, das heißt durch gegenseitige Zugeständnisse beider Parteien. Doch die Aussicht auf einen Friedenspakt setzt dem Zuwarten gewisse Grenzen, und es ist angemessen zu bedenken, daß die Verzögerung immer die anhaltende Lage (*status quo*) begünstigt und deshalb den Stärkeren, der auch der Angreifer zu sein pflegt. Tatsächlich gehen Friedensverhandlungen dem Krieg nicht voraus, sondern begleiten ihn, wobei vielleicht eine vereinbarte vorübergehende Einstellung der Feindseligkeiten (*Waffenstillstand*) genutzt wird.

Der Krieg ist immer zweiseitig; wenn ein weiterer Kriegführender eingreift, ist er stets ein Verbündeter von einem der beiden ursprünglichen Parteien. Neutrale Militärinterventionen im Bestreben, zwischen zwei kriegführenden Parteien Frieden zu stiften, sind in Wirklichkeit Polizeiaktionen.[367] Sie werden von Großmächten durchgeführt, welche die Weltregierung übernehmen wollen, und bieten gegenüber den Allianzen nicht wirkliche Vorteile.

Um einen *Bürger*krieg handelt es sich, wenn sich nicht Nationen gegenüberstehen, sondern Gruppen, die derselben Nation angehören, häufig weil eine Partei die Unabhängigkeit von der bisherigen nationalen Gemeinschaft fordert; oder es geht um religiös oder durch politische Ideologien bedingte Gegensätze. Damit scheinen *bürgerlich* und *politisch* rechtlich gleichgesetzt zu sein (Nr. 29). Es kann dann vorkommen, daß einem Kriegführenden die Herrschaft über ein Territorium abgeht und er sich gezwungen sieht, einen wahllosen, irregulären (*schmutzigen*) Krieg zu führen, den der Verteidiger der nationalen Einheit als Terrorismus abqualifiziert, und er mithin darauf verzichtet, die Armee einzusetzen, um ihn zu besiegen, wie es für jeden Krieg charakteristisch ist.

Es ist klar, daß dieser irregulär Kriegführende nicht der Repression durch die Justiz unterworfen werden kann, wie wenn es sich um gewöhnliche Kriminalität handelte. Ebensowenig können die gefangengenommenen „Terroristen" dem Strafvollzug zugeführt werden – anstelle der eigentlich dem Krieg entsprechenden Regelung der Internierungslager.[368] Der „terroristische" Kriegführende muß seinerseits auf die Zurückbehaltung von Gefangenen in verborgenen Schlupflöchern sowie auf *Revolutionssteuern* zurückgreifen, wenn offizielle wirtschaftliche Mittel nicht vorhanden sind.

---

[367] Zu den enormen kolonialistisch-ökonomischen Vorteilen „humanitärer" Interventionen vgl. *Fabian Klose*, „In the Cause of Humanity". Eine Geschichte der humanitären Intervention im langen 19. Jahrhundert, Göttingen 2019.

[368] Vgl. *Álvaro d'Ors*, Gemeinwohl und Öffentlicher Feind (s. Anm. 1), S. 49f., 92f., 96.

XXXIX. Soziale Verteidigung   149

Daß dem *Terrorismus* der Charakter des Krieges abgesprochen wird[369], kommt von der pazifistischen Abqualifizierung des Krieges. Wie man dazu tendiert, den in einem regulären Krieg Besiegten zu kriminalisieren, wird derjenige kriminalisiert, der einen *schmutzigen Krieg* führt, weil er ihn auf andere Weise nicht führen kann, zumal ihm die Herrschaft über einen Teil des Territoriums fehlt.

Der reguläre Krieg schließt nicht die irreguläre Aktivität von *Partisanen* (*Widerstandskämpfern* [*maquis*][370]) aus, sogar wenn der Krieg beendet zu sein scheint. Diese irregulären Kämpfer führen, da sie nicht über die Herrschaft über ein bestimmtes Territorium verfügen, einen *schmutzigen Krieg*, wie die Terroristen. Sie sind nicht als Kriminelle zu betrachten, sondern als Feinde.[371]

119. In der zweiten Hälfte des 20. Jahrhunderts, seit dem Ende des Zweiten Weltkriegs, war bezüglich des Krieges zu beobachten, daß der neue Pazifismus es nicht zuwege gebracht hat, die Kriege zu beseitigen. Sie finden aber nicht mehr zwischen Nationen, das heißt Staaten statt, sondern es handelt sich um interne schmutzige Kriege in Form von Terrorismus – mit unterschiedlichen Modalitäten –, um Religionskriege wie der andauernde Krieg des Islam oder um Stammeskriege, die sich seit der Entkolonialisierung nicht mehr beherrschen lassen. Da es keine regulären Kriege zwischen Staaten gibt, verbreiten sich die *schmutzigen* in ihrem Inneren. Mit dieser Zersetzung des Krieges verschwindet zugleich das Kriegsrecht (Nr. 118).

Die Entkolonialisierung konnte als ein großer Fortschritt betrachtet werden. Aber hinsichtlich des Friedens war ihr Ergebnis negativ. Tatsächlich konnte, als die auf Waffen gestützte Herrschaft der zivilisierten Völker durch eine von anonymen und verantwortungslosen wirtschaftlichen Interessen geleitete ersetzt war, nicht verhindert werden, daß die alten Stammeskonflikte wieder auflebten, ohne daß – entgegen dem, was vor der Entkolonialisierung geschah – jemand sich für den Frieden der früheren Kolonien verantwortlich zeigt.

Andererseits läßt sich weiterhin manche Spannung unter den Großmächten beobachten, die sich auf Atomwaffen verlassen. Doch dieser Atomkrieg ist ein *kalter Krieg* geblieben, denn die Gefahr des Einsatzes der Atomwaffen diente der Ab-

---

[369] Man kann freilich dem erstmals 1985 von *Ronald Reagan* verwendeten, dann von *George W. Bush* wiederaufgegriffenen Begriff des *War on Terror* bzw. *Terrorism* die Qualifizierung des Terrors als – wiederum mit Kriegsmitteln zu begegnenden – Krieg entnehmen. Jedenfalls betrachteten sich die seinerzeit an die Macht gekommenen „Neokonservativen" als Realisten. Vgl. *Wolfgang H. Spindler*, Gelehrige Schüler Carl Schmitts? Die amerikanischen „Neocons" und ihre Kriege, NOrd 62 (2008), S. 469–472.

[370] Der *Maquis*, benannt nach dem undurchdringlich erscheinenden Buschwald in Mittelmeergegenden, etwa auf Korsika und in Italien, wurde zum Synonym für eine im Untergrund wirkende Widerstandsorganisation, deren Mitglieder als *Maquisards* bezeichnet wurden; so noch die später zum Mythos stilisierten Kämpfer der Résistance; vgl. *Dietmar Hüser*, Vom schwierigen Umgang mit den „schwarzen Jahren" in Frankreich – Vichy und Résistance in der französischen Gesellschaft 1940–1944 und 1944/45–1995, in: Holger Afflerbach (Hg.), Sieger und Besiegte. Materielle und ideelle Neuorientierungen nach 1945, Tübingen/Basel 1997, S. 87–118.

[371] Vgl. *d'Ors*, Gemeinwohl und Öffentlicher Feind (s. Anm. 1), S. 49, 79 f., 96; *Carl Schmitt*, Theorie des Partisanen. Zwischenbemerkung zum Begriff des Politischen, 1963, 8., korrigierte Aufl., Berlin 2017.

schreckung. Tatsächlich war der Besitz eines Atomwaffenarsenals ein Mittel der Einschüchterung und deshalb der Abschreckung. Die Großmächte können auch einen Krieg mit der Absicht führen, schmutzige Kriege zu beruhigen, wirtschaftliche Interessen zu verteidigen oder eine Weltordnung durchzusetzen, sogar im Namen der ganzen Menschheit (Nr. 118). Aber das ist kein regulärer Krieg, sondern eine polizeiliche Intervention im großen Stil und im allgemeinen ohne entscheidenden Erfolg, die manchmal mit schikanöser, von der des Terrorismus kaum zu unterscheidender Gewalt vorgeht.

Abgesehen von diesem Polizeikrieg, sind die Kriege der Gegenwart also entweder *kalte* Kriege, die nicht zum Ausbruch kommen, oder *schmutzige* in Form des Terrorismus; Kriege zwischen Nationalarmeen gibt es nicht.

Dieses Verschwinden des nationalen Krieges zeigt auch die offensichtliche Krise des Staates. Denn im modernen Kriegsrecht sind nur Staaten legitimiert, Krieg zu führen; nur sie sind *iusti hostes*. Die Bürgerkriege mußten sich dem Modell der zwischenstaatlichen Kriege anpassen, indem sie auf die Tatsache gegründet wurden, daß die Kriegführenden über einen Teil des Territoriums herrschen, manchmal mit der Absicht, das Staatsterritorium endgültig zu teilen, um neue Staaten zu bilden. Aber die *schmutzigen* Kriege ohne Abgrenzung von Territorien können dem Schema des internationalen Kriegs nicht angepaßt werden, und bedauerlicherweise sind die Regeln des in Vergessenheit geratenen Kriegsrechts nicht auf sie anwendbar.

> Es kann geschehen, daß ein Bürgerkriegführender im städtischen Bereich wie ein Terrorist und auf dem Land wie ein Guerillero auftritt. Es handelt sich dann um eine hybride Art von Krieg, der ebensowenig, nicht einmal zum Teil, mit dem Schema des Bürgerkriegs in Einklang gebracht werden kann; denn die Kriegshandlung ist unteilbar. Die Kriegshandlung kann ausnahmsweise geteilt werden, wenn sich ein Dritter gegen einen an zwei territorial unterschiedlichen Fronten Kriegführenden mit einem der Gegner verbündet, doch gegenüber dem Freund desselben an der anderen Front feindselig eingestellt ist. Das war Francos Lage bezüglich derer, die sich als Sieger erwiesen: mit diesen alliiert gegen die Achsenmächte und mit letzteren alliiert gegen Rußland, das mit ersteren alliiert und nahezu der Hauptsieger war.[372] Diese Aufteilung der Allianzen nach Fronten unterscheidet sich sehr von der doppelten Kriegführung in der Stadt und auf dem Land, bei der es sich um einen einzigen Krieg handelt; der läßt eine Unterscheidung wie im Fall der widersprüchlichen Allianzen nicht zu.

120. Die zweite Modalität gesellschaftlicher Notwehr ist die Todesstrafe.

Tatsächlich ist die Todesstrafe nicht mehr als die schlimmste und außerordentlichste Form des Ausschlusses aus der Gemeinschaft.

Der Gedanke, daß, wer gegenüber der Gemeinschaft, der er angehört, untreu ist, aus ihr ausgeschlossen werden kann, stellt sich als etwas Natürliches dar. Aus dem gleichen Grund, wie der unerwünschte Gesellschafter aus einem Gesellschaftsvertrag entlassen wird, kann das Mitglied einer nationalen Gemeinschaft, das sich

---

[372] Vgl. *Claude Martin*, Franco. Eine Biographie, Graz 1995, S. 176–220.

zu ihrem *Feind* verwandelt, etwa durch Verrat bei Kollusion mit einem äußeren Feind, als *öffentlicher Feind* ausgeschlossen werden.³⁷³

Dieser Ausschluß kann in der Vertreibung aus dem Territorium der Nation sowie im Verlust der rechtlichen Vorteile bestehen, die das Gemeinschaftsmitglied hat. Doch in extrem schweren Fällen können die Richter wegen der Gefahr, die das Risiko des Regresses und des Rückfalls eines unbußfertigen Straftäters bedeutet, zum Ausschluß durch Entzug des Lebens verurteilen. Es geht in diesen Fällen darum, jemanden als *öffentlichen Feind* zu erkennen, den die Gemeinschaft in gewaltsamer Weise wie einen Kriegsfeind ausschließt, der in einer Militäraktion getötet wird.³⁷⁴

In der Kirche, in der es weder den Zwang des Ausschlusses aus dem Territorium noch die Todesstrafe gibt, tritt dieser Ausschluß aus der Gemeinschaft der Kirche mit Entzug der rechtlichen Vorteile der Gläubigen als *Exkommunikation* in Erscheinung. Das ist die schwerste Strafe des kirchlichen Strafrechts. Wenn sie heute tatsächlich weniger häufig angewandt zu werden scheint, geschieht das vielleicht aus dem gleichen Grund, wie die Lehre der Kirche gemäß der Aussage im Katechismus der Katholischen Kirche (Nr. 2266 mit der Wiederholung des Zitats einer päpstlichen Enzyklika in Nr. 2267, ohne daß dadurch die traditionelle

---

³⁷³ Vgl. ausführlich *d'Ors*, Gemeinwohl und Öffentlicher Feind (s. Anm. 1), S. 73–85.

³⁷⁴ Die Analogie zum Kriegsfeind vermag nicht zu überzeugen. Zwar läßt sich die Todesstrafe mit der Demokratie vereinbaren – die USA, Japan, Indien und bis zur letzten Hichrichtung 1977 auch Frankreich sind zweifellos demokratische Staaten, und sogar die EU ermöglicht über die gemäß Art. 52 Abs. 3 u. 7 völkerrechtlich verbindliche „Erläuterung" zu Art. 2 Abs. 2 GrCh, die in den Vertrag von Lissabon aufgenommen wurde (Art. 6 Abs. 1 u. UAbs. 3 EUV) ungeachtet der in einigen EU-Ländern ausdrücklich abgeschafften Todesstrafe (z. B. Art. 102 GG) im Kriegsfall, bei unmittelbarer Kriegsgefahr und zur Niederschlagung eines angeblichen Aufstands oder Aufruhrs die Todesstrafe (so jedenfalls *Karl Albrecht Schachtschneider*, Verfassungsrechtliche Argumente gegen den Vertrag von Lissabon, in: Leviathan 33 [2008] S. 317–343 [332 f.]; *Schachtschneider*, Verfassungsbeschwerde gegen den Vertrag von Lissabon, 25.5.2008, in: https://www.kaschachtschneider.de/wp-content/uploads/2017/10/Schachtschn-Lissab-Klage.pdf, S. 217–220 [gelesen am 28.05.2021]) –, doch nur schwerlich mit dem ethischen Fundament des Staates, der die Todesstrafe nicht schon durch ihre Positivierung legitimieren kann: Von einem inhaftierten Täter geht kein gegenwärtiger rechtswidriger Angriff (vgl. § 32 StGB) mehr aus, der eine „soziale", vom Staat durchzuführende Notwehrhandlung erforderte, und wenn die Schuld verbüßt ist, kann der aus der Haft (und ggf. Sicherheitsverwahrung) Entlassene bei Zugrundelegung des rationalen *Tat*strafrechts nicht mehr als „Täter", auch nicht als potentieller „Wiederholungstäter" angesehen werden. Zudem ist aus jahrhundertelanger Erfahrung mit eklatanten Fällen von Justizirrtum zu rechnen, die nicht in Kauf genommen und bei vollzogener Todesstrafe auch nicht rückgängig gemacht werden können. Die katholische Kirche hat aus dem traditionellen sozialen Notwehrgedanken „daß der Angreifer außerstande gesetzt wird zu schaden", die „Rechtmäßigkeit des Rechtes und der Pflicht der gesetzmäßigen öffentlichen Gewalt" anerkannt, der Schwere des Verbrechens angemessene Strafen zu verhängen, ohne in schwerwiegendsten Fällen die Todesstrafe auszuschließen" (KKK Nr. 2266). Mit der eher schwachen Begründung, „in der heutigen Zeit" sei die Todesstrafe „unzulässig, so schwer das Verbrechen des Verurteilten auch sei", hat Papst Franziskus am 28. Juni 2018 eine Neufassung des KKK Nr. 2267 approbiert, wonach die Kirche „im Licht des Evangeliums" lehre, „daß die Todesstrafe unzulässig ist, weil sie gegen die Unantastbarkeit und [die] Würde der Person verstößt", und sich „mit Entschiedenheit für deren Abschaffung in der ganzen Welt" einsetzt (Kongregation für die Glaubenslehre, Schreiben an die Bischöfe über die neue Formulierung der Nr. 2267 des KKK bezüglich der Todesstrafe, in: OR[D], 10.8.2018, S. 8–9).

Lehre verändert wird[375]) offenbar den Ausnahmecharakter der Zulässigkeit der Todesstrafe im weltlichen Recht unterstreicht. Es ist daran zu erinnern, daß die römische *Kapital*strafe de facto in der präventiven Verbannung (*exilium*) bestand und daß der Freiheitsentzug nicht eigentlich eine Strafe war, sondern eine Vorsichtsmaßnahme, um einen laufenden strafrechtlichen Prozeß sicherzustellen.

Die Strafe des Freiheitsentzugs in Justizvollzugsanstalten als Form des zeitweiligen Ausschlusses vom gemeinschaftlichen Zusammenleben ist heute die häufigste Strafe für Delikte einer gewissen Schwere, aber sie bringt viele Nachteile mit sich, etwa daß sie nicht der moralischen Regeneration der Straftäter dient, daß die Ausgaben der öffentlichen Hand den unschuldigen Bürgern aufgebürdet werden und daß die Strafdauer abgekürzt werden kann und dadurch die abschreckende Wirkung vermindert wird.

Der zeitweilige oder endgültige Entzug gewisser rechtlicher Vorteile wird heute kaum als Strafe angewandt, um Delikte zu ahnden, kann aber sehr wirksam sein; selbst der Entzug der Staatsbürgerschaft[376] wäre eine weitere Modalität des Ausschlusses aus der Gemeinschaft.

Der Entzug der Staatsangehörigkeit [*privación de nacionalidad*], wie er derzeit praktiziert wird[377], kann in geringerem Maße zum Verlust der Staatsbürgerschaft [*pérdida de la ciudadanía*], das heißt der Teilnahme am öffentlichen Leben der Gemeinschaft, führen.

Bei der leichteren Kriminalität von Verstößen gegen die öffentliche Ordnung führt das Eingreifen der Justiz zu nicht mehr, als die Gerichte ohne wirklichen Erfolg zu überlasten, und in diesen Fällen scheint die unmittelbare Repression der *Polizei* zweckmäßiger zu sein.[378] Sie ist es, der in erster Linie der Schutz der öffentlichen Ordnung obliegt, und sie arbeitet zwecks der Repression der schweren Delikte auch mit der Rechtsprechung zusammen.

---

[375] Mittlerweile ist KKK Nr. 2267 und damit auch die traditionelle Lehre verändert worden; vgl. Anm. 374.

[376] Seit der großen dt. Strafrechtsreform von 1969 ist die Aberkennung der bürgerlichen Ehrenrechte (aktives und passives Wahlrecht, Ausübung öffentlicher Ämter wie das des Schöffen) als strafrechtliche Nebenfolge abgeschafft. Gleichwohl kann man unter bestimmten Voraussetzungen die Amtsfähigkeit und das Wahlrecht verlieren, §§ 45 StGB, 13, 15 BWahlG. Für Österreich vgl. §§ 22 Nationalratswahlordnung, 27 StGB(Ö); für die Schweiz vgl. Art. 51 StGB(S). Zum Entzug von Grundrechten vgl. Art. 18 GG.

[377] Mittlerweile gilt aber von Verfassungs wegen (art. 11.2 CE): „Keinem gebürtigen Spanier darf die Staatsangehörigkeit entzogen werden." Demnach können lediglich nicht in Spanien geborene Spanier mit dem Verlust der Staatsbürgerschaft sanktioniert werden; vgl. im einzelnen art. 24, 25 CC.

[378] Die ehedem unter Kautelen zulässige polizeiliche Prügelstrafe, etwa bei Krawallen, existiert in Spanien so nicht mehr; in Deutschland (vgl. zunächst Art. 11 Abs. 2 GG) ist sie ohnehin ausgeschlossen, da polizeiliche Maßnahmen, wenn sie nicht auf die Verfolgung von Straftaten gem. StPO gerichtet sind, präventiver Natur sind; vgl. dazu auch meine Hinweise in: D'Ors, Gemeinwohl und Öffentlicher Feind (s. Anm. 1), S. 110 Anm. 50, 127 Anm. 56. Allerdings hat Spanien 2015 mit der *Ley Orgánica sobre Protección de la Seguridad Ciudadana* (Gesetz zur Bürgersicherheit) die Polizei zu Kontrollen, Identifizierungen und stichprobenartigen Durchsuchungen „zur Ermittlung und Verbrechensverhütung sowie zur Ahndung von Straf- und

Die Gewalt, der die Strafjustiz obliegt, kann Straftäter begnadigen, sei es kollektiv (Amnestie)[379], sei es im einzelnen Fall von bereits Verurteilten (Begnadigung)[380].

121. Die von der demokratischen Ethik verfochtene Gleichheit (Nr. 115) hat die Unterscheidung zwischen den Delinquenten und ihren Opfern erschwert, was zu einer deutlichen Tendenz der Schwächung der Strafgewalt der die Gemeinschaft Regierenden führte, nämlich zugunsten der Straflosigkeit. Der Schaden der Opfer wird als wichtiger erachtet als das Unrecht der Straftäter.[381]

> Die Gewalt des Straftäters wird ebenso als tadelnswert erachtet wie die Gewalt der strafrechtlichen Repression des Delikts: „Gewalt, woher sie auch kommen mag", wird geächtet. Aber naturgemäß ist die einzige Gewalt, die untersagt werden kann, die gesellschaftliche Gewalt der Repression, denn die Gewalt des Straftäters ist immer eine vollendete Tatsache, die als unvermeidlich und als statistisch vorhersehbar erachtet wird.[382]

Die Idee der *Bestrafung* [*castigo*] zur Verteidigung der Gesellschaft neigt dazu, aus der demokratischen Mentalität zu verschwinden, während der moralische Begriff der *Sünde* verlorengeht. Und deshalb wird der Sühnecharakter von Strafen als Ausdruck der Notwehr der nationalen Gemeinschaft nicht anerkannt.[383] Statt

---

Ordnungswidrigkeiten" ermächtigt, welche die Ausübung von Grundrechten wie die Demonstrations- und Bewegungsfreiheit stark beeinträchtigen. Sanktionierende Akte sind sofort vollstreckbar (Art. 56 LRJAPPAC), dagegen gerichtete Rechtsmittel obliegen der streitigen Verwaltungsgerichtsbarkeit. Die Bürger sind gleichzeitig verpflichtet, mit den *Fuerzas y Cuerpos de Seguridad (FCS)* zusammenzuarbeiten, deren Mitglieder wiederum bei Überschreitung ihrer Kompetenzen weitgehend straffrei gestellt werden.

[379] In Deutschland wäre dazu ein Bundesgesetz erforderlich (Art. 74 Nr. 1 GG), auch wenn es in einigen Landesverfassungen (z. B. Art. 52 Abs. 2 BW Verf) Gesetzesvorbehalte zugunsten von Amnestien gibt. Vgl. BV(S) Art. 157 Abs. 1 lit. c in Verbindung mit Art. 173 Abs. 1 lit. k.

[380] Vgl. neben landesrechtlichen Gnadenbefugnissen Art. 60 Abs. 2 GG. Österreich: Art. 65 Abs. 2 lit. c B-VG, § 25 Abs. 3 ÜG 1920, § 10 HDG. Schweiz: Art. 381 lit. a StGB(S); BV(S) Art. 157 (allerdings auch kantonales Begnadigungsrecht, Art. 381 lit. b StGB[S]).

[381] In diesem Zusammenhang sind in Deutschland auch die Initiativen zu einem „Täter-Opfer-Ausgleich (TOA)" (§§ 155a, 155b StPO, 46a StGB) zu sehen, der i. d. R. von Vereinen aus dem Bereich der Straffälligenhilfe bzw. der Sozialen Rechtspflege getragen wird. Er ist u. a. deshalb problematisch, weil er bereits vor dem Strafverfahren einsetzen und der Täter darin die Gelegenheit ergreifen kann, die angemessene Strafe zu umgehen.

[382] Damit dürfte gemeint sein, daß nur die vom *Staat* ausgehende *Repression* eingeschränkt, das heißt etwa von in der Bevölkerung vorhandenen „Rachebedürfnissen" losgelöst werden kann, während die vom *Täter* ausgehende *Gewalt* als soziale Tatsache hingenommen werden muß.

[383] In der Tat wird als Strafzweck heute fast ausschließlich die („empirische") Spezial- und („soziale") Generalprävention genannt, abgesehen von neueren Varianten wie den kommunikationstheoretischen „expressiven" Straftheorien. Sog. *absolute* Straftheorien wie die „Vergeltungstheorie" (*Kant, Hegel*) und die „Sühnetheorie" (z. B. *Francisco de Vitoria*), die beide den Gedanken des Tatschuldausgleichs und damit der Gerechtigkeit verfolgen, sind mit der modernen Verdrängung der Metaphysik aus der (Rechts-)Philosophie in den Hintergrund geraten (vgl. aber *Antony Duff*, Trials and Punishments, Cambridge 1986; *Duff*, Punishment, Communication and Community, New York 2001), besonders im dt. Sprachraum. Sie wirken freilich im Rahmen von sog. Vereinigungstheorien (so auch BVerfGE, 45, 187, 253 ff.) nach; vgl. auch §§ 46, 47 StGB. Mit der Frage nach dem *Zweck* der Strafe freilich ist die nach dem *Grund* nicht beantwortet. Darüber hinaus wird man bei einem bereits abgeurteilten oder/und inhaftierten Täter kaum von einer Notwehrlage reden können, da der Angriff nicht mehr gegenwärtig ist (vgl. etwa § 32 Abs. 2 StGB).

sich auf die Idee der Sühnestrafe zu konzentrieren, richtet sich das Augenmerk des Strafrechts auf den Wert des *Rechtsgutes*, womit es den ethischen Relativismus der Werte einführt[384], bei denen von der Integrität und der *Würde* des Straftäters nicht abgesehen werden kann, da die *menschliche Würde* des Täters zu der seines Opfers als gleich*wertig* betrachtet wird.

Ein ethisches Fundament ist besonders für das Strafrecht notwendig[385], das als Ganzes Ausdruck des gesellschaftlichen Anspruchs an das Verhalten des einzelnen ist. Deshalb kann die Verschlechterung der Ethik einer Gemeinschaft nicht umhin, die Strafverfolgungsordnung zu schwächen. Das führt am Ende dazu, daß, wenn jedwede Ethik als Grundlage des gemeinschaftlichen Zusammenlebens abgelehnt wird, ein Strafgesetz keinen Sinn hat und auch die Gemeinschaft als solche nicht weiterbesteht. So erklärt es sich, daß gegenwärtig die Strafgesetzgebung dort, wo die Ethik schlecht wurde, so instabil ist und dazu neigt, die Straflosigkeit zu begünstigen.

Da von der Bestrafung der Straftäter abgesehen wird, interessiert nur die Wiedergutmachung des Schmerzes der Opfer durch wirtschaftliche Kompensation. Dies ist das Bestreben der *Viktimologie*, die das Strafrecht zu ersetzen versucht.

Der Niedergang der Repression von Delikten in der säkularen Gesellschaft hat Eingang in die neue kanonische Gesetzgebung gefunden, die ihren strafrechtlichen Teil beträchtlich verringert hat und die strikte Nichtanwendung der traditionellen Strafen, vor allem der höchsten Strafe der Exkommunikation, begünstigt.[386] Es geht nicht mehr um physische Gewalt, die bei kirchlichen Strafen nicht möglich ist, sondern um die Auffassung von *Vollstreckung* der gegen die kirchliche Communio gerichteten Delikte.

Die Kriminalität neigt also dazu, sich im vagen Bereich des *politisch Inkorrekten* (Nr. 114) aufzulösen, dessen Sanktion nicht in einem repressiven Akt der Stärke besteht, sondern in einem gewissen Verlust des gesellschaftlichen Ansehens und manchmal in der Gleichgültigkeit der Medien.

---

[384] Der aus der Ökonomie stammende Wertbegriff führte durch seine Rezeption in der (Moral-)Philosophie und in der Jurisprudenz unweigerlich zu einem Werterelativismus, den der Neukantianer *Nicolai Hartmann* mit dem Begriff der „Tyrannei der Werte" charakterisierte. In der Jurisprudenz überlagert er bisweilen die objektive Rechtsgüterabwägung, indem Güter in Werte verwandelt werden; vgl. *Carl Schmitt*, Die Tyrannei der Werte (1979), 3., korrigierte Aufl., Berlin 2016. Insofern richtet sich *d'Ors'* Kritik an der Lehre vom Rechtsgut gegen das falsche Objekt.

[385] Aus diesem Grund ist es gute Tradition, daß Lehrstühle für Strafrecht häufig mit Rechtsphilosophie verbunden sind. Letztere wird im Zuge des alltäglichen Rechtspositivismus von ihren Inhabern leider oft vernachlässigt oder nur unzureichend gelehrt.

[386] Diese nicht zu leugnende Tendenz, die sich in der von progressiven Theologen jahrzehntelang geforderten („Liebe statt Strafe") und dann auch praktizierten Nichtanwendung der – gegenüber dem CIC/1917 ohnehin reduzierten – Straftatbestände des CIC/1983 widerspiegelt, erweist sich heute angesichts des sexuellen, häufig ephebophil induzierten Mißbrauchs von Minderjährigen und dessen Vertuschung durch viele Bischöfe als verhängnisvoller Irrweg.

Man muß sich jedoch vergegenwärtigen, daß die ethische Erschlaffung des Strafsystems nicht das gesamte Recht beeinträchtigt, weil das, was in ethischer Hinsicht tadelnswert ist, weiterhin ungerecht ist, selbst wenn das Strafgesetz es entkriminalisiert (Nr. 61).[387]

XL. Überstaatliche Ordnung

122. Die wesensgemäße Geselligkeit des Menschen äußerst sich auch unter den menschlichen Gruppen; diese schließen sich auf den verschiedenen Ebenen der Gesellschaftsordnung zusammen, um umfassendere Gemeinschaften zu bilden. Doch der Staat, so wie er in der modernen politischen Theorie dargestellt wird, scheint die Vollendung dieser Entwicklung zu beanspruchen, als ob die Staaten nicht mehr relativiert werden müßten, um supranationale Gemeinschaften zu bilden. Schon immer haben die Nationen untereinander mehr oder weniger stabile gesellschaftliche Bande geknüpft.

Die elementarste gesellschaftliche Form der Verbindung zwischen verschiedenen Völkern ist das *Militärbündnis*. Auch der Handel gebietet gewisse Beziehungen unter Völkern, die Güteraustausch betreiben. In ähnlicher Weise entstehen Gesellschaftsbeziehungen mit anderen Zielen, auch wenn sie nicht zur Bildung wahrer Gemeinschaften führen, die über mehr oder weniger stabile gesellschaftliche Beziehungen hinausgehen.

Es war das Imperium, das im Laufe der Geschichte auf unterschiedliche Weise den nationalen Pluralismus überwunden hat. Auch hier steht das römische Modell der Unabhängigkeitsbewegung dem der griechischen *poleis* gegenüber; der Versuch Alexanders des Großen, heterogene Völker zu einem großen Reich zusammenzuschließen, überdauerte ihn nicht, denn seine Nachfolger fielen in den Pluralismus zurück, wenn auch mit umfangreicheren Territorien als dem der traditionellen *poleis*.

Gegenüber der *katholischen* Einheit der Kirche erhielten die Nationalstaaten ihren Pluralismus – mit kriegerischen wie friedlichen Alternativen – aufrecht. Dennoch kämpften die universalistischen Ideale der Aufklärungsphilosophie seit dem 18. Jahrhundert für ein diesem staatlichen Pluralismus überlegenes Gemeinschaftskonzept, wie um die universale Einheit der Kirche durch eine andere Einheit weltlicher und agnostischer Art zu ersetzen.

---

[387] Damit wird noch einmal deutlich, daß Verf. einer Rechtsphilosophie anhängt, die sich als jeder Rechtswissenschaft *vorgeordnete*, menschliche Erfahrung (analog) einbeziehende *Soll*-Wissenschaft versteht; es geht dabei um das Soll auf dem Gebiet des Rechtlichen, dessen Konkretisierung im Recht sich vom *Unrecht* unterscheidet. Vgl. grundlegend *Arthur F. Utz*, Sozialethik (s. Anm. 108), II. Teil: Rechtsphilosophie, Heidelberg, Löwen 1963, unveränderter Nachdruck, Siegburg 1988.

Diese säkularistischen, universalistischen Ideale brachten im 20. Jahrhundert gewisse Organisationsformen ethisch basierter Gemeinschaft hervor, die stabiler und ehrgeiziger waren als die einfachen Bündnisse oder vorübergehenden Vereinigungen anderer Art. Sie gründeten sich auf die Ethik eines gemeinsamen internationalen Rechts, das nicht auf die Tradition des Kriegsrechts beschränkt war, sondern auf einen erzwungenen Pazifismus abzielte. Unter anderen Versuchen gipfelte dieses Bestreben nach Beendigung des Weltkrieges in einer *Organisation der Vereinten Nationen (UNO)*, die mit ihrer *Erklärung der Menschenrechte* (Nr. 11) die Grundlagen einer universalen Ethik festlegen wollte, die mit der demokratischen Ethik gleichgesetzt wurde.

> Gegenüber der Trilogie *Vaterschaft, Legitimität, Verantwortung* im traditionellen Denken richtete die neue Ethik die gegenteilige und umgekehrt angeordnete Losung *Freiheit, Gleichheit, Brüderlichkeit* auf, die schon vor zwei Jahrhunderten in der Französischen Revolution geprägt wurde.

Neben dieser universalen Organisation entstanden weitere, ebenfalls supranationale Organisationen mit unterschiedlichen – etwa militärischen, gesundheitlichen, ökonomischen, sportlichen – Zielen, so daß wir uns heute auf dem Weg zu einer deutlichen Überwindung des nationalistischen Pluralismus befinden.[388] Da die Idee eines einzigen universalen Staates als unmöglich ausgeschlossen wird, besteht jedoch die Spannung zwischen der integrativen Tendenz großer Gemeinschaften und den Vorbehalten der Staaten, die eifersüchtig auf ihre Unabhängigkeit pochen, fort.

> Die Utopie eines einzigen Superstaates hätte außer den unüberwindbaren technischen Schwierigkeiten den großen Nachteil, die individuelle Freiheit vollkommen unmöglich zu machen, die letztendlich die Möglichkeit voraussetzt, die Gemeinschaft zu wechseln: das Exil.

Schließlich ist die Idee der nationalen Souveränität aufgrund der Unmöglichkeit einer strikt nationalen militärischen Verteidigung und einer ökonomischen Autarkie schwerlich aufrechtzuerhalten. In dieser Situation ist das, was den nationalen Regierungen zukommt, die – übrigens nicht immer ganz freie – Entscheidung, sich in bestimmte supranationale Gemeinschaften einzugliedern.

> Die Integration in supranationale Gemeinschaften scheint sich durch die geographische Lage aufzudrängen, jedoch nicht in einer absoluten Weise; nicht nur weil die Grenzen von geographischen Großräumen, etwa die östlichen Grenzen Europas, nicht immer gut definiert sind, sondern aufgrund von besonderen Widerständen wie bis jetzt seitens der Schweiz, in die Europäische Union einzutreten, obgleich – so kann man sagen – die Schweiz die Mitte Europas ist.

---

[388] Freilich gibt es unter der Parole *Diversität* (*diversity*) seit dem zweiten Jahrzehnt des 21. Jh. einen neuen mächtigen Pluralismus: den der Minderheiten und der (Gruppen-)Identitäten, wenngleich letztere im Widerspruch zu den gleichzeitig behaupteten „fließenden Übergängen" bzw. angeblich inexistenten Grenzen stehen. Im Zuge der sog. Corona-Krise 2020 ff. war zudem eine starke Renationalisierung hoheitlicher Maßnahmen erkennbar, die auf Menschenrechte kaum Rücksicht nahm.

XL. Überstaatliche Ordnung   157

Die Bildung von Nationalitäten gemäß dem Subsidiaritätsprinzip (Nr. 104) setzt eine hinreichende Verantwortlichkeit voraus, die bei Völkern, die als *Kolonien* unter der Aufsicht eines verantwortlichen Staates lebten, oftmals fehlt. Das wird bei dem Verlangen nach unterschiedsloser *Entkolonialisierung* vergessen.

123. Die föderative Staatsform (Nr. 100) dient dem Zusammenstellen von kleineren Gemeinschaften, erreicht jedoch nicht immer die gleiche Stabilität.

Die Vereinigten Staaten stellen dank der Homogenität der Bevölkerung, die das Land anfänglich besiedelte, und des Verschwindens der Indianerstämme einen Fall großer Stabilität dar. Unter dem Namen Rußland dagegen kann die Vereinigung verschiedener Völker zur Bildung der umfangreichsten Gemeinschaft der Welt nur durch den Zwang einer künstlich starken Macht aufrechterhalten werden, denn die Tendenz zur Auflösung besteht in tatkräftiger oder latenter Weise weiter. Die Europäische Union gründet ihrerseits auf der ökonomischen Stärke der Völker, die sie umfaßt, aber es fehlt ihr aufgrund der nicht zu eliminierenden historischen Einzigartigkeit aller Staaten, die sie zu überwinden anstrebt, eine authentische politische Kraft.

Die *Europäische Union* interessiert in dieser Darstellung nicht nur deshalb besonders, weil sie Spanien betrifft, sondern weil sich der Ausgleich zwischen der gewünschten supranationalen Gemeinschaft und den einzelnen Nationen als sehr schwierig erweist. Ausgehend von bisherigen Zusammenschlüssen wirtschaftlicher Art ist die gegenwärtige Tendenz föderativer Art, was, wenn sich diese Tendenz durchsetzt, die Konzentration der Souveränität in einer europäischen Regierung demokratischer Art voraussetzen würde. Dieses föderative Resultat würde die Existenz eines gemeinsamen öffentlichen Rechts voraussetzen, nicht nur in politischer, sondern auch in verfassungsmäßiger und behördlicher Hinsicht, ohne eine gewisse Autonomie der alten Staaten zu beeinträchtigen, die zu Regionen umgestaltet würden (Nr. 111).

Die politische Union scheint überaus praktisch zu sein, und deren Schwierigkeiten sind immer überwindbar. Die administrative Vereinigung bringt ebenfalls überwindbare technische Schwierigkeiten mit sich. Die größte Schwierigkeit besteht in der verfassungsmäßigen Einheit. Weil die Verfassung nicht ein einfaches Gesetz ist, sondern eine unwiderrufliche nationale Entscheidung (Nr. 112), erscheint es unmöglich, daß die verschiedenen, historisch verwurzelten nationalen Verfassungen der Mitgliedsstaaten durch eine einzige Verfassung ohne irgendeine historische Wurzel ersetzt wird. Beispielsweise müßten die monarchischen Verfassungen verschwinden, wenn eine einzige nichtmonarchische Verfassung gebildet würde.

Schon in der gegenwärtigen Phase der Gestaltung der Europäischen Union kann die grundlegende Veränderung im nationalen öffentlichen Recht nicht geleugnet werden. Dieses darf nicht als primäres Recht, sondern es muß als komplementär zur politischen Ordnung Europas formuliert werden. So muß die nationale Gesetzgebung der allgemeinen europäischen angepaßt werden, die mit der Festlegung einer einheitlichen Wirtschaftsordnung übereinstimmt.

124. Die Vereinheitlichung des europäischen öffentlichen Rechts kann nicht umhin, sich auf das Privatrecht auszuwirken. Doch die Tendenz zur Vereinheitlichung des Privatrechts zielt nicht nur auf die Einheit Europas, sondern auch auf den Nutzen für den Welthandel.

Man könnte meinen, daß das Privatrecht, weil es tiefer in der menschlichen Natur und in der Natur der Dinge gründet, universaler und deshalb leichter zu vereinheitlichen wäre. Aber dem ist nicht so – gerade weil es zu einem Gutteil von tief verwurzelten Traditionen abhängt, die aufzuheben nicht *natürlich* wäre.

> Tatsächlich gab es in Europa einmal ein *ius commune*, doch dieses war vor allem doktrineller Art und verhinderte nicht die Entstehung singulärer, regionaler und sogar städtischer Gewohnheitsrechte. Das englische *common law* war nicht das des kontinentalen Europas und läßt sich heute schwerlich der zivilrechtlichen Tradition Europas angleichen; es scheint sich in den gegenwärtigen Vereinheitlichungsplänen auf Kosten letzterer auszubreiten.[389]

So gibt es Teilbereiche, deren universale Vereinheitlichung für das internationale Geschäftsgebaren unentbehrlich zu sein scheint. Andere können, da sie von der wirtschaftlichen Einheit Europas abhängen, auf dieser Ebene vereinheitlicht werden. Wiederum andere spiegeln nationale Formen des Rechtslebens wider, die nicht vereinheitlicht zu werden brauchen. Schließlich gibt es Teilbereiche, die mit der Wirklichkeit des in einer Region geltenden Familienrechts so verknüpft sind, daß es unnatürlich wäre, dieses zu beseitigen. So erscheint es vernünftig, unterschiedliche Teilbereiche des Privatrechts zu unterscheiden und nicht eine beliebige Vereinheitlichung anzustreben. Das ist einer der Fälle, in denen eine mögliche größere technische Perfektion nicht die richtige Anwendung des Subsidiaritätsprinzips beeinträchtigen darf (Nr. 104).

125. Diese Art multinationaler Organisation führt zu *Großräumen*; die Europäische Union wäre einer davon. Da es sich jedoch nicht um einen einzigen universalen Superstaat handelt, ist die Möglichkeit von Konflikten zwischen Großräumen nicht auszuschließen.

Nicht eigentlich *Großräume* sind die (nicht territorialen) funktionalen Einrichtungen, mit denen die nationalen Regierungen oder die Großräume Abkommen schließen können. Ganz und gar einzigartig ist die Position, welche die Kirche als universale Gemeinschaft einnimmt; mit ihr können *Konkordate* abgeschlossen werden (Nr. 30).

> Die Idee eines universalen Superstaates könnte dem Wunsch nach sicherem Frieden entsprechen; diese Erwartung ist falsch. Die Spannungen zwischen Nationen sind unvermeidlich, ebenso wie die zwischen untergeordneten Gruppen und sogar unter Nachbarn. Freilich können die Konflikte zwischen Gruppen innerhalb einer Nation in hinreichendem Maße durch die Zwangsmittel jeder nationalen Gemeinschaft bewältigt werden, die über genügende physische Mittel, sprich: eine Streitmacht verfügt, um den Gruppen, die zu dieser Gemeinschaft gehören, den Frieden untereinander aufzuzwingen. Ihrerseits können Konflikte zwischen Nationen des gleichen Großraumes beherrscht werden, wenn die Regierung des Großraumes über die notwendigen Zwangsmittel verfügt. Doch Konflikte, die zwischen Großräumen

---

[389] Mit dem sog. *Brexit*, dem Ausstieg Großbritanniens aus der EU am 31. Januar 2020, hat dieser Einfluß, wie groß auch immer man ihn veranschlagen mochte, ein jähes Ende genommen.

entstehen, können von keiner übergeordneten Gemeinschaftsinstanz bezwungen werden; denn eine solche gibt es nicht.

Die mit Zwangsmitteln ausgestattete Überwachung der Gesellschaftsordnung wird in dem Maße schwieriger, wie die Größe einer Gemeinschaft zunimmt, vor allem die ihres Territoriums. Wenn diese zunimmt und die sich daraus ergebenden Distanzen wachsen, dann wird aus dem, was seiner Natur nach Aufgabe polizeilicher Überwachung, das heißt Sache der inneren Ordnung wäre, leicht die militärische Taktik eines Krieges; diesen Charakter hätte die Polizeiaufsicht eines Superstaates über potentielle Konflikte zwischen den zu ihm gehörenden Nationen zwangsläufig.

Konflikte zwischen Großräumen können aufgrund eines Konfliktes einer der Nationen – oder sogar kleinerer Gruppen –, die einem Großraum angehören, mit einer Nation eines anderen Großraumes auftreten, da die Regierung des Großraumes in gewisser Weise einem Alliierten der in ihn eingegliederten Nation entspricht. Aber es ist wenig wahrscheinlich, daß so eine Regierung sich entschließt, Krieg gegen den anderen Großraum zu führen, um jene Nation zu verteidigen, die sich mit einer anderen Nation eines anderen Großraumes im Konflikt befindet. Undenkbar ist es, daß die Streitkräfte eines Großraumes so einen Krieg mit konventionellen Waffen führen, geschweige daß sie beschließen, wegen eines gewissermaßen kleinen Konfliktes ihre Atomwaffenarsenale einzusetzen.

In diesem Sinne ist zu vermuten, daß die Bildung von Großräumen nicht nur einen Krieg zwischen den Nationen verhindert, die zu ihm gehören, sondern auch einen schlimmeren Krieg gegen einen anderen Großraum.

126. Jede Gemeinschaft verläßt sich auf gewisse eigene ethische Prinzipien. Auf ihnen gründet nicht nur ihr Recht (Nr. 52), sondern ihre ganze Existenz als Gemeinschaft in der Geschichte. Besonders ist dies in der nationalen Gemeinschaft notwendig, die, da sie größere Ausmaße hat als die kleineren anderen, für ihre Einheit und für ihre rechtlich-soziale Ordnung ein solides ethisches Fundament braucht. Da er sich aus Nationen zusammensetzt, die unterschiedliche Ethiken haben können, kommt der Großraum eher der gesellschaftsrechtlichen Form nahe, die als solche mehr akzidentieller Art ist. Ja, es ist nicht auszuschließen, daß sich ein und dieselbe Nation gemäß einer bestimmten Funktionalität, ohne Bezug auf eine gemeinsame Ethik, in verschiedene Großräume speziell eingliedert. Es ist auch möglich, daß die Eingliederung in einen Großraum nur partiell erfolgt.

In gleicher Weise, wie es zum Beispiel möglich ist, daß eine nationale Regierung beschließt, sich der gemeinsamen Währung der Gemeinschaft, der sie angehört, nicht anzuschließen[390], kann sie auch die Übernahme von deren Bildungsrichtlinien ausschließen. Es ist sogar möglich, daß eine Nation, die Mitglied der Gemeinschaft ist, sich zu andersartigen Militärbündnissen verpflichtet.

---

[390] Anno 2021 hatten acht von 27 Mitgliedstaaten der EU eine eigene Währung: Schweden, Dänemark, Polen, Tschechische Republik, Kroatien, Bulgarien, Rumänien, Ungarn.

3. Kap.: Die Gesellschaftsordnung

Die Ethik eines Großraums kann sich mithin auf einige wenige Verhaltensregeln beschränken, ohne eine umfassendere ethische Gemeinschaft anzustreben.

Charakteristisch für die Ethik der Vereinigten Staaten, die ja einen Großraum bilden, ist trotz der Homogenität der Siedler, die sie gründeten, daß sie in geringstem Maße auf Konventionen beruht, vom Gesetz bestimmt ist und strikt beobachtet wird. Im übrigen hat sie ein gewisses von der Siedlertradition geprägtes, vages religiöses Empfinden.

Es ist jedoch offensichtlich, daß es Großräume mit einer umfassenderen Gemeinschaft im Bewußtsein eines vollständigen ethischen Fundaments geben kann. Das ist der Fall, wenn diese gemeinsame Ethik konfessioneller Art ist.

Die Konfessionalität der gemeinsamen Ethik des Großraums – ebenso die der nationalen Gemeinschaft – impliziert nicht die Konfessionalität der Großraumorganisation in dem Sinne, daß diejenigen, denen die Religion fremd ist, in der eine derartige Ethik gründet, als Fremde betrachtet würden. Es geht nicht um religiösen Zwang, sondern um die Anerkennung der Eigenethik dieser Religion auch von seiten jener, die diese nicht teilen.

Die gemeinsame Ethik Europas war in früherer Zeit die des Christentums. Sie wurde geradezu bis zum Verschwinden säkularisiert. Gegenwärtig wird sie durch eine demokratische Ethik ersetzt, die auch in anderen Großräumen anerkannt ist. Die islamischen Nationen dagegen bewahren ihre religiöse Ethik, obwohl deren Bestehen innerhalb eines potentiellen Großraumes durch die politische Bemühung ihrer Gegner erschwert wird, die sich dafür einsetzen, daß sich ein islamischer Großraum nicht bildet.

Die künftige Entwicklung der Großräume sowie des religiösen Faktors, der für deren Bildung entscheidend sein kann, gehört zu den offenen Fragen der Gesellschaftsordnung unserer Zeit.

Namen- und Sachregister

Vom Herausgeber angepaßt auf die deutsche Rechtssprache. Die Zahlen beziehen sich auf die Artikelnummern, nicht auf die Seiten. Nur im Anmerkungsapparat erwähnte Namen bleiben unberücksichtigt.

Aberkennung von Rechten 6, 66 f., 70.
Abstammung, Verwandtschaft durch – 68, 106 f.; s. Stamm.
Abstimmung; – der juristischen Personen 8; politische – 37, 115 f.
Abtreibung 105.
accidentalia negotii 72.
Adoption von Kindern 68.
aequitas 57.
agere und *facere* 65.
aitía und *causa* 19.
aleatorischer Vertrag 79.
Alexander der Große 122.
„Allianz von Thron und Altar" 113.
Almosen 62, 65.
Amerika 13; s. auch Vereinigte Staaten
Amnestie 120.
Analogie 44, 57.
Anarchie und Demokratie 113.
Angeklagter 60.
Antlitz, menschliches 5.
Anwalt 60.
Anzeige und Popularklage 22.
Arbeit; – pejorative Konnotation des Wortes 84; – der Frau 108; – als Ware 83.
Arbeitslosigkeit 83, 96, 108.
Arbeitsrecht 29, 84.
Arbeitsvertrag 83 f.
Archetypen; s. Vertragsarchetypen
Aristokratie 107, 113.
Aristoteles 84.
Armee; – als Verteidigerin des Volkes 118 f.; s. Krieg; s. Streitkräfte
ars ignorandi; – als Tugend des Historikers, nicht des Juristen 33.
Artikel; – bei Unterteilung von Rechtstexten 43.
Aufhebbarkeit von Rechtsakten 70.
Aufhebung des Gesetzes 45.
Auflösung von Rechtsakten 71.
Aufrechnung von Forderungen 78.
Aufteilung der Kriegshandlung 119; – des Landes, des Raumes 93.
Auslegung (Interpretation) 56; – der Gesetze 58, 112; – des Textes 2, 14; – und Naturrecht 14.
Ausnahmen, gesetzliche 45; – öffentlicher Ordnung 52; scheinbare 15 – vom Naturrecht 15.
Ausschluß aus der Gemeinschaft 120; s. Exkommunikation
Aussetzung von Wirkungen des Rechtsaktes 72; s. Frist
Ausstattung eines Beauftragten mit Geldmitteln 88.
Autarkie, ökonomische 122.
authentische Auslegung 56.
autokratische Regime des 20. Jahrhunderts 114.
Autonomie des Willens 46, 76.
Autorenrecht 97.
Autorität und Klugheit 38, 54; – des Richters 22, 40, 63; Überwachung der Macht durch die – 23, 54, 99, 112.

Bankenrecht 86.
Bankrott, betrügerischer 85.
Bartolo da Sassoferrato 29.
Bedingung 72; Eheschließung duldet keine – 105.
Befristung; s. Frist
Begrenzung des Eigentums 76.
Behörden des Staates 63; private Konflikte mit den – 4.
Benefizium 44.
Bereicherung, ungerechtfertigte 85.
Berufung 40, 56.

Beschlagnahmung von Gütern 22.
Besitz 12, 55, 59, 74 f.
Besorgungsvertrag 79 f.
Beständigkeit des Rechts 55.
Betrug 60.
Bezahlung von Schulden 77.
Beziehung und Situation 28, 31; – als Objekt des Privatrechts 28.
Billigkeit 57.
Blasphemie 61.
Blindheit – als Ursache der Geschäftsunfähigkeit 67.
„Blut ist dicker als Wasser" 106.
bona fides 59.
bonus vir 59.
Bourbonen 100.
Bücher – als Gegenstand der Rechtswissenschaft 2; – und Autorität 38, 41; – Lehr- 32; Unterteilung der – 43.
Bündnis, Militär- 122; s. Militär
Bürgschaft 77, 87.
Bundesstaat 101.

Campus, Universitäts- 110.
case law 40.
causa 19 f., 43, 59, 65, 79, 85, 87.
cheptel de fer 89.
Christkönig und Delegation der Gewalt 103.
civitas 29.
corpus fictum et repraesentatum 8.
Corpus Iuris Civilis 29.

Darlegung der Motive und der Rationalität des Gesetzes 46; s. vernünftig, Vernunft
Darlehen 86; – geben (*dar*) 75; – und übergeben 77.
Dekalog; – als natürliche Rechtsquelle 14, 74.
Delikt 1, 3, 19, 26, 28, 31, 48, 61, 77, 97, 105, 120 f.; s. Straftat.
Demokratie 113; – und Stellvertretung 115; – und Tyrannenmord 117; – begünstigt die Straflosigkeit 121; – als Ideologie 114; antitraditionelle Einstellung der – 115.
demos (und *populus*) 37.
Diachronie 33.
Dialektik, gerichtliche 60.
Diebstahl 14, 74, 85, 97; s. Dekalog.

Dienst; – als Pflicht des Menschen 17; einforderbarer; – und Recht 12, 52, 73, 84; -boten 106.
Dienstbarkeiten 76, 93; Grund- 76, 92 f.; gesetzliche – 76.
dies incertus 72.
Digesten 29.
Diktatur 114.
dingliche Rechte/Vorteile 12, 52, 64, 73 ff., 90, 92 ff., 96 f.
directum und *ius* 1.
Disziplinarrecht 62 f.
Dokument, öffentliches 25; konstitutiver Charakter 25.
dolus malus 60.

EDV 41.
Ehe 3, 28, 31, 69, 105.
Ehebruch 67.
Ehescheidung 36, 37, 105.
Eheschließung; – väterliche Zustimmung 108.
Ehevermittlung 89.
Eheversprechen 79.
Eigenrecht 38 ff.; – von Navarra 81; – und Subsidiarität 104.
Eigentum 9, 52, 66, 73 f., 76, 90, 92–98, 105; Mit- 81.
Einheit/Homogenität; – des Zivilrechts 29, 32, 36; nationale – 111, 123, 126.
Einschüchterung (als Willensmangel) 70.
Einstimmigkeit 8.
Einzelrecht 44.
Elemente des Rechtsaktes 72.
elterliche Gewalt 105, 108; Aberkennung des Sorgerechts 6; s. Kirche
Entdeckung neuer Räume 98.
Entfremdung des Volkes 115.
Entkolonialisierung, negative Auswirkungen der – 119; – und Bildung neuer Staaten 122.
Entkriminalisierung; – von Delikten 61, 121; – der Schuldner 85; s. Straffreiheit
Entscheidung 37, 69, 101 f., 112 f., 115, 122.
Entscheidungskriterium, rechtliches; s. Rechtskriterium
Epikie 57.
Erbschaft 31, 72, 75.
Erfahrung, wissenschaftliche 2.

Erfinderrecht 97.
erga omnes 73.
Erklärung als Rechtsakt 69; von den Behörden geforderte – 60.
Erlöschen von Verbindlichkeiten 78.
Ermessen des Richters 48, 57.
Ersitzung 74.
Erspartes 75.
Erziehung der Kinder 108.
Ethik und Recht 12, 15, 50, 52; – und Moral 15, 52f.; – des Staates 101; universale – 122; Konfessionalität der – 126; – und Demokratie 121; – und Großraum 126.
etymos nomos der Rechtsinstitutionen 35.
Europa 29, 100, 122–126.
Europäische Union 32, 123.
Europarecht 32.
Evangelium als natürliche Rechtsquelle 14.
ewige Viehrente; s. Viehpacht
Exekutive
Exkommunikation 120f.

facere; s. *agere*
facta; s. *verba*
Fakultät der Universität 2, 28f., 32.
Familie als Fundament der Gesellschaft 105; – nicht der Kirche 113; – und juristische Person 109; – und Demokratie 113, 115.
Familienhaushalt 105.
Familienwohnung 109.
Fauna; übermäßige Vermehrung der – 18.
fazañas 40.
fides 59; s. *bona fides*
Fiktion, juristische 26.
Finanzierung politischer Parteien 116.
Fischen 75, 98.
Flagge 101.
Föderation von Nationen 123; – der Vereinigten Staaten 123.
foenus 86.
Folter 26.
Foralrecht; s. Eigenrecht
Forderung; s. Pflicht, Schuld
forensisch 1.
Französische Revolution 122.
Freigebigkeit 20.
Freiheit als Voraussetzung der Verantwortlichkeit 20, 69; – der Lehre 32; bürgerliche – 47; Religions- 30; Freiheit, Gleichheit, Brüderlichkeit 122; s. Menschenrechte
Freiheitsentzug 26, 120.
Fremde 66.
Frieden, universaler 125; s. Krieg
Frist 72, 115.
Frucht 34; natürliche und zivile – 94f.
fundus 94.
Fungibilität; s. fungible Sache
fur 74; s. Diebstahl

Gastwirtschaft, Vertrag mit – 88.
Gattenmord 105.
Gattung (und Spezies) 16, 91; s. fungible Sache
Gegenstand (= Objekt) des Rechts 2, 19, 65, 90.
Geisteskrankheit 66.
Geisteswissenschaften und Recht, geisteswissenschaftlich 2, 32, 99.
Geld 95, 102; -schöpfung 91; – und Erträge 95; – und Grund 91; s. Solvenz
Geltung des Rechts 38.
Gemeinde, Güter der – 110.
Gemeinschaft und Gesellschaft 104.
Gemeinschaftseigentum 81, 93; s. Miteigentum
Gemeinwohl 12, 47, 52ff., 83, 93, 104, 111.
Genealogie in der Bibel 33.
genetischer Code 67.
gens 105.
Geodiärese und Geopolitik 2, 104.
Geonomie 2, 17, 99, 104.
Gerechtigkeit 53f.; distributive – 53; retributive – 53, 60.
Gerichtsbeweis 25.
Gerichtshof, oberster 40, 56.
Gerichtsverfahren 22; s. Prozeß
Gesamthand 81.
Geschäfts(un)fähigkeit 6, 66–70; s. Rechtsfähigkeit, Unfähigkeit
Geschlechtsunterschied 67f.
Geselligkeit, natürliche 84, 103, 110, 122.
Gesellschaft als Vertragsarchetyp 80; -sordnung 99ff.; -svertrag 81; irreguläre – 81; Hausherren- 106; – und Gemeinschaft 105.
Gesellschafter, gemeinsames Vermögen der –; s. Gemeinschaftseigentum

Gesetz, Etymologie 37; – und andere Verfügungen der Regierung 46; allgemeiner Charakter 40; das unterrichtende – 46; (nicht) verfassungsmäßiges – 112; ungerechtes – 51; natürliches – 15; s. Naturrecht; – als Schmuck in der Antike 46; vollkommenes und unvollkommenes – 61.
Gesetzeslücke 57.
Gesetzessammlung 41.
Gesetzgebung und Politikwissenschaft 99; – und Klugheit des Gesetzgebers 38; – und Demokratie 37.
Gewalt, höhere – 20.
Gewalt und Autorität 22; s. Autorität; – und Verfassung 112; – in der Familie 109.
Gewaltenlehre (Mythos der) 23, 103, 108
Gewaltenteilung 23; s. Legislative, Exekutive, Jurisdiktion
Gewissen 14, 51 f., 59.
Gewohnheitsrecht 38.
Gleichheit von Personen 67, 114.
Großfamilie 105, 109.
Großraum, Großräume 103 f., 125.
Grund 91 ff.; Meeres-; s. Meer; i. S. v. Ursache s. *causa*
Grundeigentum 66, 93; – und soziale Klasse 73.
Grundsteuerlast 93.
gut, Mythos vom natürlich -en Menschen 103.
Gutachten 25.

Haft 22.
Haftung und Schuld 76.
Handel 13, 122.
Handelsrecht 29.
Hedonismus 114.
Heiligkeit und Gerechtigkeit 53.
Heilung von Mängeln in der Rechtshandlung 70.
Heimat(stadt/-ort) 101 f.
Herausgabeanspruch/-klage 90.
Hermeneutik und Recht 2.
Heteroklisie in der Rechtsgeschichte 36.
Heterosexualität 105.
Hierarchie der Kirche 30, 62, 103.
homo homini lupus 103.
homo homini persona 5, 103.
hospes und *hostis* 101.

Immobilien 16, 94; s. Grund
Imperium 122; – Napoleons 100; – und Föderation 101.
in solidum 73.
Indult 120.
Inflation der Gesetzgebung 46.
iniuria 1.
Insel 98.
Insolvenz 85; s. Solvenz
Institution 30, 33 f., 36, 62 ff., 67, 99; s. *etymos nomos*
instrumentum fundi 94.
inter vivos; s. Rechtsakt *inter vivos*
Interesse, privates und öffentliches 53.
Interpretation 14; s. Auslegung.
Intimsphäre, Delikt gegen die – 28.
Investition 96.
Inzest 105.
ipso iure im Unterschied zu *ope exceptionis* 55.
Irrtum 70; – wird vermutet bei ungeschuldeter Bezahlung 26.
ius 1; *seminis* und – *soli* 94; *iura novit curia* 38; *iure et de iure* und *iuris-tantum*-Vermutung 26.
iustitium 53.
iustum 1; *iusti hostes* 119.

Jagd 20, 69, 75.
Juden 85 f.
Judikative; s. Jurisdiktion.
Juridifizierung, exzessive – 62.
Jurisdiktion 22, 62.
Jurisprudenz 54.
Justizverwaltung 31.
Justizvollzugsanstalt 120

Kampf für das Recht 12.
kanonisches Recht 5, 8, 22, 30, 49, 61, 62, 108; s. Kirchenrecht.
Kapitalismus; Etymologie 89; – und Nationalökonomie 29; – und Geld 82 f.; – und Arbeitsrecht 84, 86; s. Marktwirtschaft
Kapitel als Unterteilung von Rechtstexten 43.
Kasus, zufälliger 20.
Katechismus der Katholischen Kirche 86, 105, 118, 120; – des hl. Pius X. 105, 407.
Kauf, Kaufvertrag 31, 77, 79, 82; Probe- 87.

Kausalität 19; s. *causa*.
keusche Susanna 25; – Vestalinnen 3.
Kirche aus einzelnen 5, 113; *potestas* in der
– 22; als hierarchische Ordnung 62 f.;
– und Staat 30, 103; Kirche und elterliche
Gewalt 108; s. Taufe
Kirchenrecht 5, 8, 30, 105; s. kanonisches
Recht
Klage und Kläger 22; – und Prozeß 32; –
als rechtlicher Akt 65; Popular-: 4, 22, 77.
Klugheit 25, 38, 54, 99 – bei der Gesetzesbefolgung 51.
Kodex 42, 49; – und *volumen* 42; – Justinians 29, 42; – Theodosius' II. 42; –
des kanonischen Rechts (CIC/1983) 26,
108.
Kodifizierung, moderne 29, 42, 64.
Kommission, parlamentarische 23 – ihre Kompetenz, politische Korruption zu untersuchen 63.
Kompilation von Gesetzen 41.
Konfessionalität des Staates; s. Ethik
Konkordat 30, 125.
konservative Eigenart des Privatrechts 29.
„kontestieren" und „respondieren" 21.
Konziliarismus 113.
Korruption, politische 63, 85, 116.
Kredit 82, 86, 88, 95 f.
Krieg 18 f.; Bürgerkrieg 29, 118; kalter – 119;
überstaatlicher Polizei- 119, 125; Religions- 100; schmutziger – 119, s. Terrorismus; Stammes- 119; Klein- 119.
Kriegsrecht 118 ff., 122.
Kriminalisierung des Feindes 118.
Krise der Regierungsformen 114; – der
Aristokratie 114; – des Krieges 149 –
des Staates 102, 111, 114, 119.
Kündigung von Rechtsakten 70 f.

Land; Aufteilung von – 93.
Landkreis 110 f.
Landnahme 94.
Lateinkenntnis 114.
latro 74; s. *fur*
Leasing 88.
Legalität 22, 59, 107.
Legitimität 59; – und Illegitimität der Familie, Ursprung aller – 107.

Leihe, 85.
lex 37, 59; – *fundamentalis* (in der Kirche)
112.
Liquidität 3, 97.
locatio conductio 82.
lock-out 83.
Lüge 25, 60.
Luftraum 92, 98.

Macht, konstituierende (Gewalt) – 112; außerordentliche durch Plebiszit 37.
Makroskopie und Mikroskopie in der Geschichte 33.
Mandat, imperatives – 7.
Marktwirtschaft und Nationalökonomie 17;
– und unternehmerische Investition 95 f.;
s. Kapitalismus
Meer 92, 98.
melior pars pro toto 8.
Menschenrechte 11, 122.
Menschenverstand, gesunder (und Naturrecht)
13 f., 29; – und Rechtsphilosophie 34,
117., – und Vermutung 26.
Menschenwürde des Straftäters 121.
Metageschichte des Rechts 35 f.
Militärbündnis 122.
Militärdienst 66; -verweigerung aus Gewissensgründen 51.
Militärgericht(sbarkeit) 62, 118.
Minderjährigkeit 21, 66 f., 108.
Mißbrauch – des Rechts 12, 52; – der juristischen Person 82.
Mobiliar 94.
Mobilien 16, 94.
Monarch(ie) 105 ff., 113 f.
Monogamie 105.
Moral 15, 28, 51 ff.
mortis causa; s. Rechtsakt
Münzprägung 95; s. Geld
Mutterschaft, Gewißheit der – 68.
mutuum 85; s. Darlehen.

Nachfolge, rechtliche 75; – und Vertretung 7.
Name einer Person 5.
Nation 100; Natürlichkeit der – 103; – und
Staat 101; – und Region 104.
Nationalökonomie und Marktwirtschaft 17.
Natur – der Sache 16, 34; s. Naturrecht

Naturrecht 11–16, 18, 25f., 31, 34, 60, 74, 81, 107, 112, 117f.
Navarra, Eigenrecht von – 36, 39, 41, 110.
Nichtanwendung des Gesetzes 13, 38, 121.
Nichteinwendbarkeit 70.
Nichtigkeit von Rechtsakten 70.
Nichtrückwirkung; s. Rückwirkung
Nießbrauch 73.
nobilis 114.
Nötigung 70.
non est jurista qui non est Bartolista 29.
Norm und Regel 49; – und Verfassung 112.
notarielle Dokumente 25, 41.
Notstand 18, 117.
Notwehr, individuelle 117; – soziale; s. Verteidigung, legitime
Novation von Verpflichtungen 78.
numerus clausus der Dienstbarkeiten 76.
Nutzung von Sachen 2f., 16, 90; nichtverbrauchende – 90; -abtretung 82.

Obereigentum (*dominium eminens*) 73, 93.
Objekt 9f.; – des Rechts; s. Gegenstand
objektiv, Objektivität 10, 21, 25, 69.
öffentliche Ordnung 120; s. Polizei.
öffentlicher Feind 117, 120.
öffentliches Recht; nationales – 28ff., 32, 37, 55, 62; internationales – 13, 32.
Ökologie 18.
Ökonomie 2, 17, 32, 53, 82.
Oligarchie 114.
Oligokratie 113.
ope exceptionis im Unterschied zu *ipso iure* 55.

Pacht 82ff., 86, 89.
Pandekten 42.
Parteien, politische 116.
partikular -e Interessen 104; -e Vorteile 73, 104; -e Rechtsnachfolge 75; -e Pflicht 15; als Ergebnis von Deduktion 34.
Partisan 118.
patria; s. Vaterland; – *chica* 100; – *potestas/ potestad* 6, 108.
patrimonium 3; s. Vermögen.
Pazifismus 118f.
pecus und *pecunia* 95.

Person 5; -en, Sachen, Klagen 64; juristische oder moralische – 8, 81, 104; Gruppen ohne Rechtspersönlichkeit 81; Familie ohne Rechtspersönlichkeit 109; s. Unternehmen
Pfändung von Gütern 22, 27.
Pflanzen 18.
Pflicht; ethisch, moralisch 11, 50–53, 60, 112; schuldrechtliche – 3, 12, 52f., 59f., 71f., 76–79, 81f., 85–90.
Plebiszit 37.
Pluralismus, nationaler 101, 122.
polis, poleis 29, 122.
Politik und Staat 100.
politisch und zivil 29.
politische Korrektheit Vorwort, 114.
Polizei zur Aufrechterhaltung der öffentlichen Ordnung 23, 26, 62, 120.
Polygamie 105; – in Spanien 52.
Popularklage 4, 22.
populus; s. *demos*.
potestas regiminis 22.
präkonstituierte Beweise 25.
Preis und Zins 95.
Prekarium 86.
princeps 113.
Prinzipien 29, 34f., 104, 126; der Gerichtsbeweise 25.
Privatisierung öffentlicher Interessen 4.
Privatklage 22.
Privatrecht 63ff.; Internationales – 29, 32, 52; und öffentliches Recht 32, 92.
Privilegien 44.
pro indiviso 81.
produzieren; der Mensch, auch der Sklave nicht dazu bestimmt zu – 17, 84; auf dem Grund 94f.
Promulgation eines Gesetzes 42, 44, 45.
Prozeß; Verwaltungs- 27, 63; Straf- 22, 27; Privat- 27.
Prozeßrecht 31, 64, 99.
Prügelstrafe 26.
Pubertät 66.

Quadragesimo anno 104.
quod omnes tangit, debet ab omnibus approbari 8

Ratengeschäft 72.

Ratifikation von Rechtsakten 70.
rational, Rationalität 2, 13, 29, 34, 46, 58, 98; Rationalität des Naturrechts 14 ff.; s. vernünftig, Vernunft
rationalistisch, Rationalismus; – und subjektives Recht 10; – der Gesetzbücher 42.
Raum 92; Luft- 98; s. Meer, Grund
Recht; Definition 62; – und *ius* 1; sein geschichtlicher Charakter 48; – im eigentlichen Sinne 63 ff.; kanonisches – 5, 30, s. kanonisches Recht, s. Kirche; dispositives – 1, 29 f., 33, 42, 47, 57, 64, 74, 77, 79, 94, 98; geltendes – 13; – Gottes als unangebrachter Ausdruck 12; Sollenscharakter 47–50; öffentliches – 27, 29, 31; persönliches und dingliches – 12,52; politisches – 32, 99; positives – 13, 38; positives göttliches – 14; s. Natur-; römisches – 1, 29 f., 33, 42, 57, 64, 74, 77, 79, 94, 98; im Universitätsstudium 29; subjektives – 10 f.
rechtliche Vorteile (aufgrund objektiv-rechtlicher Bevorteilung) 12, 52, 64, 73; anstelle von subjektiven Rechten 64; persönliche und dingliche – 76; – und Raum 98; – der Kinder aus vorhergehender Ehe 107.
Rechtsakt, Rechtshandlung 64, konkludenter 69; *inter vivos* 65, 75; *mortis causa* 65, 75.
Rechtsfähigkeit von Personen 6, 66 f.; fehlende – 136.
Rechtsgeschäft; Begriff 65.
Rechtsgeschichte 32 f., 35, 73, 85.
Rechtsgut; Theorie des geschützten -s 117, 120 f.
Rechtskriterium, (v. a.) richterliches 1 f., 10, 20, 24 f., 27, 29, 37 f., 40, 42, 47 f., 55 f., 63, 98 f.
Rechtslehre 38, 40, 98.
Rechtsmittel 56
Rechtsnachfolge; s. Nachfolge, rechtliche
Rechtsperson, Rechtspersönlichkeit; s. Person
Rechtsphilosophie 34.
Rechtsposition 28.
Rechtsquelle 38.
Rechtsschein und Besitz 74
Rechtssicherheit 55, 66, 69.
Rechtsstaat 22 f., 31, 61, 117.
Rechtsstreit 27, 74; s. Prozeß, Verfahren
Rechtsvergleichung 36

Referendum 37.
Regel und Norm 49.
Regelung (span. meist *régimen*) 9, 31, 36, 39, 48 f., 62, 81, 88, 92, 94 f., 98, 103 f., 112, 118; s. Rechtskriterium
Regierungsformen 99, 101, 113 ff.; – im alten Griechenland 113.
Regierungswechsel 115.
Regionalrechte; s. Eigenrecht
Regionen 111.
regnum 113.
Reich 122; s. Imperium; – Gottes 112.
Reife zur Ehe 108.
Repräsentant, Repräsentanz 4, 7 f., 56, 101, 113; s. Vertretung
Republik 100, 113.
res und *rex* 3, 113; – *publica* 113; *libera* –; 113; Wasser als – *communis* 92.
Retrospektive als Methode der Rechtsgeschichte 33.
Revision von Urteilen; s. Rechtsmittel
rex 113.
Rezeption des römischen Rechts im Mittelalter 29.
Richter als Adressat des rechtlichen Imperativs (Rechtsbindung) 47; als Protagonist des Prozesses 22; Schieds- 24, 48, 59.
rogare 45.
Rückwirkung, Rückwirkungsverbot 48.
rule of law 23.
Rußland 123.

Sache 3; – und Ursache 19; (nicht) verbrauchbare – 90; (nicht) fungible – 85, 91; entschiedene – 74; unkörperliche – 97.
Sanktion des Gesetzes 45.
Savigny, Friedrich Carl von 29.
Schenkung(sakt) 20, 65, 71, 75, 79.
Schiedsrichter, s. Richter
Schiedsverfahren 24, 48.
Schmitt, Carl 94.
Schneider 58.
Schuld (strafrechtlich) 60; s. Delikt, Sanktion, Strafe, Straftat
Schuldenerlaß 15.
Schuldhaft 76, 85.
Schuldrecht, schuldrechtlich 12, 60, 64, 76 ff., 79, 88 ff., 97, 104; s. Pflicht, schuldrechtliche

Schweigen im Recht 69; – der Behörden 26, 69.
Seneca 5.
Separatismus 102, 111.
Sicherheit, politische – 100; gesellschaftliche – 114.
Sippe 106.
Situation, s. Beziehung; – und öffentliches Recht 28.
Sklaverei 66, 83 f.
Sokrates 34.
Solidarität 77, 104, 108.
Solvenz des Schuldners 3, 97; s. Insolvenz
Sonderrecht 39, 44, s. Eigenrecht, Privilegien
Souveränität 95, 100 ff.
Sozialwissenschaft im Gegensatz zum geisteswissenschaftlichen Rechtsstudium 2.
Soziologie und Recht 2.
Spanien 40; s. Eigenrecht
Spende 62, 65.
Spezies und Gattung 16, 91.
Staat 99 ff.; Definition 101; historischer Ursprung 103; – und Justizverwaltung 22; – und Autonomie 101; Wohlfahrts- 114; – ohne Territorium 102; totalitäre Tendenz in der Neuzeit 101.
Staatsangehörigkeit; Entzug der – 120.
Staatsbürgerschaft 120.
Staatsgrenze 101, 122.
Städte 110.
Stamm 68, 106 f.; -eskrieg, -konflikt 119; s. Abstammung
stato bei Machiavelli 100.
status rei publicae 100.
Steuer 60, 75; Revolutions-. 118.
Steuermann; doppelte Persönlichkeit 5.
Steuerrecht 31 f., 104.
Stiftung 8.
Stipulation 85 ff., 89; s. Wucher
Strafe 121; – und Gesetz 31; s. Todesstrafe
Straffreiheit 105.
Strafrecht 27, 99, 120 f.
Straftat 8, 22, 26; s. Delikt
Straftäter 26, 120 f.; inhaftierter – 66, 120.
Strategie 104; – und Herrschaft über den Raum 98.
Streik 83.
Streitkräfte 99, 101 f.; s. Armee; s. Krieg.

Strenge des Gesetzes 14, 57.
Strom, elektrischer 97.
Strukturalismus und Recht 34.
Studienplan 28 f.
Stufenleiter der menschlichen Gruppen 103, 108.
Subjekt und Person 9.
Subsidiarität 104, 124.
Sühnecharakter der Strafe 121.
Sünde (moraltheologisch) 15, 121; Erb- 103.
Superstaat 102, 122, 125.
synallagma 71.
Synarchie 115.
Synchronie 33.

Täler von Navarra 110.
Tarifvertrag 83.
Tatbestand, rechtlicher 20, 45, 67.
Taubstummheit und Rechtsfähigkeit 67.
Taufe 5.
Tausch, Austauschvertrag 80, 82, 88, 95; Vertragsarchetyp
Technisierung der Arbeit 96.
Territorialgewalt 22.
Territorium und Staat 101; s. Grund
Terrorismus 23, 118.
Testament 70.
Texte und Recht 2, 14, 33, 38, 41 ff., 58, 99.
Theologie und Naturrecht 34.
Tier als bzw. im Unterschied zur Sache 11; Zug-, Last- 66.
Tierrechte 11.
Tierschutz 18.
Titel zur Unterteilung von Gesetzestexten 43.
Tod 26.
Todesstrafe 117, 120.
Treue 59.
Tugenden 53.
tun und geben 77; s. *agere*
Tyrannenmord 117.
Tyrannis 114.

Übermaß an Legalität 22 f.
überstaatliche Organisation 102, 122 ff.; s. Großraum

Namen- und Sachregister 169

Übertragung von Sachen oder Rechten 73, 75, 90, 95.
Umweltverschmutzung 18; s. Ökologie.
Unauflöslichkeit der Ehe 14, 105.
unerlaubte Handlungen 61, 65, 69.
Unfähigkeit von Personen, rechtliche 6, 66–70; Zahlungs-; s. Insolvenz
Ungleichheit von Personen 67; s. Gleichheit, Rechtsfähigkeit, Verantwortlichkeit
Universalismus und Katholizität 122.
Universität als Lehranstalt 2, 30, 32, 63, 110; – auch als Gebietskörperschaft 110.
Unkenntnis des Rechts 2, 50; s. *ars ignorandi*
Unteilbarkeit von Verbindlichkeiten 77, 82.
Unternehmen 17, 83, 95f.; s. Kapitalismus
Unterteilung der Wissenschaften 2.
Untreue, untreu 60f., 120.
unus testis, nullus testis 25
Unzulässigkeit, privatrechtliche 12, 61, 74; s. Treu und Glauben, unerlaubte Handlung; öffentlich-rechtliche – 4, 25, 27, 83; ethische, naturrechtliche – 74, 90, 113; s. Legitimität
Ursache; s. *causa* – und Zweck/Ziel 19.
Urteil Salomos 26; s. Dialektik, Prozeß.

Vaterland 100f.
Vaterschaft; Vermutung der – 26, 67; und Demokratie 115; Vaterschaft, Legitimität, Verantwortlichkeit 122.
Verantwortlichkeit und Freiheit 21, 69; – und Solvenz 3; objektive – 21.
verba und *facta* 2.
Verbindlichkeit; moralische – 50f.; rechtliche –; s. Schuldrecht
Verbrauchbarkeit von Sachen 73, 90.
Verbraucherrecht 29.
Verbrechen 27, 61; s. Delikt
Vereinbarung durch übereinstimmende Willenserklärungen 59, 72, 76, 78–81, 83, 85, 87ff.; s. Vertrag; völkerrechtlich 98, 118.
Vereinheitlichung des Rechts 36, 124.
Vereinigte Staaten von Amerika 123, 126.
Vereinte Nationen (UNO) 122.
Verfahren; s. Prozeß
Verfahrensbeteiligte 60.
Verfassung 111f.
Verfassungsbeschwerde 56.
Verfassungsgericht 56, 99, 112.
Verfassungsmäßigkeit des Gesetzes 56.
Verfassungsrecht 31, 99, s. Verfassung
Verjährung 55, 74.
Verlobung, Verlöbnis 79, 105.
Vermögen(sinteresse), vermögensrechtlich 3f., 8, 10, 14, 22, 27, 30, 62, 65, 67f., 71, 73, 75ff., 79, 85, 94, 97, 104, 108ff., 114.
Vermutung 26, 74; Unschulds- 26; – des Todes 6, 26.
vernünftig, Vernunft 2, 15, 18, 52f., 108, 117, 124; s. rational; Rationalität
Verpflichtung; s. Schuldrecht
Versprechen, einseitiges 78f., 85, 87; s. Stipulation 87.
Verteidiger im Strafprozeß 60; – des Volkes; s. Monarch(ie); s. Anwalt
Verteidigung, legitime 117, 120; s. Krieg, Todesstrafe, Tyrannenmord, Notwehr; nationale – 122; s. Streitkräfte; – der Verfassung 112; – der Natur 77.
Verteilung des Landes, des Raumes 2, 93f., 98, 101, 104.
Vertrag 78; -sarchetypen 80, 82; aleatorischer – 79; gemischter – 88; (un)entgeltlicher – 79; Versicherungs- 79; dinglicher – 87; zwei- oder gegenseitiger –; s. Synallagma
Vertretung, Stellvertretung 7; – juristischer Personen 8; – politischer Personen 115f.; s. Repräsentant, Repräsentanz
Verwahrung 85.
Verwaltungsgericht, verwaltungsgerichtlich 27
Verwaltungsrecht 27, 29, 99.
Verwandtschaft 68, -sgrad 68; -slinie 68.
Verwirkung von Klagen 55, 74.
Verzicht, Erlöschen von Verbindlichkeiten 78.
Verzinsung; s. Zins
Verzögerung im Gerichtsverfahren 55.
Verzug 77.
Viehpacht 89.
Viktimologie 121.
Völkerrecht 13, 32, 105; und Naturrecht 13.
Vollzug der Ehe 105.
Vorbild(funktion) des Adels 114.
Vormundschaft 67, 108.
Vorsatz 60.

Vorschrift 2.
Vorvertrag 79.

Waffen, Zwang durch – 117; Atom- zur Abschreckung 119.
Wahrhaftigkeit 60; – als moralische Verpflichtung 25.
Wahrheit 25, 60; -sserum 26.
Wasser als *res communis* 92; Eigentum am – 97.
Weltwirtschaft 105.
Werte 53.
Wertehierarchie 53.
Wertgüter 97.
Widerrufung von Rechtsakten 71.
Widerstandskämpfer 118; s. Partisan
Wille der Rechtsakte 55, 69; s. Autonomie

Willensäußerung 69.
Willensmangel 70.
Wissenschaften, Unterteilung der – 2.
Wucher, Wucherer, Wucherzins 86, 89, 95.

Zehn Gebote; s. Dekalog
Zeit(raum) 7; – und Recht 42, 48.
Zeugen 25.
Zins 2, 73, 79, 82; und Wucher 86.
zivil und politisch 118; s. Zivilrecht
Zivilrecht, zivilrechtlich 27–32, 42, 55, 61, 64 ff., 72, 75 ff., 79, 84, 87, 92, 104, 124.
Zwang 70, 100 f., 117, 120, 123.
Zwangsenteignung 73, 93, 105.
Zwangsmittel 125.
Zweiseitigkeit des Vertrags 79; – des Krieges 118.